Dados Internacionais de Catalogação na Publicação (CIP)
(Câmara Brasileira do Livro, SP, Brasil)

Young-Eisendrath, Polly, 1947-
  Bruxas e heróis : uma abordagem feminista à terapia de casais / Polly Young-Eisendrath ; tradução de Carlos Eugênio Marcondes de Moura. — São Paulo : Summus, 1995.

  Título original: Hags and heroes.
  Bibliografia.
  ISBN 85-323-0541-5

  1. Feminilidade (Psicologia) 2. Intimidade (Psicologia) 3. Jung, Carl Gustav, 1875-1961 4. Psicoterapia de casal I. Título.

95-3287   CDD-616.89156

Índices para catálogo sistemático:
1. Psicoterapia do casal : Medicina   616.89156

Polly Young-Eisendrath

Bruxas
e heróis

Uma
abordagem
feminista
na terapia
junguiana
de casais

summus editorial

Do original em língua inglesa
*Hags and heroes — A Feminist Approach
of Jungian Psychotherapy with Couples*
Copyright © 1984 by Polly Young-Eisendrath

Tradução:
Carlos Eugênio Marcondes de Moura

Revisão técnica:
Maria Sílvia Mourão Netto

Capa:
Carlo Zuffellato / Paulo Humberto Almeida

Proibida a reprodução total ou parcial
deste livro por qualquer meio e sistema
sem o prévio consentimento da editora.

Direitos para a língua portuguesa
adquiridos por
SUMMUS EDITORIAL LTDA.
Rua Cardoso de Almeida, 1287
05013-001 — São Paulo, SP
Telefone (011) 872-3322
Caixa Postal — 62-505 — CEP 01214-970
que se reserva a propriedade desta tradução
Impresso no Brasil

Sumário

Agradecimentos 7

1 **O uso de histórias na psicoterapia** 9
   A importância do feminino arquetípico 12
   Sir Gawain e lady Ragnell:
      O que as mulheres querem realmente? 16
   O desafio à mudança 18

2 **O feminismo e a psicologia de C. G. Jung** 23
   A teoria feminista e a terapia 24
   Reconstrução da atitude consciente dominante 28
   O *animus* e a percepção que a mulher tem de si 31
   Estágios de desenvolvimento do *animus* 35
   A individuação como modelo de desenvolvimento ... 41
   Realidades concorrentes no campo interativo 43

3 **C. G. Jung e Harry Stack Sullivan** 47
   O interpessoal encontra o intrapsíquico:
      diálogo comparativo 53
   Os estágios de desenvolvimento da personalidade segundo
      Sullivan 64

4 **Representando o complexo: bruxa, herói e valentão** 65
   A psicologia de uma bruxa 65
   Louise como bruxa 68
   Aspectos sociais da mãe negativa 70
   Larry como herói 73
   O herói como problema coletivo 74
   O papel do valentão 78
   O complexo materno negativo 81

5 **Aceitando a bruxa na meia-idade** 85
   Avaliando a perda potencial 85
   Domínio e posse 88
   Compreendendo o feminino reprimido 91
   Amor e livre escolha 100
   Louise e Larry aceitam a bruxa 102

6 Metodologia da terapia de casais................... 107
    Orientações para terapeutas............................ 109
    Contato inicial com os clientes........................ 114
    Estratégias e técnicas..................................... 122
    Formato das sessões...................................... 137
    Estágios na terapia de casais.......................... 138
    Formação do terapeuta.................................. 142

7 Identificação com um complexo *versus* atuação................. 145
    Ser e fazer o papel de bruxa........................... 147
    Ser e fazer o papel de valentão........................ 148
    Formas alternativas de tratamento................... 150

8 Conclusão: vitalidade por meio da conexão............... 153

Anexo A: Gawain e lady Ragnell (de *The Maid of the North and Other Folktale Heroines*)............... 159

Anexo B: Avaliação psicossexual.................................. 165

Anexo C: A avaliação do desenvolvimento vista no contexto..... 171

Notas.. 175

Bibliografia... 179
        Leituras selecionadas de Jung e Sullivan
        Biografias recomendadas de Jung e Sullivan
        Leituras selecionadas sobre técnicas de psicodrama
        Referências gerais

Agradecimentos

Ed Epstein, meu co-terapeuta, foi o principal colaborador e parceiro neste projeto. Ed e eu descobrimos a história medieval de sir Gawain e lady Ragnell, e procuramos saber qual seria seu significado para os casais contemporâneos, de maneira intuitiva e prática. Envolvemo-nos com muitos casais, com o propósito de descobrir o que pode ser feito para revitalizar a confiança e a intimidade nos relacionamentos amorosos heterossexuais. Foi com esses casais que aprendemos muito do que está escrito aqui e, nós mesmos, muitas vezes, fomos curados. Somos gratos aos nossos clientes, casais que confiaram em nós, acreditando que tínhamos uma perspectiva que os ajudasse a sair da selva do desespero e da alienação.

Outra contribuição fundamental para o manuscrito foi a cuidadosa edição e revisão do texto, que se deve a Connie Sekaroo. Seu conhecimento de psicologia junguiana e sua capacidade de organização foram grandemente apreciados na etapa final de redação do livro.

Meus queridos amigos do Pendle Hill Quaker Study Center proporcionaram-me uma atmosfera de reflexão e inspiração durante os muitos dias que passei compondo o manuscrito, em maratonas que duravam de doze a quinze horas de incessante digitação. Pendle Hill foi um receptáculo esplêndido para minha imaginação, que em geral só se iluminava quando eu acendia a luz de meu quarto.

Todos os meus filhos (Amber e Colin, que moram comigo; Noah, que vem com freqüência; Aaron, Rachel e Arne, que aparecem menos freqüentemente) aturaram pacientemente minhas preocupações durante esses anos todos. Além disso, desafiaram-me muitas vezes a olhar além de minhas próprias idéias e inclinações.

Devo muitos agradecimentos às idéias e orientações de tantos amigos, mas dois deles em particular devem ser mencionados. Florence Wiedemann passou muitas horas dialogando comigo sobre as contribuições da psicologia de Jung ao feminismo e do feminismo à psicologia junguiana. Demaris Wehr informou-me e instigou-me com suas críticas a certos conceitos junguianos que se chocam com ideais feministas. Flo e Dee foram mais do que brilhantes — foram boas amigas quando eu precisava mais de encorajamento e apoio do que de bom-senso.

A comunidade junguiana mais ampla é o contexto em que se insere o texto deste livro. Espero que ela se manifeste quanto à utilidade e ao idealismo do que se acha escrito aqui.

1
O uso de histórias na psicoterapia

Quando falo de estar finalmente livre para dedicar sua capacidade a... qualquer... coisa a que se aspire como uma justificativa duradoura para a vida... isso só acontece quando se estabeleceu um relacionamento de amor biológica e culturamente ordenado.

Harry Stack Sullivan.[1]

Uma história contribui para este livro, uma história sobre poder e fraqueza, sobre heroísmo e conflito. É uma história do famoso ciclo da Távola Redonda, mas não fala de batalhas, dragões ou guerra. É a história de sir Gawain e de lady Ragnell. Embora envolva desafio e confronto, não inclui destruição ou conquista. É uma aventura heróica, mas de um tipo que teria sido mais familiar para as pessoas da Idade Média européia do que para nós. É um romance medieval, um relato dos medos e perigos da aventura de aceitar o relacionamento humano, especialmente o relacionamento entre os sexos. Prezar uma outra autonomia como se fosse a nossa própria e, da mesma maneira, zelar pelas necessidades do outro, são tarefas com que nos depararemos.

Nossa história retrata um problema especial da vida humana, o da confiança básica em um relacionamento íntimo entre o homem e a mulher adultos. A história a que me refiro cumpre seu objetivo, de nos instruir divertindo, como aconteceu com as platéias do século XV, com humor e imagens elegantes.

Como terapeuta junguiana, passei a usar histórias de um modo notavelmente semelhante ao modo como as histórias foram usadas por pessoas de todos os estratos sociais, por milhares de anos, tanto em culturas primitivas como em culturas sofisticadas. Uso histórias para orientar-me naquilo que não consigo apreender com a razão. Quando ouço a história individual da vida de uma pessoa, apresentada em forma de relato, na psicoterapia ou na psicanálise, procuro colocá-la no contexto de outras histórias universais, que passei a amar. Lendas, contos populares, contos de fadas foram tradicionalmente usados para instruir as pessoas sobre um modo essencial de funcionamento sereno da vida nos grupos humanos. O uso que faço das histórias é inteiramente congruente com esse propósito.

Como mapas de configurações típicas da vida humana no grupo social, as histórias orientam, no sentido de ajudar a encontrar nosso caminho através das crises e transições do ciclo da vida: nascimento, infância, a iniciação da adolescência para a vida adulta, vida adulta e transcendência da perda pessoal na velhice — são todos períodos críticos no desenvolvimento pessoal. Desintegração e reintegração da personalidade acontecem nessas transições da vida. Significado pessoal, empatia e motivação devem ser inteiramente retrabalhados a cada grande estágio da vida, para que a pessoa continue a desenvolver-se. As principais tarefas que a "mudança do paradigma" acarreta — empregando a terminologia adotada por T. S. Kuhn para a estrutura das revoluções científicas do pensamento — têm sido tradicionalmente reconhecidas como perigosas.[2] Os indivíduos precisam depender uns dos outros e do contexto do grupo social para que as transições da vida se façam com segurança e de modo significativo. As histórias tradicionais são mapas e registros de outros períodos e sociedades, que nos auxiliam quando navegamos pelas críticas transições da vida. Só em nossa era moderna nos tornamos cegos para nossa necessidade de uma instrução baseada no bom-senso, que as histórias proporcionam.

A história de sir Gawain e lady Ragnell, registrada de diversas formas na literatura inglesa dos séculos XV e XVI, é a história que usamos para avaliar e tratar casais cujos relacionamentos sofreram um abalo em termos de confiança ou vínculo básicos. Tipicamente, esse abalo ocorre na meia-idade, pouco depois dos trinta e cinco anos ou em fase comparável. As características da crise, em um vínculo adulto íntimo, incluem desespero, derrota, ressentimento, tédio e amargura (mágoa fria e persistente) como experiências regulares na vida cotidiana do casal. Cada parceiro descreve um sentimento de alienação no relacionamento: cada qual sente-se preso a um relacionamento que parece não mais prometer satisfação, exigindo apenas deveres e sacrifícios. Ambos os parceiros tentam lidar com suas insatisfações levando uma vida "por fora" ou estando apenas superficialmente envolvidos um com o outro. Por exemplo, a mulher poderá deixar de conversar com o marido ou os filhos, e o homem poderá relacionar-se com outra mulher ou mulheres, sentindo-se distante de seus papéis de parceiro e pai na família. Ambos vivem com naturalidade um estilo de relacionamento em que o conflito tornou-se hábito e em que presumem que os votos matrimoniais que os ligam contrariam seus próprios desejos de separação.

A história de sir Gawain e de lady Ragnell fornece um mapa ou padrão incomparável, por meio do qual se pode observar a reação feminina à perda da confiança básica. Esta se define tanto como um sentimento de "segurança" no relacionamento (empregando um termo de D. W. Winnicott) quanto como uma experiência de confiança na outra pessoa, no sentido de que ela preeencherá necessidades emocionais básicas no campo interpessoal do relacionamento.[3] Nesse caso, confiança básica é sinônimo de vínculo e relaciona-se especificamente com os conceitos de vínculo e perda no relacionamento humano, elaborados por John Bowlby.[4]

O vínculo da criança com os pais é o campo interpessoal inicial no qual são ativados os arquétipos da Grande Mãe e da Mãe Terrível como experiências humanas típicas. No próximo capítulo, explicarei detalhadamente como faço uso dos conceitos junguianos de arquétipo e complexo. Como nosso propósito aqui é tecer considerações sobre a confiança básica, necessitamos apenas das imagens da Grande Mãe e da Mãe Terrível, da deusa provedora e da bruxa temível, para apreender as características do vínculo que investigaremos. De modo mais específico, quando uma mulher sente segurança em um relacionamento de confiança básica com um homem, "acolhida" e adequadamente incluída, tem a experiência de ser uma "pessoa", agente. Como membros de nossa espécie, somos "pessoais" quando sentimos que somos agentes em nossas próprias vidas (ou "úteis" para os outros), válidos ou estimados. Sentimos que estamos contribuindo para nossa espécie, espelhados em nossos parceiros como pessoas adequadas, agentes, valorizadas.

A imagem da Grande Mãe, como autoridade e nutridora, é a experiência emocional positiva de saber que nosso amor é "bom". Interpessoalmente, é a experiência de se sentir amado, acolhido e nutrido pelo outro, sentir-se bem. Todos nós precisamos das experiências da Grande Mãe para sentir que nosso provimento é abundante e poderosamente bom. A imagem da Mãe Terrível, como deusa selvagem ou bruxa, é a experiência emocional negativa e acabrunhante de sabermos que nosso amor é "ruim", e de nos sentirmos feios, desprezíveis, indefesos e destrutivos. Tanto as experiências de vínculo positivo quanto negativo envolvem força e poder; ambas são necessárias em um relacionamento, mas nenhuma deve tornar-se o modo predominante de identidade pessoal, em termos contínuos. Como outros estados arquetípicos, a Grande Mãe e a Mãe Terrível são experiências transitórias de identidade, "maiores" do que o indivíduo.

A história de sir Gawain e lady Ragnell delineia de maneira clara e prática o problema da identificação com a bruxa ou Mãe Terrível. A bruxa ranzinza ou mesquinha dos relacionamentos conjugais contemporâneos prepondera, na literatura psicoterapêutica, como mãe dominadora, sufocante e opressora, que precisa controlar a vida familiar à custa de todos. Com o auxílio da história de sir Gawain e de lady Ragnell passamos a respeitar a bruxa e considerar seu dilema com empatia. Aprendemos que quando a confiança básica nos relacionamentos se rompe, quando todas as soluções racionais falham e os parceiros se afastam, deveríamos ouvir a bruxa. Só ela conhece a resposta que permitirá restaurar a confiança no relacionamento.

Nossa história é uma dádiva que não pode ser explicada racionalmente. Aqueles que cresceram lendo histórias apenas para seu prazer pessoal ficarão a imaginar como essa história pode ser aplicada tão seriamente aos relacionamentos entre casais e como pode explicar tanta coisa contemporânea, quando se sabe que ela tem pelo menos 500 anos.

É possível que o contrato de casamento, cuja forma atual foi estabelecida na Idade Média, nos ligue a um passado tão remoto. É também possível que essa história faça sentido em um nível humano tão fundamental que atravessa centenas de anos de cultura, entre sua época e a nossa. Como dádiva, essa história proporciona uma extraordinária lente para compreender aquilo a que os junguianos se referem como "desvalorização do feminino".

Antes de voltarmos a sir Gawain e lady Ragnell, apresentarei certos conceitos junguianos e feministas que fornecerão o contexto adequado para minha leitura e interpretação da história.

A IMPORTÂNCIA DO FEMININO ARQUETÍPICO

Para nossos propósitos, o *feminino arquetípico* é a província do relacionar e do cuidar. É o domínio da sustentação da vida natural e humana no interior do grupo humano. Em outras palavras, diz respeito ao participar, à vinculação e ao envolvimento com pessoas, coisas e idéias. Seu oposto, o *masculino arquetípico*, é o domínio do distanciamento e da separação. O masculino é caracterizado aqui como desunião, separação e agressão contra a natureza e os seres humanos, tendo em vista a sobrevivência. O masculino envolve divisão e separação, empreender guerras e estabelecer fronteiras, bem como analisar pessoas, coisas e idéias, em oposição à experiência de unir-se a elas. A seguinte colocação de Peggy Sanday, antropóloga que estudou diferenças decorrentes do gênero, masculino e feminino, quanto ao poder em mais de 150 sociedades tribais e modernas, esclarece ainda mais essas distinções, na medida em que elas dizem respeito ao relacionamento e à cultura humanos:

> Chama-nos a atenção o grau a que cada um dos sexos se conforma a uma simetria conceitual básica, fundamentada em diferenças primárias entre os sexos. As mulheres dão à luz e criam os filhos; os homens matam e forjam armas. Os homens exibem seus troféus (seja um animal, uma cabeça humana ou um escalpo) com o mesmo orgulho que as mulheres acalentam em seus braços um recém-nascido. Se nascimento e morte se incluem entre as necessidades da existência, então os homens e as mulheres contribuem igualmente, mas de modo muito diverso, para a continuação da vida e, portanto, da cultura.[5]

Visto que há sérias interrogações antropológicas a respeito desses temas arquetípicos, sobre como "diferenças primárias entre os sexos" correspondem universalmente às mesmas classificações de gênero (isto é, feminino para as mulheres e masculino para os homens), não presumo que homens e mulheres representem esses domínios arquetípicos em suas identidades de gênero. Acabei por considerar que ambos os domínios estão potencialmente disponíveis para cada gênero, tendo em vista finalidades de identidade e a ação.

Nossa história ajuda-nos a compreender o que acontece em relações íntimas, quando as tarefas comuns relacionadas ao cuidar — tomar conta da casa, criar os filhos, manter um contato emocional, aliviar e curar feridas — são desvalorizadas. Quando homens e mulheres desvalorizam essas atividades, consciente ou inconscientemente, eles incidem nos padrões e modos habituais de relação conotados pelo conceito junguiano do *complexo materno negativo*. Esse complexo compreende comportamentos, idéias, imagens e sentimentos associados à negação daquela intimidade que torna possível dar e receber carinho. Assim, o complexo materno negativo relaciona-se com a idéia de desvalorizar ou amputar o feminino da própria identidade e comportamento.

Em nossa sociedade, os homens tendem a desvalorizar o feminino neles mesmos e nas mulheres. Muitos atributos femininos são considerados como "fraquezas" na tradicional identidade de gênero masculino. Em conseqüência, os homens lutam para se excluir e se diferenciar das mulheres e das preocupações concernentes ao cuidar, para poderem manter identidade masculina separada. A socióloga Nancy Chodorow liga esta desvalorização do feminino ao fato de, em nossa cultura, as crianças receberem cuidados maternos unicamente das mulheres:

> O papel materno da mulher, universal, tem efeito tanto sobre o desenvolvimento da personalidade masculina e feminina quanto sobre a hierarquia dos sexos... Enquanto as mulheres precisarem viver através dos filhos e os homens não contribuírem autenticamente para a socialização e não proporcionarem modelos de papéis facilmente acessíveis, as mulheres continuarão a criar filhos cuja identidade implica na desvalorização da feminilidade, dentro e fora deles.[6]

Como são basicamente as mulheres que cuidam das pessoas em seus anos da infância, a voz da autoridade feminina tem entonações poderosas. Os homens não se diferenciam das mulheres, racional ou objetivamente. Na verdade, costumam sentir aquilo que Karen Horney denominou "medo das mulheres" e sentem-se compelidos a lutar contra o feminino (dentro e fora) para experimentar alguma forma de poder pessoal em sua identidade masculina.

As mulheres, por outro lado, devem se identificar tanto com os aspectos "inferiores" do feminino quanto com as poderosas projeções da autoridade feminina. A mulher sente-se, ao mesmo tempo, fraca demais e poderosa demais em seu papel materno e de autoridade. Quando a confiança básica é baixa e a desvalorização do feminino é elevada, então a mulher tende a sentir-se inteiramente identificada com os poderes negativos e inferiores da bruxa, da feiticeira ou da Mãe Terrível.

A identidade masculina de gênero, em nossa sociedade, tende a apoiar-se em qualidades do distanciamento: o homem procura ser racional, independente, objetivo e cheio de princípios. Freqüentemente, quando, nós, mulheres, criticamos os homens, nós os caracterizamos como distantes demais, vendo-os como pessoas frias, alheias, insensíveis, severas. O trabalho do homem é, em geral, distante. Fica longe de casa, da família, das mulheres e do mundo emocional de envolvimentos afetivos. Raramente se diz que os homens são por demais acalentadores, declaradamente dóceis ou excessivamente acolhedores. Termos que tenham uma conotação de carinho e de cuidados maternais femininos raramente aparecem associados à identidade dos homens, mesmo quando os estamos criticando.

Os homens devem excluir o feminino de sua identidade com muito mais vigilância e esforço do que as mulheres despendem para excluir o masculino. Na realidade, as mulheres podem identificar-se e identificam-se prontamente com todos os aspectos do masculino, desde a aparência — como usar calças e gravatas —, aos papéis, sendo pais para os filhos e líderes executivas. Os homens não conseguem agir com a mesma facilidade, em se tratando de aspectos do feminino. Não conseguem usar vestidos, saias ou jóias de mulher sem se sentirem "esquisitos", mesmo em círculos mais liberados da sociedade. Os homens não voltam facilmente sua inteligência para tarefas caseiras complexas, tais como limpeza e saúde familiar. Ao contrário das mulheres, que podem e conseguem aceitar o masculino nelas, os homens, em nossa sociedade, não aceitam facilmente o feminino.

A dominação masculina na esfera decisória e hierárquica amplia a exclusão do feminino da identidade masculina de gênero. Enquanto os homens dominarem no âmbito do poder social — da família às instituições mais amplas —, enquanto eles excluírem as mulheres e o feminino desses domínios, estarão vinculando sua identidade aos atributos "superiores" do masculino. Enquanto, em nossa sociedade, o poder feminino permanecer limitado aos cuidados maternos, às questões emocionais e ao âmbito do relacionamento, permanecendo excluído em termos de hierarquia, poder decisório e de ganhos materiais ou simbólicos (como dinheiro, por exemplo), as pessoas não estarão livres para desenvolver uma identidade humana de modo saudável. Atualmente, rapazes e moças se identificam com os atributos e atividades masculinas "superiores", que consistem em ser objetivo, racional, poderoso, analítico e forte. Para pertencerem ao gênero feminino, as garotas são compelidas a se identificarem com ser sensível, dependente e emotiva. Sua identificação com qualidades femininas "inferiores" se dá, freqüentemente, às custas psicológicas de uma baixa auto-estima, pois tais qualidades, em nossa sociedade, estão associadas à fraqueza.

Depositar uma confiança sagrada na razão, glorificar a objetividade e venerar a ciência são preocupações da sociedade moderna, tanto para homens quanto para mulheres. Portanto, muitos problemas e perigos de nossa cultura contemporânea poderão ser compreendidos à luz da identidade ideal de gênero masculina e da correspondente desvalorização do feminino. Testemunho desse fato é nossa inclinação por guerras distantes e agressões contra estrangeiros. Relutamos em demonstrar abertamente mágoa e tristeza, mas expressamos agressão e dominação publicamente, sem constrangimentos. Heróis masculinos populares, de James Bond a Woody Allen, se auto-observam com distanciamento e sempre podem ocultar-se atrás de uma boa explicação racional, ainda que tal explicação não passe de uma racionalização neurótica. Dispomos de poucos — se é que dispomos de algum — modelos viáveis para o homem nos papéis de esposa e de mãe. Além disso, raramente perguntamos o porquê, mas simplesmente aceitamos o fato que apenas as mulheres podem fazer papéis masculinos e femininos. Devido a depositarmos, enquanto sociedade, nossa confiança nos "fatos frios e duros" da ciência, fracassamos em ouvir as muitas vozes que informam e que outras culturas conhecem. Não temos ouvido para as vozes da terra, dos animais e dos elementos naturais. Nossa relação com o cosmo é mediada por fatos como "energias", "buracos negros" e "explosões estelares". Embora essas noções possam soar mitológicas, não são vivenciadas como mitos, que podem guiar a conduta humana e exprimir mistério.

Nossos homens, que assumem os papéis de parceiro e pai na família, freqüentemente fazem isso confusamente e sem a capacidade de lidar com as mulheres e crianças em torno deles. Na psicoterapia de casais, acabamos detectando uma incapacidade, comum entre os homens, de ouvir com compreensão ou empatia simples comunicações emocionais. Em vez disso, eles se refugiam em suas próprias reflexões ou argumentos defensivos e se recusam a compreender qualquer coisa que não seja um relato racional, seqüencial, "daquilo que aconteceu" e "daquilo que pode ser feito".

Agora estamos prontos para voltar à história de lady Ragnell e sir Gawain, que faz a seguinte indagação: "O que as mulheres querem realmente?". Essa pergunta, mais do que qualquer outra, nos orienta na terapia com casais que perderam o vínculo básico e a confiança em seu relacionamento. Além disso, é uma pergunta que pode levar à liberação e revalorização do feminino no interior e no exterior, em nós e nas vidas de todos os homens e mulheres, pois ela aponta para o âmago de nossa humanidade, para uma preocupação com um relacionamento íntimo. Nossos fracassos em constituir uma família (que não deve ser entendida como a família nuclear ideal), nosso desperdício de recursos humanos, animais e outros, nossa desesperança na cooperação com seres humanos em outras sociedades, nossa opressão sobre nossos próprios parceiros e amigos refletem nossa desvalorização do cuidar, o mais comum. Até mesmo a maciça capacidade ofensiva dos armamentos nucleares (ironicamente, o nome que designa essas armas é o mesmo para nosso sistema familiar básico) constitui parte essencial do modo masculino de distanciamento e de falta de relação consigo e com o outro. No entanto, a perspectiva de um holocausto nuclear não é um "problema de homens", assim como a cozinha e os filhos não são "tarefas de mulheres". A realidade e a perspectiva de uma guerra distante, o predomínio dos homens brancos em papéis decisórios, e as preocupações com a vida cotidiana cabem a todos nós. Nesta época em que nosso vínculo básico com os outros seres humanos vem se tornando algo muito tênue, vejamos o que poderemos aprender com um antigo conto popular.[7]

SIR GAWAIN E LADY RAGNELL:
O QUE AS MULHERES QUEREM REALMENTE?

Certo dia, o rei Artur estava caçando no norte, na floresta de Inglewood; se aproximou sorrateiramente de um cervo branco e o feriu com uma flecha. No momento em que chegou perto do animal abatido, uma criatura monstruosa surgiu diante dele, saindo da floresta. Declarou chamar-se sir Gromer Somer Jour e, no mesmo instante, ameaçou matar Artur com seu machado. Abalado e perplexo, Artur respondeu que estava desarmado para a luta. Sir Gromer concedeu-lhe o prazo de doze meses para que o rei decifrasse um enigma ou então voltasse, para receber o golpe mortal. Artur retirou-se, abatido e confuso sobre a intenção do enigma.

Chegando ao castelo, apenas sir Gawain, entre os cavaleiros da Távola Redonda, conseguiu arrancar do rei a história da aventura. Artur descreveu os detalhes do encontro que tanto o confundiu e acabou confessando sua perplexidade perante o enigma proposto por sir Gromer. Este pedira ao rei para responder corretamente a pergunta: "O que as mulheres mais desejam, acima de tudo?".

Gawain e Artur desconfiaram que a pergunta não passasse de uma armadilha, pois parecia inconseqüente. Mas Gawain mostrou-se otimista e disse: "Afinal, temos um ano inteiro para procurar respostas por todo o reino. Certamente alguém saberá a resposta certa". Mas Artur não tinha lá tanta certeza.

Durante um ano inteiro Artur e seus companheiros percorreram todo o reino, tomando notas, fazendo a pergunta a todo tipo de gente. Finalmente, reuniram-se e compararam suas anotações. Gawain tinha certeza de que uma das respostas seria a correta. Artur duvidava e preocupava-se, presumindo em seu íntimo que seria impossível encontrar resposta para uma pergunta tão ridícula. Quando faltavam alguns dias, ele se embrenhou novamente na floresta de Inglewood, num ponto não muito distante de onde flechara o cervo.

Surgiu da floresta uma bruxa velha e medonha, que se apresentou como lady Ragnell. Desafiou Artur, dizendo *saber* que ele não tinha a resposta correta para o enigma. O rei ficou muito surpreendido com o jeito intrometido da bruxa e respondeu que não conseguia perceber por que ela estava tão preocupada com um assunto que só dizia respeito a ele. "Que mulher atrevida!", foi tudo que conseguiu pensar. Ragnell insistiu, com uma autoconfiança que deixou o rei espantado. Insistiu, afirmando que somente ela poderia dar a resposta correta, porque era meia-irmã de sir Gromer e dispunha de informações que Artur não tinha.

Sem muita convicção sobre as respostas que coletara, Artur finalmente respondeu, oferecendo a lady Ragnell terras, ouro ou jóias em troca da resposta certa. Ela recusou essas ofertas materiais, dizendo: "De que me servem o ouro ou as jóias?". Afirmou que apenas uma coisa a satisfaria: "Se seu sobrinho Gawain concordar em desposar-me, direi a resposta certa. É minha única condição". Artur respondeu que Gawain não lhe pertencia, não o podia dar porque era um homem livre. Ragnell afirmou não estar pedindo a Artur que lhe desse Gawain. Apenas pedia que o rei levasse a proposta a Gawain e descobrisse o que ele decidiria fazer, por sua própria vontade.

Embora afirmando não poder comprometer o sobrinho dessa maneira, Artur regressou imediatamente ao castelo, e fez a proposta. Vendo o tio quase humilhado a seus pés, Gawain sentiu pena do pobre rei e fez o voto de que se casaria com o próprio diabo para salvar a vida do tio. Ambos foram ao encontro de Ragnell, e Gawain concordou em desposá-la se a resposta que ela lhes desse fosse aquela que salvaria a vida do rei.

No dia determinado, Artur e Gawain se dirigiram solenemente, a cavalo, para encontrar o monstruoso sir Gromer. Espada desembainhada, um brilho no olhar, Gromer ouviu de Artur as respostas que ele e Gawain coletaram durante sua busca. Nenhuma era a certa e, no momento em que Gromer estava a ponto de eliminar o rei, Artur revelou precipitadamente a resposta de Ragnell: "O que as mulheres desejam, acima de tudo, é o poder de soberania, o direito de governar suas próprias vidas!".

Ao ouvir isso, Gromer retirou-se imediatamente, fazendo comentários indignados sobre Ragnell e gritando que sozinho Artur jamais teria conseguido encontrar a resposta.

Artur, Gawain e Ragnell voltaram para o castelo, em silêncio. Só lady Ragnell estava bem-humorada. Seguiu-se um grande banquete de casamento, ao qual compareceu toda a nobreza da corte. Todos estavam constrangidos e comentavam a feiúra e a falta de educação da noiva. Ragnell, porém, não se deixou abalar. Comeu de tudo com grande apetite e parecia divertir-se muito.

Na câmara nupcial, tarde da noite, Ragnell mostrou estar satisfeita com o comportamento de Gawain. "Você me tratou com dignidade", disse. "Não teve repulsa nem pena de mim. Agora venha me beijar."

Gawain deu um passo adiante, beijou-a nos lábios e, de repente, diante dele, surgiu uma mulher linda, graciosa, com belos olhos azuis. Ela acercou-se e perguntou: "Você me prefere assim, com a minha verdadeira forma ou com a forma que eu tinha antes?". "É claro que com esta forma. Quero dizer, que... que linda mulher você é!" Gawain gaguejou e respondeu, com um protesto: "Que espécie de feitiçaria é esta? O que está acontecendo?".

17

Lady Ragnell explicou que seu irmão a amaldiçoara porque fora ousada a ponto de desobedecer suas ordens. A maldição era a de que ela teria a aparência de uma bruxa desprezível até que o maior dos cavaleiros de toda a Inglaterra concordasse em desposá-la, e com a maior boa vontade. O erro de Artur ao caçar na floresta de Inglewod (que o rei dera a Gawain, mas que, na verdade, pertencia a sir Gromer) fora sua primeira oportunidade de entrar em contato com o soberano e tentar acabar com a vingativa maldição do irmão.

Louco de alegria, Gawain aproximou-se rapidamente da noiva, exclamando: "Você conseguiu! Libertou-se da irada maldição de seu irmão e agora é minha linda noiva!".

"Um momento!", interrompeu Ragnell. "Devo dizer-lhe que apenas parte da maldição foi quebrada. Agora você tem uma escolha a fazer, meu amigo. Posso assumir minha verdadeira forma durante o dia, no castelo, e assumir a outra forma à noite, em nossos aposentos, ou então posso manter minha verdadeira forma à noite, em nosso leito, e minha forma anterior, horrenda, durante o dia, no castelo. Não é possível as duas soluções ao mesmo tempo. Pense cuidadosamente antes de fazer sua escolha."

Gawain silenciou, ponderando sobre a intenção da pergunta, mas apenas por um momento. "A escolha é sua, Ragnell, pois ela envolve sua vida. Só você poderá decidir", foi sua resposta.

Ao ouvir essas palavras Ragnell ficou radiante, alegre e aliviada. Disse: "Meu querido Gawain, você respondeu bem, pois agora o encanto está definitivamente quebrado. A condição final era que, após eu me tornar a esposa do maior dos cavaleiros, ele me desse, de espontânea vontade, soberania sobre minha própria vida. Só então poderia reassumir minha verdadeira forma. Agora estou livre para ser bela durante o dia e bela durante a noite".

Foi assim que aconteceu o casamento de sir Gawain com lady Ragnell.

O DESAFIO À MUDANÇA

Alguns dos temas mais interessantes e esclarecedores dessa deliciosa história são obscuros para um leitor contemporâneo. Por exemplo, o personagem da bruxa, provavelmente, era bem conhecido de um ouvinte do século XV, em termos de sua psicologia específica. A bruxa é a "dama abominável" — dramática, feia e dominadora. É magicamente poderosa, porque consegue transportar homens ou crianças através dos céus, à noite, sob seus poderes, deixando-os exaustos ou mortos pela manhã. Em geral, a bruxa é extraordinariamente gorda, mais corpulenta do que alta, coberta de verrugas e outras marcas pouco atraentes e usa penteados grotescos, algumas vezes descritos como "cabelos verdes como erva daninha". Sua aparência e seus atos não são tão sérios como seu poder mágico (de fato, em geral, faz coisas engraçadas). Tem a capacidade de sugar a alma da pessoa que beijar seus lábios e o simples fato de olhar diretamente em seus olhos pode despertar um perigoso potencial para o roubo da alma. Por esses traços, podemos avaliar o heroísmo de Gawain ao abraçar e beijar lady Ragnell com tamanha solicitude. Se ela fosse uma bruxa de verdade, o beijo acarretaria sua morte. E, finalmente, a bruxa não derrama lágrimas verdadeiras. Ela apenas finge chorar, expressando seus tormentos por meio de sorriso malicioso, desdém ou desprezo. É evidente que ninguém poderá abraçar uma bruxa, a menos que tenha muita coragem e, do modo como procedeu, Gawain demonstrou ser um grande herói ao salvar a vida de seu tio.

Além disso, Gawain e Artur também eram personagens muito conhecidos, figurando em várias histórias e baladas populares. Assim como muitos de nós conhecemos James Bond e Woody Allen como figuras da cultura americana contemporânea, os ouvintes do século XV também conheciam Artur e Gawain. Artur era um herói racional, forte, orgulhoso, embora às vezes se mostrasse um rei extremamente conservador. Nessa história, como em algumas outras baladas, Artur tem algo de velho rabugento e caduco. Também representa a jocosa figura do velho patriarca que fica em um segundo plano, a encorajar os cavaleiros mais jovens a partir para a batalha. Artur apreciava muito seu relacionamento com o sobrinho Gawain e, freqüentemente, se apoiava nas virtudes deste, acreditando que fossem mais "puras" do que as suas próprias.

Gawain, como imagem coletiva, expressa alguns dos ideais cortesãos dos cavalheiros do período medieval. Em seu famoso encontro com o rei Verde, por exemplo, Gawain permaneceu corajoso e cortês, atento aos sentimentos das mulheres e constante em sua lealdade, demonstrando apenas uma ponta de fraqueza ou vulnerabilidade (por exemplo, ao esquivar-se do ataque do rei Verde e aceitar parte das "dádivas" sedutoras da esposa deste último). A combinação de vulnerabilidade emocional e coragem cavalheiresca era uma mescla muito especial no amante cortesão. Mais do que em períodos posteriores da cultura inglesa, a era medieval celebrava os relacionamentos entre homem e mulher em contextos sagrados e seculares como "coração" da cultura humana.[8] Gawain é o típico herói medieval, talvez mais próximo de Woody Allen do que de James Bond, mas diferente de quaisquer de nossas figuras masculinas predominantemente racionais. Ele podia entregar-se às suas emoções e reagir com empatia, vulnerabilidade e disposição à dor de uma mulher ou ao seu convite pessoal. Uma moderna figura popular que transmite algo da natureza de Gawain é Zorba, o personagem de Kazantzakis, em "Zorba o grego". Gawain não era tão sensual ou passional quanto Zorba, mas sentia uma inclinação pela experiência das mulheres e permanecia aberto às influências estranhas a seus ideais racionais. Em geral, Gawain sai vitorioso ou levemente ferido das provas a que seu valor de cavalheiro é submetido, como sucedeu com o rei Verde.

Do ponto de vista da psicologia junguiana, interpreto Artur e Gawain como personagens fundidos em uma única atitude heróica, até o fim da história e a solução do encantamento. Gawain representa abertura, coragem e disposição para prosseguir na escuridão de um desafio desconhecido, como herói consciente que é; ou seja, por sua livre vontade. O que lhe falta é um julgamento seguro, maturidade e objetividade. Artur completa Gawain como figura heróica, na medida em que propicia a objetividade necessária e a autoridade do patriarca. Como rei, Artur é tradicional, poderoso, racional e conservador. Adere aos ideais heróicos, mais como princípios da cabeça do que do coração. Artur depende do entusiasmo e do otimismo de Gawain perante o perigo. Entusiasmo e otimismo que, por sua vez, dependem da autoridade e da aprovação do rei. É evidente que não seria sensato casar com o demônio por qualquer outro motivo, senão para salvar a cabeça do rei. Artur e Gawain, juntos, constituem o herói completo, capaz de resolver os problemas racionalmente *e* agir de acordo com um código ideal. Até Gawain encarar diretamente a bruxa, em sua câmara nupcial, longe de Artur, ele não entendia a dimensão da feitiçaria em que se envolveu com entusiasmo. Sem que ficasse claro para ele o verdadeiro significado do desafio, Gawain fundiu-se com Artur e com a tradição do patriarcado. Só Ragnell conseguiria libertar Gawain de Artur, e fazê-lo dono de si mesmo.

Em nossa primeira consideração dessa história, devemos também notar o tema da raiva diante da perda. Lembremos o raivoso confronto entre sir Gromer e Artur, entre Ragnell e Artur, entre Gawain e Ragnell e, finalmente, o desafio feito por Ragnell a Gawain. *O desafio de mudar diante da perda* é o motivo emocional central da história. Esse motivo emerge no desenvolvimento individual na meia-idade, quando em geral enfrentamos pela primeira vez uma perda inesperada, por morte, divórcio, abandono, doença ou partida dos filhos. A morte ou a doença dos pais idosos, os problemas e limites da saúde pessoal, a separação decorrente do divórcio são tipos de perdas chocantes, que levam as pessoas a procurar psicoterapia na meia-idade.

Jung afirmava que a tarefa do desenvolvimento, na meia-idade, é contrabalançar a unilateralidade de nossa vida anterior. Para os homens, isso implica, habitualmente, a necessidade de integrar em sua identidade pessoal os aspectos do "feminino reprimido" de sua própria personalidade, ou a chamada *anima*. As mulheres, geralmente, precisam integrar o "masculino reprimido" ou *animus*. Assim, o desenvolvimento, na meia-idade e em etapas posteriores da vida, consistiria em transformar a própria adaptação anterior e incluir conscientemente boa parte daquilo que foi vivenciado anteriormente como hábito e dependência dos outros.

Quanto aos homens, Jung presumia que o desenvolvimento, na meia-idade, implicava em deixar de ser um "herói" distante e arredio e reconhecer a dependência em relação aos outros e a importância dos relacionamentos. Para as mulheres, a situação seria oposta. O desenvolvimento requereria mudar, de uma identidade dependente e acomodatícia, para uma identidade mais autônoma e independente. Os estudos transculturais realizados por David Gutmann sobre estilos de ego entre populações de várias culturas européias e não-européias parecem consubstanciar a asserção de Jung em favor de uma modificação da adaptação em etapas mais avançadas da vida.[9] As descobertas de Gutmann demonstram que os homens tendem a passar de um estilo ativo de "comando", no início da vida, para um estilo passivo de "acomodação", em uma etapa posterior. As mulheres passam de um estilo de ego passivo-acomodatício para um comando mais ativo. A pesquisa de Gutmann não deu consideração preponderante à identidade consciente ou ao autoconceito. A psicologia de Jung enfatiza que as mudanças do estilo pessoal decorrentes do desenvolvimento devem ocorrer na consciência, na percepção consciente que uma pessoa tem de si mesma, para que se beneficie tão amplamente quanto possível do desenvolvimento individual. As circunstâncias que requerem novas adaptações podem modificar o modo como a pessoa lida com as situações. Uma mulher, por exemplo, poderá modificar-se livrando-se da dependência financeira de um homem e passando a ganhar a própria vida; mas mudanças na adaptação nem sempre alteram a atitude de uma pessoa em relação à vida. O conceito junguiano de *individuação*, que implica na integração sucessiva de aspectos anteriormente reprimidos ou habituais da personalidade, enfatiza a integração por meio da consciência como a chave para um desenvolvimento psicológico bem-sucedido.

Usando a história, começamos na terapia com o problema do "reconhecimento da perda potencial". Despertar a motivação das pessoas para trabalharem as questões internas que levaram à estagnação e que agora estão bloqueando a confiança é o primeiro passo nessa modalidade de terapia de casal. "Abraçar a bruxa" implica, inicialmente, em chegar a um acordo com aquilo que é sombrio e assustador em si mesmo, de tal modo que se possa libertar o parceiro do peso de carregar nosso próprio ressentimento, frustração e desespero. Cada pessoa precisa reconhecer suas próprias repressões e o predomínio de determinados aspectos pessoais, vencendo a resistência e o medo da mudança.

O problema de enfrentar e admitir as próprias frustrações e decepções pode ser definido como um processo de diferenciar aquilo que concerne o vínculo e aquilo que concerne a dominação no relacionamento do casal. Quando um casal em dificuldades procura a terapia (em geral devido à insistência da mulher ou porque um filho "levou" o casal à terapia por causa de seu comportamento), os parceiros adotam uma postura de "dominação-submissão" mais do que uma postura de "vinculação-separação". O modo básico de relacionamento íntimo é o padrão instintivo de vinculação e separação. Quando esse padrão, com seus gestos expressivos, significados simbólicos e ações recorrentes é abandonado por um padrão de dominação ou de "luta pelo poder", a pessoa sente-se ameaçada e deprimida em sua base cotidiana. Em vez de as duas pessoas se relacionarem emocionalmente como indivíduos interdependentes, capazes de perceber e satisfazer mutuamente suas necessidades, elas se relacionam como uma unidade simbiótica ou fundida, em que uma pessoa está "por cima" e a outra "por baixo": há uma constante luta pelo poder em torno de quaisquer questões.

Embora as duas pessoas possam reconhecer a natureza irracional de sua luta (por exemplo, poderão dizer: "É ridículo, mas não conseguimos parar de brigar por qualquer motivo insignificante"), elas sentem que é impossível parar com as agressões. Enquanto as pessoas não encararem o significado da dominação e da submissão em seu relacionamento, que quase sempre envolve a desvalorização do feminino, não poderão voltar suas preocupações para o vínculo. O confronto com a perda potencial na situação em que se encontram, mediante a ação do terapeuta, que apóia e elabora a voz da bruxa, costuma subtrair as pessoas daquela luta pelo poder que ocupara um lugar tão preponderante em suas vidas. Mas esse é apenas o primeiro passo no trabalho com as questões relativas à dominação e à submissão.

Paradoxalmente, enfrentar a perda, o ressentimento e a frustração pode abrir as portas para o próximo estágio do desenvolvimento. Para ambos os parceiros, o próximo estágio envolve a revalorização do feminino. Para o homem, esse processo consiste em constatar a própria dependência, temores, necessidades e sentimentos, expressando-os abertamente. Para a mulher, o processo consiste em reivindicar o valor e a autoridade de suas próprias perspectivas e em integrar confiança em sua auto-imagem, como indivíduo competente, que desenvolveu a capacidade de cuidar. Para cada pessoa, individualmente, aceitar a "bruxa" ressentida, vergonhosa e desvalorizada pode resultar na descoberta de uma nova vitalidade, de uma "princesa" antes disfarçada, de olhos claros e porte gracioso.

2
O feminismo e a psicologia de C. G. Jung

Quando me refiro ao feminismo e à psicologia de Jung, costumo ser desafiada por minhas colegas, sobretudo as que trabalham no campo do serviço social e que afirmam que a teoria junguiana é misógina. As feministas, em geral, têm sido críticas em relação ao trabalho de Jung e à contribuição dos junguianos contemporâneos à psicologia das mulheres. Muitas críticas à psicologia junguiana têm sido escritas de uma perspectiva feminista, e devemos continuar céticos sobre a aplicação de conceitos androcêntricos às mulheres.[1] O androcentrismo, ou raciocínio a partir da perspectiva masculina, tem sido um problema na psicologia junguiana, bem como em outras teorias psicodinâmicas de importância para a psicologia. À medida em que as mulheres começaram a validar a verdade e o valor de suas próprias experiências, elas descobriram que muitos conceitos tradicionais sobre suas motivações e desejos são distorcidos e coercitivos.

Um conceito como o da "inveja do pênis", que diz que uma mulher tem um buraco no lugar onde deveria estar o pênis, é uma ilustração imediatamente compreensível do androcentrismo na teoria psicanalítica geralmente aceita. Uma mulher de meia-idade, ansiosa e identificada com a idéia de que é intelectualmente inferior, pode ser designada por um terapeuta junguiano como "possuída pelo *animus*", pois fala de modo insistente e dogmático sobre uma idéia geral ou vaga. Esse tipo de rótulo pode ser considerado androcêntrico, quando decorre de padrões essencialmente masculinos aplicados à experiência da mulher, sem levar em conta seu contexto social ou a identidade feminina de gênero e os papéis sexuais tradicionais.

Os conceitos junguianos da *anima* ou feminino reprimido, nos homens, e o de *animus* ou masculino reprimido, nas mulheres, são particularmente propensos a serem considerados androcêntricos pelas feministas. Jung referia-se a esses conceitos como *arquétipos*, mas, algumas vezes, como *complexos*. Concebia-os como uma predisposição natural a reagir ao sexo oposto de um modo determinado e como um comportamento específico na relação com o sexo oposto. Em suas descrições da *anima*, Jung tendia a confundir a experiência com o feminino, do ponto de vista do homem, com a mulher real. Mais do que distinguir explicitamente entre os medos e fantasias masculinas sobre as mulheres e as mulheres reais, Jung tendia a confundir o fantasiado e o real. Consideremos a seguinte passagem:

Tanto quanto minha experiência me informa, um homem sempre compreende com bastante facilidade o que se entende por *anima*. Com efeito, conforme eu disse, ele tem dela, com freqüência, uma imagem bem definida, de modo que, em uma variada coleção de mulheres de todos os períodos, ele consegue indicar aquela que mais se aproxima do tipo da *anima*.[2]

A contínua confusão entre a predisposição masculina para perceber as mulheres de um determinado modo e a personalidade real de uma mulher resultou em algumas tipologias junguianas para as mulheres baseadas em tipos de *anima* masculinas.[3]

Jung derivou o conceito de *animus*, nas mulheres, de sua descoberta da *anima* nos homens. "Como a *anima* é um arquétipo encontrado nos homens", escreveu, "é razoável supor que há um arquétipo correlato nas mulheres."[4] Após esta afirmação, Jung nega ter simplesmente "deduzido" o *animus*, sem apoio em experiência clínica com mulheres. Mas ficava desconcertado com o conceito de *animus*, pois, conforme afirmou: "Jamais conheci uma mulher que pudesse me dar indicações precisas sobre a personalidade dele".[5] Como Jung não levava em conta o contexto social do desenvolvimento da *anima* e do *animus*, e nem as ramificações da exclusividade feminina nas tarefas de cuidar, não conseguia elaborar razões convincentes que explicassem por que os homens projetavam uma imagem tão singular e pessoal da *anima* (como mulher), ao passo que as mulheres não projetavam uma imagem singular e pessoal do *animus* (como homem).

Jung não apenas concebeu essa idéia basicamente de uma perspectiva masculina, mas contribuiu para boa parte das idéias populares sobre a inferioridade das capacidades morais e intelectuais das mulheres. A mulher possuída pelo *animus* é descrita como "obstinada, aferrada a princípios, legisladora, dogmática, reformadora do mundo, teórica, verborrágica, sempre disposta a discutir e dominadora".[6] Quando essa espécie de descrição é considerada seriamente, e dirigida a uma mulher já ansiosa quanto à sua capacidade intelectual, ela poderá sentir-se derrotada já no início.[7]

Apesar do androcentrismo de alguns conceitos junguianos, as teorias e os métodos de Jung proporcionam meios únicos para compreender as expressões simbólicas e transcender a perda pessoal. A abordagem feminista da terapia, com a utilização da terapia junguiana, é facilmente acessível e consistente com a teoria de Jung sobre o desenvolvimento psíquico, conforme demonstrarei.

A TEORIA FEMINISTA E A TERAPIA

Primeiramente permitam-me esclarecer o que quero dizer com "abordagem feminista" ou "terapia feminista". Sou uma feminista declarada e meu trabalho terapêutico é consistente com a terapia feminista.[8] Isso faz parte de minha identidade como psicóloga e psicoterapeuta, devido à minha preocupação de promover maior autoridade, autonomia, competência e independência nas mulheres, como seres humanos completos. Em nossa cultura, conquistar autoridade pessoal é um processo difícil para as mulheres. A luta de uma mulher por autoridade deve ser interpretada no contexto de sua identidade feminina de gênero. Os aspectos específicos de inferioridade, fraqueza e estupidez associados aos atributos de gênero da mulher, são preocupações especiais quando se trata de desenvolver a autoridade feminina. Para ter uma posição de autoridade pessoal, como mulher, em vez de identificar-se com a autoridade pessoal do homem, é preciso explicitar os significados sociais do gênero e entendê-los no contexto. Desenvolver a autoridade feminina é uma luta contínua em uma sociedade que recrimina a independência das mulheres.

Como terapeuta feminista, sinto-me comprometida a ajudar todas as pessoas, homens e mulheres, a revalorizar as tarefas corriqueiras, manter relacionamentos íntimos e proporcionar cuidados. Desde o início, isso tem sido um compromisso ético e pessoal meu, e não fez parte de minha formação profissional. O que descobri, em meu trabalho de dar poderes às mulheres e revalorizar ideais relacionais, é que todos nós somos constantemente influenciados por estereótipos de papéis sexuais e por vieses sexuais inconscientes. Visto que os homens brancos dominam os espaços decisórios em nossa sociedade, e visto que qualidades "inferiores" de dependência, emotividade etc., são associadas à identidade feminina de gênero, precisamos nos manter alertas contra os pressupostos de qualquer esquema conceitual que venhamos a usar para descrever a identidade nas mulheres ou para caracterizar aquilo que é feminino.

As mulheres enfrentam consistentemente um duplo padrão, quando falam com autoridade ou insistência. Conforme foi descoberto por Broverman et al., pressupõe-se que, em nossa sociedade, o homem ideal é mais competente, mais independente, mais objetivo e mais lógico do que a mulher ideal.[9] A mulher ideal é imaginada mais submissa, mais dependente e menos objetiva do que um "adulto saudável" (sem especificar sexo). O duplo padrão para a autoridade feminina é, portanto, óbvio. Se uma mulher assume a objetividade, competência e independência de um adulto saudável, ela será acusada de não ser feminina. Se ela se identifica com submissão, dependência e outras qualidades passivas do feminino, fracassará em se tornar um ser adulto. Quando se trata de se identificar com uma figura de autoridade, competente e confiante, a mulher não poderá vencer. Em decorrência disso, o *animus* não integrado de uma mulher com fortes convicções pode ser mais produto de um conflito resultante das definições sociais sobre os direitos da mulher à autoridade do que um produto de sua psicologia.

Foi convincentemente demonstrado que até mesmo os psicólogos esperam que as mulheres sejam mais passivas e dependentes do que os homens, e menos objetivas do que os adultos saudáveis.[10] Essa estereotipação sexual, embora possa ser reconhecida como algo prejudicial por alguns, continua a ser aceita por amplos segmentos de nossa sociedade. Talvez mais importante é que traços masculinos estereotipados sejam considerados mais desejáveis do que traços femininos estereotipados. Tanto homens quanto mulheres incorporaram em seu autoconceito os atributos estereotipados de sua identidade de gênero. A tendência das mulheres a se denegrirem pode ser compreendida como uma pressão social para que se conformem a um auto-conceito negativo. O *status* inferior da identidade de gênero das mulheres foi corroborado em numerosos estudos bem planejados, de grande amplitude, que se seguiram ao trabalho de Broverman *et al.*[11]

Alguns dos conceitos de Jung, sobretudo a idéia dos arquétipos, podem ter sido empregados para reforçar a internalização da identidade "inferior". Os conceitos junguianos de arquétipo, princípios arquetípicos masculino e feminino, bem como os conceitos de *anima* e *animus*, podem ser usados para propósitos misóginos, ao indicarem que a identidade das mulheres pode ser restringida de determinadas maneiras.[12] O tratado de Anthony Stevens sobre os arquétipos é um exemplo recente de um raciocínio misógino sobre o feminino arquetípico e o masculino arquetípico, levando-o a pronunciamentos sobre o destino biológico da mulher, como ser mãe e nutridora.[13] Enquanto os homens não assumirem pessoalmente as preocupações com o relacionamento e com o cuidar, não poderão presumir que conheçam algo sobre quem deve ficar em casa ou quais capacidades estão em jogo, no que se refere ao cuidar.

A primeira premissa da terapia feminista, a meu ver, é examinar a atitude consciente e atual de uma pessoa sobre a vida, à luz dos atributos "inferiores" do gênero feminino. De modo mais específico, faço a seguinte pergunta: em que medida uma pessoa associou a identidade feminina a atributos "menores", ou seja, menos poderosa, menos objetiva, menos inteligente, mais fraca, menos racional e coisas assim? Um exame dos pressupostos subjacentes à identidade de gênero, no contexto de uma cultura patriarcal, sempre faz parte de minha avaliação da noção de competência pessoal e auto-valorização de uma mulher ou de um homem.

Em segundo lugar, de uma perspectiva feminista, considero que a psicoterapia empenha-se em ser um processo de colaboração, no contexto de um determinado ritual social. Encontrar-se no mesmo ambiente em horários regulares, pagar um determinado honorário e pensar no terapeuta como um perito, fazem parte do ritual geral associado à terapia. O ritual pode assumir o significado do modelo médico de diagnóstico e tratamento, de descoberta do "déficit" e de como erradicá-lo por meio de uma escavação. O ritual também pode assumir o significado de uma confissão ou de uma especulação educacional. Prefiro definir o ritual da terapia basicamente como uma "consulta" educacional, orientada para uma descoberta e interpessoalmente vigorosa. Como a terapia combina empatia e objetividade, é um encontro íntimo e único. Vejo, portanto, a consulta terapêutica como um processo de colaboração, interativo, moldado conscientemente pelas preocupações e desejos do cliente. Os ideais de colaboração entre pessoas competentes, o livre fluxo de informações e a reciprocidade decorrente da confiança mútua (não se trata apenas da troca de uma coisa por outra) são meus guias gerais. Em conseqüência, adoto a ética feminista quanto à responsabilidade do terapeuta e aos direitos dos clientes, deixando bem claro qual é minha formação e quais são minhas credenciais, não interpretando rotineiramente as críticas de um cliente como "resistência" (ou qualquer outro rótulo conveniente), informando sobre alternativas para a psicoterapia e sobre seus possíveis efeitos colaterais potencialmente prejudiciais.[14]

*

Tendo como ideal o processo de colaboração, as seguintes estratégicas básicas, objetivando a mudança, constituem os "planos de ação" fundamentais subjacentes a todas as técnicas que emprego:
1) *Condução do relacionamento terapêutico*: facilitar a relação e então mediá-la ou administrá-la para que ela sustente as mudanças almejadas pelo cliente, por exemplo, usando a "transferência" e a "aliança terapêutica".
2) *Reconstrução do sentido*: facilitar mudanças de atitudes do cliente, em termos de pressupostos, expectativas, fantasias etc. que limitaram a identidade pessoal, a capacidade de ação e a responsabilidade; expansão da esfera pessoal de significado, por exemplo, recorrendo à interpretação ou a intervenções paradoxais.
3) *Novo aprendizado*: colaborar com a questão de desenvolver novas habilidades, modos de ação e competência na interação com o meio ambiente, sobretudo com o meio ambiente interpessoal; por exemplo, técnicas comportamentais ou "lição de casa".
4) *Expansão do vocabulário, para a construção de significados*: ensinar ao cliente novas palavras e modos de construir o significado, com o objetivo de desenvolver maior clareza e liberdade quanto à compreensão das motivações humanas, responsabilidade, capacidade de ação e empatia na vida pessoal e interpessoal; por exemplo, ensinar o cliente os termos e as idéias da interpretação dos sonhos.
Os métodos junguianos dão conta dessas estratégias básicas de modo muito compatível com a terapia feminista, desde que deixemos claro o emprego de certos conceitos teóricos, na medida em que eles se chocam com a técnica. As contribuições de Jung ao exercício da psicoterapia são, ao mesmo tempo, revolucionárias e em geral mal compreendi-

das. Como feminista e junguiana, concentro-me em quatro contribuições de Jung ao trabalho que desenvolvo na análise e na psicoterapia: a necessidade de reconstruir a atitude consciente dominante, a importância de recuperar as projeções do *animus* e da *anima*, o processo de individuação e o conceito de realidades concorrentes no campo interativo interpessoal e intrapsíquico. Passo agora a examinar cada um deles.

RECONSTRUÇÃO DA ATITUDE CONSCIENTE DOMINANTE

A ênfase de Jung na atitude consciente dominante como campo ou foco da influência terapêutica se adequa bem à terapia feminista. As terapeutas feministas dão assistência ao cliente por meio do exame dos seus pressupostos sobre ele mesmo e sobre os outros em um relacionamento, sobretudo em se tratando de imputações inconscientes de inferioridade ou superioridade, baseadas na identidade de gênero.

Em 1929, Jung escreveu o seguinte: "A neurose ou qualquer outro conflito mental depende muito mais da atitude pessoal do paciente do que da história de sua infância" e "A tarefa da psicoterapia consiste em mudar a atitude consciente".[15] Um enfoque no presente e na atitude atual do cliente dirige a atenção básica para a "pessoa em situação", termo empregado pelos assistentes sociais, para referir o cenário contextual da vida de uma pessoa. Dou ênfase à influência dos campos intrapsíquico e interpessoal, na medida em que eles surgem em relacionamentos significativos entre o cliente e as pessoas presentes em sua vida, incluindo o relacionamento terapêutico. Também enfatizo as influências das culturas dominante (por exemplo, dos brancos americanos) e imediata (por exemplo, dos hispano-americanos) no campo interpessoal.

O emprego que faço do conceito junguiano de complexos psicológicos é a extensão de uma ênfase prática na atitude corrente nos campos intrapsíquico e interpessoal. Um complexo é uma coleção de imagens, idéias e sentimentos que compelem ou motivam de modo não-racional. Um complexo, como o que se organiza em torno da experiência da imagem corporal do "eu", pode ser consciente ou só parcialmente consciente devido à sua familiaridade. Um complexo como o que se organiza em torno dos aspectos excluídos do próprio gênero de uma pessoa pode ser inteiramente inconsciente.

No relacionamento interpessoal, a experiência de um complexo ocorre quando, em um campo habitual de atuação, símbolo e emoção se organizam em torno de um núcleo de significado relativo a algum aspecto típico da vida humana. Exemplos de complexos comuns na vida cotidiana são "eu", "mãe", "pai", "criança" e "herói". Esses complexos não são entidades racionalmente distintas, mas estados internos representados de modos característicos. O conceito de complexo é especialmente útil para compreender a comunicação não-racional em uma situação interpessoal, entre duas pessoas ou em um grupo como a família. Os complexos inconscientes podem interferir nos meios intencionais e racionais do relacionamento; interferem no modo de ser da pessoa e de ver o outro como uma pessoa.

Quando um complexo é vivenciado unicamente dentro de um indivíduo, ele é vivenciado como um conflito interior, um conflito entre complexos, por assim dizer. Habitualmente, o conflito é entre o complexo pessoal do ego ou "eu", como ator intencional, e algum outro complexo menos consciente. Quando um complexo inconsciente está atuante, a pessoa sente-se "fora de si"; experimenta estranhas disposições, ansiedades e/ou idéias que parecem exageradas e infundadas. Quando um complexo persiste, ele está atuando em um campo interpessoal, ou seja, entre pessoas. O iniciador expressa o complexo de um certo modo que é apreendido e desempenhado por outra pessoa.

Por exemplo, uma jovem pode estar conversando com um rapaz de modo racional e intencional. De repente, ela começa a divagar e dizer-lhe como ele se sente e o que está pensando. Na verdade ela está organizando a realidade dele como se fosse sua mãe: foi "possuída" pelo complexo materno. Em seu comportamento está implícito o fato de que cuidará dele e o organizará. Se o homem, nessa situação, reagir recuando e mantendo-se arredio, na verdade, estará dizendo o seguinte: "Você me trata como um bebê. Me deixe em paz". A mulher poderá reagir tentando restabelecer a comunicação entre eles, sentindo ansiosamente que cometeu algum erro. À sua reação ansiosa, ele reage com um distanciamento cada vez maior. Os dois estariam à mercê de um complexo materno negativo, em que ele se comportaria como um menino dominado por uma mãe absorvente e ela começaria a acreditar, temerosa, que é má, que seus cuidados ou palavras são ruins. Se os dois continuarem a atuar esse complexo não-racional, acharão que o significado sintático de suas palavras é confuso e já não se comunicarão mais como pessoas intencionais.

O complexo materno negativo, problema cultural comum associado à identidade feminina, é organizado em torno do arquétipo da Mãe Terrível. Refiro-me, com isso, ao padrão instintivo-emocional dos comportamentos e expressões humanas associadas aos aspectos dominadores e destrutivos da nutrição. A Mãe Terrível é imaginada como deusa selvagem, feiticeira ou bruxa. Essas imagens arquetípicas estão associadas à morte, à sufocação, à estagnação, à simbiose ou medo da incorporação. As proporções epidêmicas do complexo materno negativo em nossa sociedade têm raízes em nossa condição coletiva de desvalorizar as atividades nutridoras, vinculadoras, e associar essas atividades unicamente às mulheres, sem dar-lhes recompensas tangíveis.

Apresentei o conceito de arquétipo e, por dedução, o conceito de inconsciente coletivo, sem deixar inteiramente claro o que quero dizer com isso. Coerentemente com a definição junguiana de arquétipo *an sich* (como tal), utilizo o termo com o significado de *um padrão de ação e pensamento que organiza as reações humanas instintivas e emocionais (que se expressam no gesto ou no símbolo) em um relacionamento*. O relacionamento pode consistir em um intercâmbio intrapsíquico entre complexos (partes conscientes e inconscientes da personalidade), como acontece em um sonho; ou pode consistir em um relacionamento interpessoal. O conceito junguiano de arquétipo como forma organizadora da resposta instintiva é compatível com o conceito de Bowlby, que vê o instinto humano como um padrão de comportamento fundamentalmente construído em nossa espécie, tendo em vista a sobrevivência.[16] Os instintos humanos não são simples impulsos espontâneos, mas comportamentos padronizados que emergem unicamente em meios sociais apropriados, a que eles correspondem. Os instintos nos primatas e nos seres humanos são menos fixos, mais flexíveis, demoram mais para se desenvolver e têm expressões mais variadas do que os instintos nos animais menos complexos.

Os instintos humanos são sociais em sua natureza, na medida em que regulam os relacionamentos entre os membros da espécie. Tanto na teoria junguiana dos arquétipos como na teoria de Bowlby sobre o instinto humano, padrões de reação emocional típicos surgem em determinados pontos do ciclo vital e dizem respeito às comunicações essenciais para as necessidades de sobrevivência. Tais padrões dizem respeito a atividades como o vínculo com a criança, o jogo entre pares, a curiosidade territorial, a dominação hierárquica, os rituais de iniciação, a ligação com os adultos e a agressão territorial. Jung disse o seguinte sobre o arquétipo, em relação ao instinto nos seres humanos:

> Os instintos de modo algum são impulsos cegos, espontâneos, isolados; ao contrário, estão ligados a padrões situacionais típicos e não podem ser liberados a menos que as condições existentes correspondam a um padrão apriorístico. Os conteúdos coletivos que se expressam nos mitologemas representam esses padrões situacionais (isto é, arquétipos) mais intimamente ligados à liberação do instinto. Por isso, o conhecimento desses conteúdos é da maior importância prática para o psicoterapeuta.[17]

Anthony Stevens argumentou em favor da superioridade do conceito junguiano de arquétipo sobre o conceito do instinto, em Bowlby, na medida em que a concepção de Jung inclui a expressão simbólica vinculada aos instintos sociais típicos das pessoas, os animais simbolizantes.[18] Estados de estímulo emocional — por exemplo, medo, apego e separação — são simbolizados em histórias tradicionais e nos rituais humanos, e são expressos individualmente nos gestos e na linguagem. O arquétipo *como tal* é evidenciado como padrões integrados de estímulo psicológico e expressão gestual. Além do mais, o arquétipo *como tal* é encontrado nos motivos típicos e nos temas das histórias tradicionais, nos mitos e rituais existentes nas culturas. A amplitude do potencial de expressão humana de resposta instintiva, por meio do significado, é muito maior do que a de outros animais. O que *significa* sentir-se irado, amoroso ou temeroso, sob determinadas condições relacionais humanas, se expressa de modos imagéticos característicos e similares, por pessoas pertencentes a diferentes sociedades e culturas. Tendo em vista meus objetivos terapêuticos de trabalhar sobre a atitude consciente atual, considero o arquétipo como *uma forma inerente de organização para expressão daquilo que é duraduro e arcaico na natureza humana*. Quando experiências arquetípicas e sua expressão nos complexos, sobretudo complexos inconscientes, são diferenciadas, para o cliente, da realidade cotidiana, o resultado geralmente é uma grande sensação de alívio. Ele compreende que as imagens arquetípicas e o significado são "maiores do que a vida" e mais poderosos do que uma pessoa comum; deuses, deusas e forças divinas não estão no mundo da responsabilidade pessoal. As pessoas se entregam necessariamente a sentimentos e imagens arquetípicas, mas não podem controlar essas realidades ou expressões do mesmo modo que se controla uma narrativa seqüencial, racional. Mais do que específicos, os complexos são impregnados de um significado emocionalmente poderoso e tipicamente implícito. Os complexos, como os esquemas do pensamento "pré-operacional" (nos termos de Piaget) são expressões não-racionais. São organizados em campos imago-afetivos de pensamento e atividade padronizados, que podem ser reconhecidos e compreendidos, mas não por meios racionais.

O complexo da mãe negativa, mais uma vez, proporciona uma boa ilustração específica. Organizado em torno do arquétipo da Mãe Terrível, esse complexo expressa a reação instintivo-emocional aos aspectos negativos da nutrição ou da vinculação. A incorporação, a sufocação, a estagnação e os medos a elas relacionados são vivenciados neste complexo. Este, como imagem, é a feiticeira, bruxa ou deusa selvagem. Cada uma dessas figuras é muito mais mesquinha, feia e mais poderosamente malvada do que qualquer mulher poderia ser. Quando o complexo é atribuído a uma mulher ou quando uma mulher sente-se identificada com o complexo, ela passa pela experiência de ter mais poder do que sabe que tem, em um plano racional. Ela se condena por certas imperfeições que são exageradas e estão além da responsabilidade de um ser humano. A identificação a longo prazo com o complexo da mãe negativa, em uma determinada mulher, pode resultar em muito ódio contra si mesma e em isolamento.

O ANIMUS E A PERCEPÇÃO QUE A MULHER TEM DE SI

O *animus* e a *anima* da psicologia junguiana são conceitos algumas vezes considerados como arquétipos e algumas vezes como complexos.[19] Defino-os como complexos e verifico que, assim, o uso que faço da teoria junguiana é mais sistemático. Esses complexos contrassexuais são organizados em torno do arquétipo de identidade do não-eu: o *animus*, ou a *anima*, é um complexo de ações, símbolo, imagem e emoção habituais, organizados em torno do núcleo do outro ou não-eu, correspondendo a aspectos excluídos da identidade de gênero. Os elementos excluídos da identidade de gênero, mas vivenciados socialmente como algo essencialmente humano no contexto da vida, constituem o "conteúdo" do complexo contrassexual. Como esses elementos mudam no decorrer do desenvolvimento, o complexo pode ser compreendido tanto como resposta às mudanças contínuas no desenvolvimento da identidade de gênero quanto ao contexto social das funções de gênero em qualquer sociedade. As atribuições e a identificação de gênero podem conter elementos masculinos e femininos, mas as categorias sociais de gênero são mutuamente excludentes. Atribuir determinados conteúdos ao *animus* ou à *anima* jamais poderá ser adequado à amplitude das experiências no desenvolvimento individual da identidade, ao longo de toda uma vida. Simplesmente chamar o *animus* de "Logos" ou "Espírito" e a *anima* de "Eros" ou "Alma", é por demais restritivo para a compreensão das experiências desses complexos inconscientes que se desenvolvem durante a trajetória da vida.

Antes de voltar ao esquema do desenvolvimento do *animus*, que considero útil na prática, gostaria de rever rapidamente uma definição relevante de identidade de gênero, decorrente de estudos recentes da psicologia social. Carolyn Sheriff elaborou um sistema conceitual adequado que abrange muitos aspectos do problema de gênero. Aqui está um pequeno trecho de seu trabalho sobre o significado do gênero:

> O gênero é um esquema para categorização social dos indivíduos e cada sociedade conhecida tem algum esquema de gênero. Cada esquema de gênero reconhece a diferenciação biológica, ao mesmo tempo em que também cria a diferenciação social... As categorias de gênero são mutuamente excludentes, no sentido de que participar de uma delas impossibilita participar de outras.[20]

Sheriff enfatiza que o gênero é um "auto-sistema" que envolve conflitos internos e um relacionamento psicológico com categorias sociais, bem como um conhecimento variado dessas categorias. O gênero é uma preocupação com a identidade, que se dá em vários níveis, tal como os complexos de *animus* e *anima*. Com base em minha experiência clínica, passei a acreditar que os vieses sexuais e as sutis "deixas" sociais sobre o gênero são, em tudo, tão importantes para o conteúdo dos complexos do *animus* e da *anima* quanto os relacionamentos pessoais com a mãe e com o pai, por exemplo. Algumas vezes, o contexto cultural dominante é até mais importante do que os relacionamentos pessoais. Mais especificamente, uma mulher que trabalhe como executiva entre colegas do sexo masculino, com toda certeza, apresentará certos temas próprios do *animus*, tenha ou não seu pai lhe proporcionado um bom modelo de papel e/ou proporcionado adequadamente cuidados paternos.

À medida em que a autopercepção como mulher mudar conscientemente, sobretudo a auto-estima, ela desenvolve um novo relacionamento com o *animus*, e o complexo apresenta-se por novas imagens. O desenvolvimento da percepção de ser uma pessoa é sempre um desenvolvimento eu-outro, no modo como alguém reage e antecipa a si e ao outro. Falando de outra maneira, não há senso de "identidade" ou de "eu" que evolua fora do relacionamento com o "outro". O outro tanto pode ser um complexo intrapsíquico como outra pessoa, mas o estado de "alteridade" é experimentado como algo diferente e distinto do "eu". Em conseqüência, o relacionamento com o *animus* e o relacionamento do *animus* com a mulher deve ser compreendido, em termos do desenvolvimento, como algo que assume diferentes formas e dinâmicas. Quando recapitulo as mudanças do decorrer na psicoterapia, obervo os relacionamentos interpessoais atuais na vida do cliente, o relacionamento terapêutico como um modelo para esses outros relacionamentos, e as mudanças visíveis na auto-estima (da aparência, da motivação, dos relatos pessoais) bem como as mudanças no material onírico.

Na terapia, à medida em que tentamos reconstruir a atitude consciente dominante, o objetivo maior é a integração dos complexos inconscientes à consciência. Reconhecer o complexo, conhecer seu significado, ser capaz de falar sobre ele e aprender a entender sua mensagem são meios de expandir a auto-percepção. Uma mulher poderá projetar seu complexo de *animus* ou poderá identificar-se com ele. Fazendo isso inconscientemente, não terá à sua disposição seu significado e sua motivação. A psicoterapia não objetiva o "controle" dos complexos (não são racionais e não se sujeitam ao controle), mas permite sua compreensão, de tal modo que eles poderão integrar-se melhor à pessoa; esta retira esses complexos de tudo aquilo que a cerca e dos outros e, assim, atenua o habitual controle desses complexos sobre a identidade. O fato de uma pessoa reconhecer que não é assassina, embora algumas vezes se sinta assim (a exemplo do que acontece com os outros), é um passo para ampliar uma atitude consciente. Outro passo é compreender quando e por que podemos sentir vontade de matar algo ou alguém. Assim, a integração do *animus* resulta em maior liberdade pessoal e em uma empatia mais profunda com os outros.

O esquema do desenvolvimento do *animus* aqui incluído constitui a base para avaliar as vulnerabilidades das mulheres a determinadas projeções e estados de identidade na atitude consciente. Ele é apresentado em detalhe mais adiante, junto com material clínico e teórico que o consubstancia.[21] O esquema foi desenvolvido por Florence Wiedemann e por mim como uma primeira tentativa de examinar o processo de mudança eu-outro no relacionamento com o *animus*, tal como o vivenciamos na terapia com mulheres. Incluo os estágios junto com um sonho, para ilustrar cada um deles, pois demonstram como atua o complexo, de acordo com a psicologia junguiana, e como os conceitos de Jung podem ser revistos e compatibilizados com a terapia feminista. Após apresentar o esquema, discutirei a diferença entre uma dificuldade de desenvolvimento do *animus*, e o papel da bruxa no complexo da mãe negativa nos relacionamentos. Não dispomos de um esquema comparável para o desenvolvimento da *anima* nos homens, porém foram realizados muitos trabalhos sobre imagens da *anima*, que podem ser consideradas um suplemento às idéias aqui apresentadas, relativas às mulheres.

São levantadas hipóteses sobre os estágios, a partir de experiências clínicas com mulheres em psicoterapia e a partir de estágios teóricos de desenvolvimento propostos por teorias desenvolvimentistas estruturais em psicologia, como os estágios de desenvolvimento do ego, de Loevinger.[22] Embora não se tenha tentado nenhuma investigação empírica desses estágios, estabelecer uma seqüência para os temas sobre identidade do eu-animus foi de grande proveito clínico e se adequa ao bom-senso e à experiência vivida pelas mulheres. Quer os indivíduos sigam ou não a seqüência de maneira exata importa menos do que a utilidade geral de pensar sobre o passado e o futuro ao planejar as intervenções terapêuticas. Estabelecer uma seqüência nos permite compreender melhor que bases de confiança uma pessoa traz para a terapia e aquilo que pode ser previsto, no que se refere a prováveis mudanças.

No momento, esses estágios devem ser entendidos como formais ou estruturais. Cada um deles tem uma lógica interna e imagens que lhe são próprias. Teoricamente, não se pode saltar nenhum estágio, pois aquilo que se alcançou em cada nova orientação é construído sobre tudo aquilo que veio antes. Embora esses estágios apresentem um "sabor" cronológico, eles não se limitam à cronologia: as pessoas não se desenvolvem, necessariamente, à medida que envelhecem. Podemos parar de nos desenvolver em qualquer estágio do ciclo vital e podemos recuar a qualquer momento para uma adaptação anterior, conforme costuma acontecer quando estamos sob tensões. Os estágios mais antigos caracterizam padrões de relacionamento com o *animus* que poderão parecer imaturos para a vida adulta, mas talvez ainda possam servir à adaptação em um determinado contexto de vida. Como os ideais de identidade feminina de gênero incluem dependência e falta de objetividade, as mulheres podem permanecer adaptáveis a contextos de vida como adultas, mesmo desempenhando papéis semelhantes aos de uma criança. Alguns dos estágios antigos estarão associados a patologias como psicose e distúrbios da personalidade.[23]

Cada estágio do desenvolvimento do *animus* é caracterizado por complexos de identidade do eu e do *animus*. Um indivíduo poderá identificar-se com quaisquer dos temas imagéticos em um estágio particular. Consciente ou inconscientemente, uma pessoa poderá transitar entre o *animus* e as identidades femininas, dependendo, basicamente, de como o cenário interpessoal estimular as realidades intrapsíquicas. O *animus*, como complexo, pode ser entendido como um esquema carregado afetivamente, ativado à medida em que uma mulher se relaciona e fantasia os homens, rapazes, instituições masculinas e o "masculino" mais abstrato em sua vida. Caracterizamos cada estágio por um relato mitológico, com exceção do estágio final, para o qual não dispomos de uma história adequada. Todas as histórias são da mitologia grega, não porque os gregos tenham o sistema mais adequado ao imaginário feminino, mas porque a mitologia grega é a mais conhecida e, provavelmente, aquela que exerce maior influência sobre nossa ampla e diversificada cultura judaico-cristã. Cada ilustração de sonho aqui apresentada provém de uma mulher adulta, de mais de vinte e um anos, em psicoterapia. Os sonhos são oferecidos como imagens ou amostras de estados sentimentais e de vida interior em cada estágio.

ESTÁGIOS DE DESENVOLVIMENTO DO *ANIMUS*

1) *O* animus *como um Outro Estranho*

A mulher (ou jovem) sente-se contida no mundo de identidade da mãe ou feminino. Como mãe ou filha, está unida a uma mulher (ou mulheres) em um relacionamento maternal ou vínculo semelhante. A força de sua identidade e confiança está no relacionamento com o feminino. O *animus* é vivenciado como algo estranho, primitivo ou abusivo, isto é, assassino, violador ou homem primitivo. Desconfiança básica é a reação afetiva ao *animus*.

Sonho ilustrativo: Alguém é responsável pelos assassinatos onde mora, em uma bela casa; a sonhadora que é uma estrelinha de cinema. Ela desconfia de um homem, grandalhão e assustador. Vê o homem, que a aterroriza. Sua testa é como a de um gorila e seu olhar atento examina tudo em volta. Ele também está muito assustado. Ela põe uma capa de cabide em torno dos braços dele e golpeia-o duas ou três vezes na cabeça. Diz "Eu sei que é você", e o homem observa, "Você sabia que não ia ser fácil". Ele tenta livrar os braços e corre muito sangue. A sonhadora receia que ele também a matará. Empurra-o para dentro de um buraco circular que parece não ter fim. Seu pai surge diante dela e ela diz: "É como o seriado "Missão Impossível" ou uma comédia na televisão". Tem medo de ficar sozinha com o pai.
História: O rapto de Perséfone.
Imagens de identidade: Perséfone, Deméter, Hades.

2) *O* animus *como Pai, Deus, Patriarca*

A mulher tem a experiência de ser sacrificada ao mundo do *animus*, pai ou homem. Ela pode ser a "filha do pai" e assumir as qualidades do pai ou do *animus* da mãe. Alternativamente, pode proteger a mãe do pai ou o pai da mãe. Sacrifica a própria individualidade vivendo pa-

35

ra a aprovação masculina de alguma maneira, seja através da aparência (princesa linda), seja através de realizações (orientada para o desempenho) ou ambos. Nesse estágio a mulher ou vive as aspirações do pai ou o *animus* da mãe, ou seja, a criatividade e a sexualidade que a mãe não viveu. A mulher sente uma perda de veracidade, um sacrifício de sua própria autenticidade ou simplesmente a coerção de se fazer aceitável para os homens.

Sua aparência ou desempenho (isto é, estar bem ou ter sucesso), assemelha-se a uma capa falsa que cobre um eu inadequado ou imperfeito. Ela se vivencia esforçando-se para agradar os poderes patriarcais, sendo "boa esposa e mãe", "mulher sensual" ou "boa estudante e assistente". Essas capas têm como objetivo corresponder às exigências do pai, de Deus ou do rei — assim como a instituição da maternidade satisfaz as exigências do patriarcado de apoio servil ao domínio masculino. Ela sabe de alguma forma que não existe "por direito próprio". Sente-se "sancionada" por poderosas autoridades masculinas e, com freqüência, comporta-se com medo e culpa na relação com seu *animus*. Poderá tornar-se deprimida e apática se permanecer nesse estágio a maior parte de sua vida adulta, sentindo que ninguém conseguirá salvar seu verdadeiro eu, por demais perdido e imperfeito.

Sonho ilustrativo: A sonhadora está na soleira da porta da sede da fazenda onde mora. Contempla o quintal por trás da vidraça. Sua melhor amiga está entre ela e a janela. Lá fora, uma neblina malva encobre tudo, criando uma atmosfera fantasmagórica. A neblina se move e parte dela assume a forma de um gigantesco fantasma. Vinda de longe, a forma se aproxima da sonhadora e de sua amiga. É algo pesado, assustador. Pouco antes que chegue perto delas, ouve-se uma voz: "O destino é homem". A amiga cai morta. A sonhadora acorda, antes que a forma toque nela, pois sabe que também morrerá.

História: Pandora.

Imagens de identidade: Pandora, Zeus, Hefesto.

3) *O* animus *como Jovem, Herói, Amante*

A mulher tem a experiência de que está se rendendo ao *animus*. Isso já é mais ativo do que ser sacrificada, e ela tem a impressão de que está participando de um relacionamento de modo mais vívido. Ela pode render-se a um homem, a uma instituição governada por homens, um ideal ou uma religião. Sente-se disposta a ser arrebatada e deseja ativamente entregar-se. A fase inicial desse estágio é marcada, freqüentemente, por relacionamentos impessoais com grupos ou bandos de homens (nas imagens oníricas ou na vida cotidiana). Esses homens lembram o "filho amante" da Grande Mãe: são machos indiferenciados (por exemplo, jovens amantes ou professores). Inicialmente, a mulher sente grande medo de um "casamento de morte" ou de penetrar muito rapidamente na escuridão. Pode vir a se sentir reconhecida e completada pelo *animus*, caso consiga realmente fazer uma parceria.

Ainda assim, sua identidade de mulher é incompleta, e amplamente refletida pelo *animus*. Especialmente seu senso de competência e autoridade continuarão a depender dos reflexos masculinos, pois precisa deles para gostar de si mesma. Finalmente, a raiva emerge quando ela confronta os aspectos femininos soterrados de seu eu feminino com os das outras mulheres à sua volta. Ela enfrenta uma ira e uma fúria cuja imagem corresponde à das grandes deusas subterrâneas, como as Fúrias (a essa altura a mulher poderá refugiar-se no estágio 1 permanente ou temporariamente. Um refúgio temporário, muitas vezes, parece necessário e eficaz para um desenvolvimento posterior).

Sonho ilustrativo: A sonhadora tirou seu amante, um rapaz, de outra mulher. Eles se beijam apaixonadamente. Ele a levanta do chão. O rapaz não parece exatamente aquilo que é (na vida desperta). É mais alto e mais bonito. Sente-se muito forte e isso parece inspirar certo temor à multidão presente, que espia, em silêncio. A sonhadora e seu amante vão partir, como um casal, mas, antes que isso aconteça, uma velha tia da sonhadora arranca sua peruca e exibe seus cabelos emaranhados.

História: Eros e Psiquê.

Imagens de identidade: Psiquê, Eros, Vênus.

4) *O animus como um Parceiro Interior*

A mulher vivencia a experiência de voltar a ser membro de algo. Recuperou a consciência de que é uma mulher forte, competente, tem a sensação de ter renascido para a vida. Tudo que foi atuado ou projetado passivamente, em termos de autoridade e competência, é agora vivenciado e ativamente procurado. É industriosa no trabalho e em seus relacionamentos, e de um modo que ela sente ser inteiramente novo e excitante. Sente sua atividade sem preocupações opressivas por aprovação masculina ou outras figuras de autoridade. É capaz de ver-se realisticamente, bem como as outras mulheres, em um amplo contexto social. Talvez pela primeira vez consegue sentir empatia pelas mulheres, em sua necessidade de dependência e em seu controle compensatório (que ela abominava anteriormente). Volta mais sua atenção para levar "uma vida de mulher", muitas vezes dando apoio a outras mulheres, valorizando tanto amizades com mulheres como os aspectos negligenciados de si mesma.

Sonho ilustrativo: A sonhadora escala um penhasco muito íngreme e arenoso, de tal modo que, quando estende a mão para se equilibrar, a areia se esparrama. Finalmente, consegue chegar ao alto e se vê em um platô. A areia é de um marrom alaranjado e, inicialmente, ela sente repulsa pela cor. Odeia essa cor porque odeia a angústia da escalada e nunca mais quer voltar a ver aquele lugar. Quando chega ao fim do platô, seus pais ali estão, bem como um grande modelo do corpo de uma mulher. O modelo é feito da mesma areia, só que agora ela parece bela e dourada. A sonhadora diz: "Acho que o modelo era um tanto grandalhão, mas parece que era eu".

A cena muda e a sonhadora está em um episódio da série "Bonanza". É uma bela dançarina de cabaré, que acaba de ser linchada no centro da cidade. Está dependurada em uma estrutura de madeira queimada e tem plena consciência de si. Joe a salva, desamarra e levanta-a. Leva-a para um hotel e pede dois quartos. A sonhadora ouve atentamente, para verificar se ele a respeitará ou não, e pede um quarto separado, pois não quer pressupor que farão sexo. Sente-se feliz ao verificar que ele a respeita. No episódio final do sonho, a sonhadora descobre que ela poderia ter um pênis, que é parcialmente macho ou masculina e sente-se muito curiosa em relação a isso. Fingia que não sabia disso.

História: Ariadne e Dioniso.
Imagens de identidade: Ariadne, Teseu, Dioniso, Minotauro.

5) *O* animus *como Andrógino*

Essa mulher excepcional passa pela experiência de ser amplamente integrada, no sentido de que ela é "completamente humana", tanto em termos de competência e auto-estima como de compaixão e de vida sentimental vívida e diversificada. Tem uma compreensão objetiva dos homens e das mulheres, em um amplo contexto social. Desenvolveu seu próprio estilo de trabalho e de relacionamento. Relaciona-se facilmente com homens e mulheres. Ao mesmo tempo, tem consciência das limitações dos relacionamentos humanos e reconhece o conflito como um componente inerente à vida humana. Com humor e imaginação, cria um contexto de vida para si mesma, como pessoa que mantém com as demais um relacionamento de interdependência, em que gera a própria auto-estima.

Sonho ilustrativo: A sonhadora está trabalhando em um centro de auto-ajuda para mulheres, onde está ativamente envolvida em projetos que as beneficiam. Sente que sua energia é essencial para o bem estar da organização.

Alguém lhe traz um presente. É um ramo de pinheiro, velho e nodoso, que lhe é apresentado cerimoniosamente. A sonhadora concentra-se no ramo, curiosa em saber por que ele é tão precioso. Sente que pode mover o ramo psicocineticamente, sem tocá-lo. Ela assim o faz e o ramo começa a balançar ligeiramente, como se estivesse sendo impelido por uma brisa suave. A sonhadora reconhece que o presente está fazendo as coisas se moverem sem empurrá-las mecanicamente, sem causalidade habitual. Ela se dá conta de que consegue mover qualquer objeto usando esse procedimento, se assim o desejar. No entanto reflete que esse presente não faz sentido, se não tiver um propósito. O que se ganha ao se mover arbitrariamente as coisas através de poderes mediúnicos? Ela consegue sentir imediatamente o abuso ou corrupção potencial ligados a esse tipo de poder.

Consulta um físico sobre o fenômeno da psicocinética. Ele se dispõe a ir testemunhar sua capacidade. Diz-lhe solenemente, como um velho muito sábio, que aquilo é um grande dom, cujo nome é "vontade orgânica". Trata-se de uma vontade que se origina da consciência, em um nível submolecular. A vontade introduz um novo arranjo ou movimento nos nêutrons, prótons e elétrons em novas estruturas moleculares, tendo em vista a transformação da matéria. Desse fato decorre que aquilo que parece ser movimento no mundo fenomênico é uma transformação da própria matéria por meio da vontade orgânica. Ela fica profundamente impressionada e acorda.

História: desconhecida.

Imagens de identidade: Velho Sábio, Velha Sábia, Andrógino, o Compassivo.

Conforme já foi colocado, esses estágios de desenvolvimento representam mais um experimento, no pensamento clínico, do que um paradigma empiricamente consistente. Foram concebidos para constituir um guia ou mapa de um amplo espectro de imagens e experiências do *animus* na vida das mulheres. Verificamos que o esquema auxilia a distinguir algumas características básicas dos pressupostos de uma mulher sobre os homens e sobre as instituições masculinas, pressupostos não expressos e talvez inconscientes. Descobrimos também que ele pode ser um guia útil para avaliar a auto-estima de uma mulher em seu relacionamento com ela mesma. Quando uma mulher se considera da perspectiva do *animus*, revela o quanto é capaz de se apreciar e de se validar.

Do ponto de vista deste livro, uma característica básica do esquema é sua utilidade para discriminar o funcionamento psicológico de uma mulher, habitual e fantasiado, em seu relacionamento com um parceiro. Quando um casal representa os papéis de bruxa e herói ou de bruxa e valentão, no complexo da mãe negativa, a mulher poderá ou não estar habituada à posição de bruxa. O sucesso da terapia de casais depende, freqüentemente, da avaliação cuidadosa do desenvolvimento de cada parceiro. Quando um deles está reagindo primariamente, no primeiro estágio, a terapia de casal poderá ser contraindicada.

Se a mulher, por exemplo, estiver orientada para o "*animus* como o outro estranho", ela precisará de diversos tipos de assistência individual, na psicoterapia, além do aconselhamento de casais. Com efeito, o trabalho com casais pode não ser eficaz se a mulher estiver habituada com o primeiro estágio do desenvolvimento, porque os alicerces da confiança básica no parceiro inexistem. Nesse estágio, o relacionamento com a mãe ou com outras mulheres é de dependência e fusão. Mesmo com o auxílio de terapeutas, essa mulher é muitas vezes incapaz de refletir sobre o significado metafórico de sua desconfiança dos homens e do parceiro. Nesse primeiro estágio, ela não alcançou adequadamente as "operações do pensamento formal" (nos termos de Piaget) e, portanto, não consegue pensar com eficácia sobre seus próprios pensamentos e sentimentos. Não tem um senso de identidade contínuo no passado, presente e futuro. Ela demonstra uma incapacidade constante para distinguir entre ela mesma e os outros, na medida em que "pensa pelos" outros, lê seus "pensamentos", interrompe-os a toda hora e sente-se ansiosamente atraída pelas conversas dos outros quando dizem respeito a questões relativas à sua própria identidade.

Em termos de suas relações objetais, ela não atingiu uma "constância de objetal" confiável e, portanto, é incapaz de confiar na existência confiável e permanente dela mesma e do outro. Suas ansiedades se ligam à sua auto-estima e suas compensações compulsivas, ao receio de não ter valor. Com freqüência, durante uma sessão, confunde constatações literais e metafóricas. Por exemplo, o terapeuta poderá indicar que seu marido não *ouviu* o que ela disse e a mulher responde afirmando: "Ele me *escutou*, sim". A cliente não compreendeu a diferença entre o significado simbólico do ouvir (que envolve empatia em compreender a perspectiva do outro) e escutar palavras. Uma paciente assim precisa de um trabalho educacional de apoio, em uma psicoterapia individual. Precisa adquirir capacidades mundanas e um sólido sentimento de valor pessoal, para participar de um relacionamento de casal.

Um homem que funcione basicamente na posição de valentão poderá apresentar dificuldades para se desenvolver, dificuldades que indicam que habituou-se a elas em um estágio relativamente precoce de desenvolvimento. Embora não tenhamos elaborado um esquema de desenvolvimento da *anima* para os homens, podemos recorrer ao esquema do desenvolvimento do ego, formulado por Loevinger, para descrever o comportamento desse homem como "impulsivo" ou "autoprotetor".[24] Ele teria problemas similares com a constância objetal, operações formais de pensamento e baixa auto-estima, embora o conteúdo de suas projeções e os temas afetivos sejam diferentes. Os grandes temas da posição de valentão compulsivo dizem respeito a uma vulnerabilidade profunda, porém oculta e uma extrema defesa machista. "Raiva impotente" é um termo facilmente associado a esse tipo de homem, a partir de minhas experiências no campo da terapia. Ele é concretamente perigoso para a família, por causa de sua tendência ao maltrato, agressão e todo tipo de comportamento impulsivo, do alcoolismo ao roubo e outros atos criminosos.

O terapeuta, portanto, deve tomar a decisão, relativa ao homem e à mulher, no sentido de perceber se o desenvolvimento do indivíduo gerou uma confiança básica no parceiro, que possa ser adaptada à tarefa de modificar o relacionamento. Quando, em um relacionamento, os parceiros estão representando o complexo da mãe negativa, de vez em quando eles podem parecer bruxas e valentões, sobretudo quando estão mutuamente envolvidos. Se esses papéis não são atitudes às quais se habituaram, serão capazes de funcionar de modo diferente com o terapeuta e usar as intervenções terapêuticas durante uma sessão com o casal para refletir sobre eles mesmos e modificar seus comportamentos. No entanto, se forem problemas relacionados ao desenvolvimento, eles não serão capazes de deixar de lado a tendência para atuar como bruxa e valentão, mesmo com a ajuda do terapeuta (esta questão é discutida mais amplamente no capítulo sete).

Ao trabalhar para modificar a atitude consciente dominante, o terapeuta precisa ter consciência dos recursos que o cliente traz para o trabalho. Tanto o desenvolvimento individual do paciente quanto os vieses da cultura precisam ser compreendidos no contexto dos objetivos terapêuticos. Em geral, os objetivos da terapia que usamos para nos orientar no trabalho com casais envolve elaboração do significado, empatia e motivação. Eu, de uma perspectiva feminina, estou sempre atenta ao *status* inferior da identidade feminina de gênero tal como ele se dá com as mulheres e na sociedade em geral, inclusive entre os homens. Como junguiana, fico atenta às expressões simbólicas das emoções humanas no campos intrapsíquico e interpessoal. Esses dois sistemas de pensamento nos guiam para chegarmos a decisões sobre os objetivos da terapia e sobre os tipos de intervenção a que devemos recorrer.

A INDIVIDUAÇÃO COMO MODELO DE DESENVOLVIMENTO

A terceira contribuição importante da psicologia junguiana à psicoterapia é o conceito de individuação, como integração sucessiva e duradoura dos complexos inconscientes à percepção pessoal. Essa contribuição também é compatível com a terapia feminista, porque se fundamenta no pressuposto de uma bissexualidade básica ou totalidade inerente à personalidade humana. Jung insistiu em que a tarefa da individuação, na segunda "metade" da vida, deveria contrabalançar a unilateralidade da primeira "metade" (emprego as aspas para indicar que as "metades" não se referem necessariamente a um período cronológico, mas à maturação da personalidade do indivíduo). Jung afirmava, especificamente, que os homens precisavam integrar em sua identidade pessoal seus aspectos femininos reprimidos, a *anima*, enquanto as mulheres integrariam o *animus*, seus aspectos masculinos reprimidos.

A individuação da personalidade, em seus primeiros estágios, que vão da infância à idade adulta, envolve a integração sucessiva de complexos inconscientes, dos "poderes que estão fora", nos pais (complexos maternos e paternos) e nos deuses (complexos de Deus, rei, patriarca), à identidade do eu. A atividade pessoal, a responsabilidade e a identidade são as metas da individuação, em seus primeiros estágios. Uma pessoa que alcançou uma identidade adequada como adulto sente-se suficientemente confiável, valiosa e útil para os outros e para a sociedade. Uma pessoa assim confia basicamente no fato de que outros, sobretudo o parceiro conjugal, alcançaram o mesmo *status*.

Um pressuposto subjacente à teoria da individuação, na psicologia junguiana, é que a unidade da personalidade humana jamais é dada e jamais é inteiramente alcançada. Embora a unidade seja um esforço universal e um potencial universal, o verdadeiro estado do funcionamento da maioria das pessoas é uma mistura de atividade pessoal, intencional e racional, e complexos inconscientes ou partes da personalidades que não estão amplamente integradas à consciência. Ao trabalhar com casais, é essencial conscientizá-los de que não são apenas pessoas dotadas de intenções. Freqüentemente, suas comunicações, sobretudo quando em uma situação de conflito, estão impregnadas de um significado não racional, inconsciente, organizado em torno do campo de um complexo.

Enquanto o processo global de individuação, ao longo da vida, é caracterizado por uma aspiração constante à unidade, coerência e totalidade, as pessoas, ainda que em bases momentâneas, lutam para manter uma noção contínua de que são e fazem, de uma identidade pessoal e de uma capacidade de ação. Ao longo do ciclo vital, a personalidade se desenvolve pela integração de uma esfera pessoal de sentido, acompanhada de responsabilidade, intencionalidade e autopercepção. Depois de assegurado esse senso pessoal de ser um adulto, a próxima tarefa do desenvolvimento consiste em relativizar o ser pessoal. Na segunda "metade" da vida, o indivíduo se desenvolve ao reconhecer e integrar o significado da limitação e da perda, da inadequação e do medo, nele e no outro. Essa relativização de uma primeira adaptação, realizada por meio da integração e da transcedência da perda pessoal e do desenvolvimento de um significado mais amplo, pode manifestar-se como orientação religiosa, senso de um propósito maior do que os desejos do indivíduo ou como compreensão da vida humana em um largo contexto social.

Aceitar a bruxa ou enfrentar os aspectos pessoais reprimidos (em geral projetados no parceiro), é um modo de conceber o primeiro passo da individuação na vida adulta e, mais tarde, na meia-idade. Quando os casais são afetados pelo complexo da mãe negativa e se relacionam basicamente através dele, cada parceiro arrisca-se a sofrer uma grande perda. Juntos, eles enfrentam a perda potencial de seu relacionamento. Como indivíduo, o homem se expõe a perder a esposa, os filhos, a oportunidade de ser um membro íntimo e valorizado da família e o relacionamento com a própria vida interior. A mulher enfrenta a perda potencial do relacionamento com o marido, a oportunidade de revitalizar a própria identidade feminina de gênero e a possibilidade de tornar-se um adulto completamente autônomo e vital. Nesse ponto de uma perda potencial, uma individuação mais ampla exige que cada pessoa reconheça sua tarefa individual de desenvolvimento. Toda pessoa deve reconhecer sua necessidade de mudar fundamentalmente, e que não é apenas o parceiro ou a situação que devem se modificar. O reconhecimento da perda potencial é, muitas vezes, o choque que motiva os parceiros a trabalharem as questões internas que conduziram à estagnação no relacionamento.

Para ambas as pessoas, aceitar a bruxa envolve revalorizar o feminino, fora e dentro delas. Por mais paradoxal que possa parecer, para que a mulher desenvolva um relacionamento interno de parceria verdadeira com seu masculino reprimido ou *animus*, ela precisa valorizar sua própria feminilidade. Revalorizar o feminino implica em integrar sua própria autoridade e valor, reivindicando sua capacidade e sua competência em cuidar e nas relações humanas. Para o homem, revalorizar o feminino significa expressar suas próprias necessidades e sentimentos de dependência. Trabalhar com casais, no sentido da aceitação da bruxa, habitualmente começa pelo chocante enfrentar da perda, algumas vezes provocada (em parte) pelos terapeutas. Quando a confiança básica foi ameaçada no relacionamento do casal, e quando o ressentimento, a frustração e o desespero predominaram por algum tempo, as pessoas resignam-se à sua falta de esperança e não se sentem motivadas para trabalhar as questões internas. Quando a realidade da perda é conscientizada por meio de um trabalho com a atitude consciente vigente, a motivação necessária poderá ser recuperada.

REALIDADES CONCORRENTES NO CAMPO INTERATIVO

A quarta grande contribuição da psicologia junguiana é o enfoque em realidades legítimas que competem no campo interativo. Jung reconheceu que a comunicação e a expressão são governadas por realidades que competem tanto na interação intrapsíquica dos complexos quanto na interação interpessoal. A expressão racional, narrativa, é simplesmente uma forma de comunicação ou de pensamento, e não a única legítima. As realidades inconscientes e não-racionais não têm de ser convertidas em formas racionais, para serem compreensíveis. Jung reivindicou a "inteligência" do pensamento inconsciente e a necessidade de compensar o pensamento consciente e racional com imagens inconscientes. A idéia de uma *colaboração* entre complexos conscientes e inconscientes na personalidade, mais do que o *domínio* da personalidade pela consciência do eu, é a essência da psicologia de Jung. Especialmente da perspectiva do feminino, esse conceito abre o mundo da comunicação humana para formas legítimas de pensamento e de expressão que não são racionais. Imagens, gestos e emoções são meios dignos de se comunicar e podem ser compreendidos implicitamente, sem que precisem ser traduzidos para formas racionais.

A teoria feminista criticou a tentativa de impor formas racional-empíricas a toda expressão humana. A pressão exercida no sentido de uma conformidade às ciências dominadas pelos homens resultou em uma forma sutil de opressão, na qual "fazer sentido" sempre significa ser racional, senão empírico. Formas de expressão simbólicas, imagísticas, gestuais e emocionais são diferentes de modos racionais e empíricos e a eles irredutíveis.

A psicologia junguiana proporciona um quadro conceitual que permite mapear o campo interativo. Com Jung e Harry Stack Sullivan aprendi a prestar atenção às três diferentes realidades em competição em todas as formas de comunicação humana. Em momentos diversos, uma ou outra dessas realidades serão mais úteis para compreender o fenômeno expressivo. As seguintes descrições, aliás breves, de cada realidade introduzem uma forma expressiva ou a dimensão de uma realidade interpessoal e intrapessoal, conceituada de acordo com a psicologia junguiana.

Como apresentarei com maior amplitude no próximo capítulo a complementariedade das teorias de Jung e de Sullivan, aqui incluirei os termos deste autor que correspondem às descrições junguianas. Tais conceitos orientam-me no trabalho com casais e com indivíduos, sobretudo quando se trata de ensiná-los a reagir às comunicações não racionais.

O arquétipo como tal (comparável à *realidade prototáxica* de Sullivan): tendências de organização básica ou predisposição a expressar instintos humanos na comunicação emocional. Posto que o "corpo" humano é um grupo social, os instintos humanos ligam e separam os membros do grupo, de modo a apoiar a sobrevivência desse grupo. Os arquétipos são expressos como gestos (por exemplo, sorrir, segurar, chupar etc.), estados corporais (tensão e cansaço) e movimentos (balançar, acariciar, rondar etc.). Essas expressões arquetípicas, organizadas em torno de interações humanas típicas ao longo do ciclo da vida, surgem como imagens nas histórias tradicionais de todas as culturas e estão registradas nos mitos, religiões, literatura e arte.

Complexo arquetípico (comparável à *realidade parataxica* de Sullivan) são conjuntos integrados de imagens, idéias, ações e sentimentos, organizados em torno de arquétipos. Os complexos podem ser comparados aos "esquemas afetivos" ou esquemas unificados de ação e pensamentos habitualmente expressos em torno de determinados significados, como, por exemplo, mãe, filho e pai. Vivenciados como estados de espírito ou reações a estímulos e em atividades simbólicas ou rituais, os complexos são impregnados de significado. São motivadores não racionais e compelem o indivíduo a ser ou fazer algo. Nos sonhos, os complexos têm imagens de pessoas ou aspectos das pessoas, a exemplo de outros personagens oníricos, e partes do ambiente do sonho. Não são pessoais, emanam de temas universais da sociedade humana, e são repletos de um conteúdo que é parte do contexto de vida presente e anterior do indivíduo. Os complexos, com toda certeza, são influenciados por interações com outras pessoas, mas são instintivamente carregados, de um modo universal entre os seres humanos. Os complexos arquetípicos são inconscientes ou parcialmente conscientes. São experimentados como invasões à realidade pessoal comum e só nos parecem familiares após uma reflexão. Em geral, a experiência de um complexo arquetípico tem um caráter alheio à pessoa, que se sente "apartada de si." Os complexos podem ser interpretados como expressão não racional, simbólica e em termos de sistemas de significado. Podem ser compreendidos pelo estudo dos mitologemas das histórias tradicionais e pelos produtos culturais relacionados aos aspectos típicos da vida humana.

Realidade consciente pessoal ou complexo do eu (comparável à *realidade sintática* de Sullivan): o centro da subjetividade e a tendência a lutar pela experiência coerente, expressas como o "eu" e ser no campo da imagem corporal, dos sentimentos e ações. A realidade pessoal se desenvolve no sentido do ser (identidade) e do fazer (ação). Os atributos do ser são constituídos e internalizados à medida em que o indivíduo atua de um modo que os outros identificam como "pessoal" (isto é, reivindicando identidade, atuando intencionalmente e tendo consciência de si). Essa realidade é expressa de forma racional e histórica, no relato da "história" da vida de alguém. Embora a experiência da realidade pessoal seja subjetiva, intencional e racional, sua forma também é um complexo: é uma coleção de imagens, afetos, idéias e ações habituais. O complexo pessoal pode ser considerado sinônimo da auto-identidade ou eu; denominá-lo "pessoal", em vez de algo mais abstrato, como ego, ajuda a situá-lo no contexto do domínio social do desenvolvimento eu-outro como uma pessoa. Por ser um complexo experimentado como realidade pessoal e reforçado pelo contexto social de ser uma pessoa-entre-pessoas, sua expressão envolve um modo de comunicação inteiramente distinto daqueles complexos arquetípicos que tendem a ser menos conscientes.

O *animus* é um *complexo arquetípico* que é o outro lado da identidade pessoal de gênero da mulher. Quando uma mulher vem a se identificar conscientemente com certas qualidades e aspectos pessoais, ela exclui outros, como "masculinos" ou "viris". Esses outros funcionam como um complexo inconsciente, que tanto é projetado nos outros quanto experimentado internamente pela mulher. A situação é similar no que se refere à identidade consciente e ao complexo da *anima*, no homem.

Ao distinguir entre realidade arquetípica e realidade pessoal, é possível ajudar a pessoa a reivindicar aquilo que é pessoal ou está no campo de sua responsabilidade, intencionalidade e identidade, e aceitar aquilo que é arquetípico ou essencialmente humano. A ansiedade de separação e o medo de ser tragado, por exemplo, são sentimentos associados ao complexo da mãe negativa e ao arquétipo do vínculo básico (Grande Mãe); não são sentimentos que estejam sob controle pessoal, são representações que fazem parte do complexo ao se lidar com outra pessoa ou com outro aspecto pessoal. Quando um complexo é diferenciado da realidade pessoal, fica-se mais livre para ver a outra pessoa como alguém

45

"comum" (em vez de vê-la como uma feiticeira, uma criatura abominável ou uma bruxa, por exemplo), e para considerar-se uma pessoa comum. Os complexos devem ser compreendidos e reconhecidos como inerentes ao relacionamento humano, e não como uma falha da realidade pessoal.

Meu objetivo, neste capítulo, tem sido situar a psicologia junguiana no contexto do feminismo e mostrar como ela pode ser adaptada a uma abordagem feminista da psicoterapia. Também estou definindo os termos que empregarei no livro ao discutir os relacionamentos entre casais. Como terapeuta, necessito de um modelo unificado para avaliar as ações humanas no contexto do significado, empatia e motivação. As contribuições de Jung são eficazes de dois modos importantes. Elas nos proporcionam uma orientação para trabalhar com as atuais atitudes cambiantes, na relação consigo e com o outro. Também nos proporcionam os meios para compreender o significado da comunicação não racional no momento e nas expressões simbólicas. Como terapeuta feminista, advogo uma orientação "sem acusações" para se compreender as comunicações e os relacionamentos humanos. Quando ajudamos as pessoas a se tornarem mais inteiramente humanas, precisamos tomar cuidado para não limitar sua autoridade e apreço, aumentando a autocensura ou intensificando sua identificação com qualidades "inferiores". Autocensurar-se e censurar o outro é de tal modo parte de nosso pensamento sobre os problemas psicológicos que temos de esforçar-nos para deter essa censura. Minhas revisões dos conceitos junguianos de arquétipo e complexo, seguindo as linhas que ele mesmo traçou, podem proporcionar uma abordagem sistemática que permita ajudar homens e mulheres a se aceitarem mutuamente, em uma atmosfera livre de recriminações.

3
C. G. Jung e Harry Stack Sullivan

Os dois homens com quem dialogaremos apresentam algumas semelhanças surpreendentes em suas personalidades. Ambos se debateram com o conflito de trabalhar fora e dentro das estruturas causais-empíricas das ciências naturais no século XIX. Cada qual foi substancialmente além dos métodos empírico-racionais que limitaram as ciências humanas até recentemente. Cada um desses teóricos foi influenciado pelo método freudiano de psicanálise. Ambos rejeitaram muitos dos principais postulados da psicanálise, mas, ao mesmo tempo, retiveram seu espírito, como um meio para decifrar os componentes não-racionais da expressão humana. Como Harry Stack Sullivan e Carl Jung têm estilos individuais e únicos e um *corpus* substancial de trabalho, um diálogo imaginário entre eles constitui um método eficiente para revelar algumas de suas semelhanças e diferenças. Ele servirá, sobretudo, para apresentar Sullivan ao leitor, que já tomou contato com uma revisão dos conceitos junguianos relevantes no capítulo anterior.

Antes que este diálogo se inicie, quero recapitular alguns fatos e impressões sobre suas vidas. As fontes relativas à biografia e à teoria podem ser encontradas na bibliografia, mas não são referidas individualmente, devido às incômodas interrupções que essas notas causariam. Procurei ser fiel aos estilos e ao significado desses autores.

Meu objetivo, ao apresentar este diálogo, é esclarecer alguns dos pressupostos a que recorro ao tratar de casais que têm problemas de confiança básica. O emprego que faço da teoria junguiana foi ampliado e tornou-se mais prático devido à integração da teoria interpessoal de Sullivan. Boa parte de meu pensamento sobre complexos e arquétipos, individuação e identidade, beneficiou-se com a inclusão do relacionamento interpessoal como um aspecto proeminente. Como nossa cultura tende excessivamente para o "individualismo", podemos cair facilmente no erro de conceber a psique humana como um indivíduo isolado, quando, na verdade, é sempre um esforço relacional, entre "eu e o outro", entre pessoas ou complexos.

Carl Jung foi profundamente suíço em sua adaptação e europeu em seu estilo intelectual. Aprofundou-se nos estudos clássicos e era fluente em várias línguas modernas, além do latim e do grego. Orientava-se por uma abordagem filosófica da psicologia e preocupava-se em formular questões de significado humano no contexto da psicologia científica. Harry Stack Sullivan era caracteristicamente americano em seu estilo intelectual e caracteristicamente americano na natureza conflitante de sua personalidade. Era produto do sentimento de "inadequação" a uma comunidade rural do norte de Nova York, em que imperavam o conformismo e o puritanismo. Seu estilo intelectual foi muito influenciado pela nova psicologia social americana do início do século XX, que incluía autores como Dewey, Mead e Cooley. Sullivan se interessava por uma teoria do *self* mais da perspectiva da experiência do que da filosofia, mas sua familiaridade com a psicologia social, a antropologia e a psicanálise levaram-no a voltar-se para um quadro mais amplo e a perguntar sobre o significado, à medida que examinava os dados.

Ambos anteciparam o trabalho de Jean Piaget na psicologia do desenvolvimento. Vale a pena assinalar este fato, pois o conceito piagetiano de "esquema carregado de afeto" no "pensamento pré-operacional" das crianças (anterior às operações lógicas) é compatível com os principais conceitos de pensamento não racional em Jung e Sullivan. Jung recorreu ao termo "complexo" e Sullivan empregou o termo "distorção paratáxica" ou "realidade paratáxica". Jung e Sullivan conceberam a personalidade em termos de seu desenvolvimento e compartilharam algumas características de uma teoria dos estágios evolutivos, a exemplo de Piaget. O modelo de Sullivan é, sobretudo, uma espécie de teoria dos estágios, sem uma completa lógica formal (no fim deste capítulo, encontra-se um resumo dos estágios de Sullivan). A psicologia do desenvolvimento de Sullivan estende-se vagamente até a idade "adulta", mas preocupa-se basicamente com os primeiros anos da criança, a infância e a adolescência. A psicologia junguiana do desenvolvimento ignora grandemente os primeiros anos da criança, bem como a infância, na medida em que descreve a emergência de uma personalidade "essencialmente humana" na meia-idade e em estágios posteriores. Foi Jung, provavelmente, quem deu origem à idéia de fases ou estágios da vida, diferenciados por diferentes tarefas psicológicas e sociais. Manter a idéia do desenvolvimento em um primeiro plano será útil para compreender o universo de Jung e de Sullivan.

Jung passou seus últimos anos, antes de sua morte em 1961, imerso em investigações sobre temas tão obscuros como a sincronicidade (conexão acausal significativa) e a alquimia (como uma síntese dos opostos na personalidade humana). Tais preocupações situaram Jung substancialmente além dos quadros temporais-causais da psicologia científica contemporânea. Sullivan passou a última parte de sua carreira, antes de sua morte, em 1949, tentando estender as descobertas e as premissas da psicologia à paz mundial e a uma compreensão dos elementos não racionais nas relações internacionais.

Sullivan levantava objeções à aplicação do raciocínio mecânico e causal das ciências naturais à compreensão da personalidade humana. O caráter "privado" do modelo estrutural do ego, superego e id, na teoria psicanalítica, parecia absurdo a Sullivan para compreender a interação entre as pessoas. Do mesmo modo, ele discordava completamente do conceito de que o psicanalista poderia chegar a ser uma "tela em branco" para as projeções do analisando. Sullivan introduziu o conceito de terapeuta como "observador participante", engajado no campo interativo da psicoterapia com o cliente, independentemente do quão pouco ele, terapeuta, falasse. Jung havia dado um passo ainda maior na direção do conceito de colaboração no encontro terapêutico, ao reivindicar que, em uma psicanálise efetiva, o analista estava em um processo de análise tanto quanto o analisando.

Certas semelhanças nas dinâmicas das famílias de Jung e Sullivan contribuíram para o caráter independente de suas personalidades. Cada qual foi filho único de mãe forte, ambiciosa e de pai mais passivo, introvertido. Sullivan provinha de uma família irlandesa-americana e recebeu uma educação católica em uma comunidade agrícola protestante e puritana. Todos os seus irmãos morreram quando ele era criança. Sua mãe vinha de uma família mais rica e mais educada do que a do pai, que era sitiante. Ela achava que se casara com alguém abaixo de sua posição social, e tudo indica que, aparentemente, era uma queixosa crônica, semi-inválida, com profundo ressentimento por uma vida marcada pela pobreza. Fotos suas, em seus últimos anos, transmitem a impressão de uma mulher sólida, forte, apesar de prejudicada pela artrite, e que não desistia facilmente. O pai de Sullivan, homem um tanto inseguro e retraído, aparece nas fotos como um esguio lavrador da Nova Inglaterra. Socialista, era um pretenso filósofo político, que discutia suas opiniões no armazém local, onde os homens tinham encontros comunitários em torno de um enorme fogão. Os relatos de Sullivan sobre sua infância no sítio e na escola comunicam seu isolamento e sua dolorosa insegurança. Sentia-se mais ligado ao gado do sítio do que às pessoas à sua volta, com exceção de uma tia materna um tanto sofisticada, que de vez em quando visitava o sítio. Em etapas posteriores de sua vida sentia-se de tal modo distante da família de origem que não se expressava com aquele sotaque irlandês característico de seu clã. Mais tarde, após sérios conflitos de personalidade, recuperou o sotaque irlandês e incidia nele em determinadas ocasiões, pelo resto da vida.

Nascido em 1875, Jung era dezessete anos mais velho do que Sullivan. Cresceu em uma família empobrecida, de classe média, em um cantão rural da Suíça, filho de um ministro. A mãe de Jung parecia ser a mais poderosa figura parental, e foi ela que lhe transmitiu a percepção de uma personalidade oculta, dramática, muito diversa de sua personalidade corriqueira. Jung tinha uma irmã mais nova, que não realizou muita coisa na vida adulta; viveu basicamente à sombra do irmão até sua morte prematura. O pai de Jung era discreto e retraído, mas aparentemente muito bondoso. Foi, para os filhos, um modelo de pessoa voltada para os estudos: estudou línguas clássicas e filosofia, que tinham muito pouca utilidade para um pastor do interior.

Jung e Sullivan foram crianças isoladas, em comunidades rurais. Ambos, quando crianças, reagiram às "vidas não vividas" de suas mães

49

e à influência de um vigoroso espírito materno, que pretendia mais do que as simples gratificaçõe proporcionadas pelo ambiente em que viviam. Jung sentia-se cativado pelo espírito "pagão" dos camponeses suíços de sua comunidade; tinha, assim, um profundo elo com a humanidade, que Sullivan foi incapaz de estabelecer em sua infância. Cada um deles experimentou uma perturbadora reorganização da personalidade, que tornou-se foco de sua psicologia. No caso de Sullivan, foi uma crise de adolescência, por volta dos dezenove anos (que ele descreveu como esquizofrenia), e resultou em uma recuperação parcial das perdas sofridas em seu desenvolvimento, em uma etapa anterior. Sullivan enfocou grande parte de sua teoria no problema de ter um camarada na pré-adolescência. O relacionamento com um camarada poderia dar ao indivíduo em desenvolvimento meios de se recuperar de relacionamentos anteriores com os pais e prover um modo de praticar intimidade com um igual. Sullivan afirmava que a intimidade e a "validação consensual" com um amigo, na adolescência, eram as grandes contribuições à saúde psicológica na vida adulta. Para Jung, as desordens da personalidade ocorreram quando ele tinha cerca de trinta e seis anos, após separar-se de Freud, o mentor intelectual que lhe havia proporcionado a influência paterna cuja falta ele tanto sentira na infância. Jung dedicou parte subseqüente de sua carreira à compreensão da reorganização da personalidade na meia-idade e em etapas posteriores da vida e ao processo de integração na personalidade do adulto. Uma crise de identidade da adolescência (expressa de modo muito crítico como episódio esquizofrênico) e uma crise de identidade na meia-idade vieram a ser características especiais das teorias do desenvolvimento da personalidade desses dois homens.

Ambos eram psiquiatras. Jung realizou sua formação universitária e médica em instituições de grande reputação, e era um recém-diplomado muito bem dotado quando iniciou a residência psiquiátrica. Após ser desligado da Universidade Cornell, devido a seus fracassos acadêmicos e a problemas com os correios americanos, Sullivan seguiu sua formação em instituições do meio-oeste americano relativamente menos sofisticadas e, com toda certeza, menos sólidas do ponto de vista acadêmico. Tornou-se na vida adulta um auto-didata, um erudito e relutava em admitir o "segredo" de sua formação universitária anterior.

Ambos fizeram suas residências psiquiátricas e iniciaram suas carreiras de psiquiatra em hospitais públicos, com pacientes psicóticos. Isso, para mim, é a diferença mais importante entre eles e Freud. Tanto Jung como Sullivan aprenderam a "viver com" pacientes psicóticos e a prezar e compreender suas realidades. O conceito de Jung, do "curador ferido" como o psicoterapeuta mais eficiente, foi vivenciado por Sullivan, que acreditava compreender processos de pensamento esquizofrênicos por ter passado por eles. Em sua enfermaria experimental para adolescentes esquizofrênicos do sexo masculino, no Hospital Sheppard-

Pratt, em Baltimore, ele insistiu em excluir do atendimento aos pacientes o pessoal que tinha a mais sólida formação médica e escolheu como assistentes as pessoas que percebeu terem passado por experiências pessoais de esquizofrenia. Harold Searles, um sullivaniano moderno, faz uma colocação eloqüente sobre a terapia com esquizofrênicos, descrevendo aquilo que Jung denominou "libido de afinidade" do terapeuta para com o paciente:

O terapeuta não apenas experimenta... um compromisso total com o relacionamento terapêutico, em um nível de profundidade que ele percebe jamais ter sentido antes. Reage ao paciente, durante a sessão terapêutica, como uma pessoa que tem para ele uma importância ilimitada e, progressivamente, passa a não ter receios de reconhecer esse fato nas ocasiões em que o paciente necessita desse reconhecimento. Não seria demais afirmar que o terapeuta sente o paciente como alguém necessário, até mesmo para completá-lo. Temporariamente e reconhecendo plenamente esse fato, ele sente pelo paciente aquilo que a "mãe esquizofrenogênica" não teve a força necessária para reconhecer ou renunciar: a necessidade do paciente de completar sua própria personalidade.[1]

Jung, assim como Sullivan, insistia em reconhecer e diferenciar de "transferência" a colaboração genuína do relacionamento terapêutico, além de quaisquer distorções projetivas e repetitivas que o paciente trouxesse. Sullivan e Jung enfocavam suas metodologias terapêuticas e suas preocupações teóricas no que era "genuinamente" e "essencialmente" humano na personalidade e na terapia, em vez de recorrer à "distorção", "repetição" e "resistência". Certamente que eles reconheciam e apontavam as distorções, encontrando usos terapêuticos para elas, mas não faziam dos aspectos distorcidos ou disfarçados da psique a preocupação maior de seu trabalho.

Jung e Sullivan foram muito influenciados pela biologia, pela etologia e pela antropologia modernas, concebendo sistemas interpretativos para os processos de pensamento inconscientes ou simbólicos. Nenhum dos dois acreditava que os processos inconscientes do pensamento pudessem ser reduzidos a afirmações racionais ou pudessem ser completamente compreendidos em termos de desejos disfarçados e impulsos infantis. Em vez disso, tentaram descrever as formas de comunicação simbólica e gestual simplesmente como formas de expressão humana, muito diferentes de um significado sintático racional. Ao interpretar os processos inconscientes do pensamento, ambos se preocuparam em transcender os efeitos do dualismo filosófico e das dicotomias cartesianas.

Até mesmo a dicotomia entre saúde mental e doença mental foi minuciosamente examinada por Sullivan e Jung, pois eles admitiam a normal desunião da personalidade humana. A dicotomia ódio-amor, agressão-submissão, bom-mau, certo-errado e médico-paciente foram revistas por Jung e Sullivan em suas interpretações do amplo espectro da personalidade humana. Jung chegou a acreditar que a colaboração entre o pensamento consciente e inconsciente era a meta do desenvolvimento da personalidade, mais do que o domínio da personalidade pelo pensamento racional. Sullivan acreditava que o relacionamento humano envolvia realidades concorrentes e co-existentes irredutíveis e que devem ser amplamente compreendidas em cada encontro humano.

Um exemplo da psicologia de Sullivan, quanto à sua insistência sobre a natureza irredutível das realidades ou significados concorrentes, é a sua revisão do conceito predominante em psiquiatria segundo o qual os esquizofrênicos receiam a proximidade e são distantes e hostis. Sullivan afirmou que os esquizofrênicos expressam sua necessidade de contacto e amor *por* meios hostis, os únicos de que dispõem para "fazer contato". Em outras palavras, expressões aparentemente hostis, tais como bater em alguém ou cuspir, devem ser compreendidas como modalidade de contato, significado oposto àquilo que geralmente se entende por esse tipo de expressão. Os terapeutas sullivanianos contemporâneos se referem à "risada malévola" ou à "simpatia hostil", para a compreenção da realidade emocional simbólica. No nível da expressão emocional e simbólica, não podemos classificar a realidade atribuindo-lhe nossos significados típicos.

Ambos os homens afirmaram que todos nós somos mais "simplesmente humano" que o oposto e podemos intuir ou compreender o próximo de modo acurado e imediato.

A idéia de que as pessoas esquizofrênicas pensam ou se comportam de modo inteiramente estranho às outras pessoas constitui uma decisão, não uma compreensão das expressões não-racionais. Jung e Sullivan afirmaram que todos nós podemos compreender a intenção emocional (mesmo que só o significado fantasiado) do esquizofrênico por nossa própria experiência da realidade emocional. Nós "sentimos" a raiva do sorriso malévolo e o calor da simpatia hostil, até mesmo quando negamos racionalmente esses sentimentos.

Do ponto de vista de Sullivan, tudo na personalidade humana é construído em torno do relacionamento e de nossa capacidade de constituir uma "validação consensual" de nossa experiência com outra pessoa. Na perspectiva de Jung, grande parte da personalidade humana (a expressão de formas arquetípicas por meio do gesto e da imagem) é universal e arcaica. O enfoque de Jung na compreensão do significado das expressões simbólicas arcaicas tende a ser intrapsíquico ou introspectivo. O enfoque de Sullivan é interpessoal, na medida em que ele procurou compreender aquilo que é essencialmente humano e duradouro na personalidade. Embora o enfoque seja no intrapsíquico ou no interpessoal, o interesse dos dois teóricos está nos elementos essencialmente humanos, universais e duradouros da personalidade. Ouçamos agora "diretamente" Jung e Sullivan, em um diálogo sobre suas semelhanças e diferenças.

O INTERPESSOAL ENCONTRA O INTRAPSÍQUICO: DIÁLOGO COMPARATIVO

Sullivan: Gostaria de começar por um campo comum e traçando um caminho para examinar as semelhanças entre nossas teorias, com o objetivo de informar, a nós e nossos leitores, sobre algumas de nossos pressupostos na prática psicoterapêutica. Um aspecto em relação ao qual concordamos substancialmente é o conceito de "finalismo" em nossa explicação do significado dos eventos psíquicos. Você desenvolveu esse conceito em seu ensaio sobre energia psíquica, e ele está em contradição com a teoria psicanalítica da libido como força ou impulso sexual. Se o entendo corretamente, você descreve o significado dos eventos psicológicos em termos de seu propósito, por assim dizer depois que o fato ocorreu. Parece-me que a psicologia empírica tem se preocupado com a descoberta de relações causais de modo muito ingênuo. Na teoria e na prática, a psicanálise teve como meta desvendar a "causa verdadeira" ou força atrás de um evento manifesto. Desde 1924, quando escrevi sobre algumas de minhas idéias iniciais sobre a esquizofrenia, defendi que, primeiramente e acima de tudo, devemos presumir que as ações de um paciente têm um propósito e que precisamos detectar o significado que elas encerram. Se há um conceito fundamental em todo meu trabalho é o de que as coisas mentais têm, em última análise, um propósito e devem ser compreendidas mais em termos de seu objetivo final do que em termos de alguma causa arbitrariamente selecionada.

Penso que você e eu adotamos uma abordagem semelhante para essa questão, mas eu gostaria de esclarecer um componente de sua explicação sobre energia psíquica como finalista. Você distingue sua abordagem de uma teoria teleológica da energia psíquica. Gostaria muito que fizesse a distinção entre finalismo e teleologia, pois acredito que isso nos colocaria no caminho certo para examinar nosso modo de tratar o significado e os símbolos na experiência humana.

Jung: Evitei o termo "teleológico" porque ele está associado à psicologia de Alfred Adler e acredito que há um equívoco essencial no raciocínio de Adler, quanto a uma meta imaginária como explicação da motivação humana. As idéias de Adler e a maior parte do raciocínio teleológico sobre motivação pressupõem que a meta ou o final antecipado de uma ação, de certo modo, estão contidos no desenvolvimento dessa ação, *in potentia* e desde o início. Por exemplo, Adler sugere que as fantasias neuróticas são dirigidas a um determinado triunfo ou controle, que as empurra para diante, por assim dizer. Discordo. Meu conceito de finalismo é um conceito explanatório para um significado que só pode ser conhecido após o fato. Só podemos examinar uma série de eventos e concluir, hipoteticamente, que há um significado por meio de nossa observação do processo. Assim, minha concepção de energia psíquica não

53

é a de uma força que impele eventos na mente humana; a energia psíquica é uma abstração, um X hipotético, que serve para explicar o propósito ou o significado após o evento se concluir.

A energia psíquica é um constructo abstraído pelos observadores quando examinaram temas e padrões de significado na vida humana, ao longo do tempo. É claro que sempre tive o maior interesse pelos eventos na vida humana que podem ser vistos como meras coincidências, coisas que "simplesmente" se seguem umas às outras. Freud, Adler e você, entre outros, também ficaram intrigados com o significado daquilo que, inicialmente, parecia ser apenas uma coincidência: um lapso da linguagem, uma imagem onírica, uma piada. Em um sonho, por exemplo, podemos considerar os eventos algo absurdo, meros efeitos posteriores de uma indisposição estomacal antes do sono. Quando, porém, examinamos o sonho no contexto de outros sonhos da mesma pessoa, por um certo período, podemos descobrir algo que, no sonho, se assemelha a uma meta ou a um padrão, bem como o modo como um determinado sonho se adequa ao comportamento e aos desejos do sonhador.

A energia psíquica, como princípio para a compreensão da motivação humana, se baseia no pressuposto de que o comportamento humano tem propósito quando examinado no contexto da vida humana. Postula-se a idéia de "energia" para explicar as relações de um evento mental com outro, mas o próprio conceito de energia é subjetivo e, provavelmente, produto da *Weltanschaung* em que vivemos.

Você postulou um conceito de energia psíquica baseado na ansiedade como motivação básica. Parece-me que você vê uma distinção entre a ansiedade, como uma espécie de energia da desintegração, e alguma outra energia, como algo integrador. Poderia comentar essa distinção? Interessa-me especialmente uma comparação entre meu conceito de sombra e sua concepção de ansiedade e de operações de segurança.

Sullivan: Sim. Seu conceito de sombra parece-me mais compatível com aquilo que apontei como a mais eficaz operação de segurança, que é a "desatenção seletiva". Sua concepção de *persona*, máscara construída objetivando o papel social, talvez se assemelhe mais ao meu conceito de operações de segurança no "sistema do *self*". Em primeiro lugar, permita-me elaborar o conceito de ansiedade, na medida em que ele diz respeito à motivação e às operações de segurança. Para isso tenho que estabelecer aquilo que será, necessariamente, uma longa discussão sobre os pressupostos de minha teoria da personalidade humana e dificuldades da vida. Antes que eu o faça, há algo que você gostaria que eu respondesse?

Jung: Uma coisa que eu gostaria de notar é a diferença entre sua linguagem e as imagens que usamos para descrever a psique. Embora tivéssemos estudado alguns processos similares da mente humana, optamos por descrevê-los de modos bem diferentes. Gostaria de voltar a esta diferença depois que você tiver explicado o conceito de ansiedade e o modo como ele se relaciona com sua teoria global.

Sullivan: Devo começar por uma premissa básica de minha psicologia interpessoal, que denominei "postulado do gênero único" e que pode corresponder ao seu conceito de uma psique coletiva. O postulado é o seguinte: presumiremos que cada um de nós é muito mais simplesmente humano do que o contrário, e que as situações interpessoais anômalas, na medida em que não decorrem de diferenças de língua ou de costume, são função das diferenças na maturidade relativa das pessoas envolvidas. Tendo isso como um postulado básico, insisti em que nós, como psicoterapeutas, podemos compreender até mesmo as expressões mais excêntricas ou supostamente não deliberadas dos seres humanos aparentemente mais perturbados. O senhor, provavelmente, sabe que eu descrevo a personalidade humana como padrões interpessoais relativamente duradouros, ou situações que caracterizam uma vida humana. Esses padrões interpessoais caracterizam o desenvolvimento ou a maturidade relativa de um ser humano, e são expressos em modos típicos de comunicação. A partir de minhas observações clínicas, consegui diferenciar três modos de comunicação, ou realidade, que caracterizam a experiência interpessoal. Você verá que eles correspondem vagamente aos períodos iniciais do desenvolvimento e podem ser realizados por um adulto com maior ou menor segurança.

Em primeiro lugar há o *modo prototáxico*. Ele precede as comunicações simbólicas e é expresso e vivenciado por meio da atividade senciente e cinestésica. Rir, mamar, agarrar, balançar, espirrar e suspirar são exemplos de expressões do modo prototáxico. A comunicação, nesse modo, se origina antes da capacidade da criança para discriminar consistentemente imagens auditivas e visuais significativas que a cercam.

A segunda realidade se expressa no *modo parataxico*, caracterizado por imagens ou símbolos. Esse modo se expressa e é vivenciado por meio de imagens idiossincráticas, usadas de maneiras que não são comumente partilhadas ou compreendidas. Os símbolos se referem um ao outro mais diretamente, como o "seio bom" e o "seio mau" ou a "mãe ansiosa" (vivenciada como seio seco, por exemplo) e a "mãe boa" (vivenciada como o seio farto), do que a uma realidade compartilhada. Como imagens e símbolos, essas expressões não têm correlatos diretos na experiência das outras pessoas. O modo parataxico é outro modo pré-verbal de comunicação, em que a totalidade indiferenciada da experiência se fragmenta em *gestalts*. A maior parte do imaginário parataxico está originalmente ligada ao conforto e ao desconforto e à sua antecipação. Quando ocorrem originalmente, poderíamos considerar essas imagens como "pré-concepções" carregadas de afeto. São produzidas quando sonhamos, quando criamos imagens mentais e na expressão criativa.

A terceira forma de realidade nos é mais familiar. Denomino-a *modo sintáxico* porque se expressa e é vivenciada por meio de símbolos e imagens compartilhados ou que têm referências comuns. A maior parte de nossa realidade sintáxica é validada consensualmente na troca e na concordância entre as pessoas. Esse tipo de expressão simbólica envolve um apelo a princípios aceitos como verdades ou transmitidos por outra pessoa ou pessoas com quem o indivíduo está se comunicando. Na infância, a comunicação sintáxica começa pelo uso compartilhado e consistente da linguagem e dos símbolos. A validação consensual é também o meio para distinguirmos um senso contínuo de identidade na comunicação com os outros.

O pensamento é uma atividade organísmica, que se evidencia no funcionamento das expressões simbólicas, que são abstrações dos acontecimentos da vida material. Os símbolos de uma ordem mais inferior não são muito abstratos. São do tipo prototáxico ou senciente, e incluem todas as expressões gestuais e cinestésicas comuns aos seres humanos. As expressões do rosto, das mãos e dos pés são modos primários de comunicação, não apenas na infância, mas também nas formas mais desintegradas de esquizofrenia. Não são decifrados ou compreendidos com precisão fora do par mãe-filho. Na comunicação adulta, entretanto, continuam a expressar necessidades e estados emocionais básicos.

A alternância entre necessidade e satisfação é a causa do surgimento do modo prototáxico. O conforto proporcionado pela saciedade distingue-se do desconforto provocado pela tensão. Uma perspicácia cada vez mais clara ou a antecipação do alívio por uma ação apropriada decorre da experiência dessa alternância entre tensão e saciedade. A necessidade do bebê é expressa pelo choro, pelo agarrar, mamar etc., e a mãe reage com ternura e cuidados. A necessidade de ternura é uma necessidade humana básica, ou dinamismo universal. A necessidade complementar, na mãe, consiste em manifestar uma satisfação apropriada ou em proporcionar ternura.

A tensão produzida pela ansiedade da pessoa que dispensa cuidados maternos pode interferir na integração do dinamismo necessidade-ternura entre o bebê e o adulto que interage. A ansiedade é uma tensão puramente desintegradora, sem nenhum objetivo previsível ou sem meios claros de alívio. A ansiedade surge no sistema de quem dispensa cuidados maternos quando ela ou ele sentem que sua auto-estima está ameaçada. Quando a pessoa que dispensa cuidados maternos, seja um parente mais velho, mãe ou pai, experimenta a tensão da ansiedade, esta é comunicada como uma ruptura no dinamismo básico da necessidade-ternura, no par bebê-pais. Quando o bebê vivencia a tensão da ansiedade, como no caso do seio sem leite (que parece ser o seio bom, mas não satisfaz a fome), o bebê experimenta uma tensão diferente daquela provocada por outras necesssidades. A tensão da ansiedade é diferente devido à ausência de algo específico a ela relacionado. Nenhuma ação do bebê, especialmente não chorar, servirá consistentemente para aliviar essa tensão. À medida em que a ansiedade do bebê aumenta, ela também aumenta em quem cuida dele, e nada funciona perfeitamente bem para restabelecer a ternura entre eles.

Agora, se a ansiedade do bebê e de quem cuida dele tornar-se especialmente aguda, e se o choro do bebê for particularmente violento, esta ansiedade poderá interferir na respiração e, então, acarretar um medo infantil que se torna terror. Só o desligamento no sono poderá resolver essa ansiedade cada vez maior. Se esse tipo de ansiedade aguda interferir com excessiva freqüência na necessidade de ternura, o bebê aprenderá a se proteger com uma apatia e um desligamento generalizados, a exemplo do que ocorre na esquizofrenia infantil.

Na idade adulta, a comunicação na qual interfere alguma experiência ou ação como cair no sono é comunicação prototáxica. Em momentos de cansaço e ansiedade, em pessoas normais, e como nos episódios psicóticos, em paranóicos e esquizofrênicos hebefrênicos, observamos indícios da comunicação prototáxica. Talvez a risada seja a forma mais complexa e indiferenciada de expressão prototáxica na esquizofrenia dos adultos. O paciente hebefrênico, entre todos os pacientes, é o que apresenta a mais severa regressão, exibe a risada como um sintoma característico. Essa risada pode comunicar desprezo, ódio, desespero, medo e raiva de uma forma tão inverossímil em comparação às palavras, que chega a ser considerada completamente estranha àqueles terapeutas que ouvem apenas a linguagem.

A tensão provocada pela ansiedade atua no sentido de desintegrar ou interromper dinamismos básicos que criam segurança na experiência interpessoal. A tensão da necessidade, assim como a necessidade de carinho ou de alimento, têm um efeito integrador no desenvolvimento dos dinamismos básicos do relacionamento humano. Quero enfatizar a singular importância da tensão provocada pela fome. A integração entre fome e satisfação cria uma tensão suportável, que resulta em expressões de necessidade no bebê e respostas de ternura na mãe. A conexão contínua entre necessidade e ternura humana é a base da antecipação e da linguagem.

É desnecessário dizer que as conexões entre fome, relacionamento humano, alimento e simbolizações paratáxicas são incrivelmente complexas e não muito bem compreendidas. Se o bebê tem experiências contínuas de distinção entre conforto e desconforto, acompanhadas de uma antecipação cada vez mais clara das ações apropriadas à satisfação, eventualmente acabará por elaborar uma *personificação* ou imagem pessoal das representações sonoras, visuais, cinestésicas e olfativas da pessoa terna que dele cuida. Do mesmo modo, o bebê elaborará uma personificação da pessoa má, ansiosa ou terrível que dele cuida. Essas personificações contêm, por assim dizer, todos os elementos coletados na experiência do bebê com as pessoas que dele cuidaram, e não são uma elaboração de uma simples pessoa. O bebê não personifica a *mãe*, porém faz uma coleção das experiências pelas quais passou, em uma construção carregada de afeto, em torno da "mãe boa" e da "mãe má".

Jung: Posso interrompê-lo? É claro que ambos reconhecemos que a Mãe Terrível devoradora e a Grande Mãe nutridora não são uma pessoa. A mãe, como imagem ou ideal, é muito mais poderosa e comovente do que uma pessoa comum. O símbolo da mãe aponta para um plano de fundo fantástico, que se esquiva de uma formulação conceitual comum. É uma imagem de uma realidade psíquica subjacente, inconcebivelmente arcaica e fundamental, que pode ser apreendida unicamente nos limites mais remotos da intuição, e mesmo assim de modo fugaz.

Aquilo que você denomina personificação da pessoa que cuida, eu qualifico como imagem arquetípica. Meu conceito se estende a uma tendência instintiva de formar uma imagem da mãe, bem como às experiências reais da criança dos cuidados que recebe. Há uma correspondência simbólica entre todas as imagens da mãe, em todos os lugares, e isso é uma evidência da natureza arquetípica da imagem. São imagens de mãe útero, túmulo, vegetação e a própria terra, entre outras formas elementares. Não posso conceber que o símbolo da mãe ou da Grande Mãe decorra apenas de experiências individuais. Estamos em desacordo quanto à origem do símbolo?

Sullivan: Não inteiramente, mas fico curioso em saber se precisamos ou não de toda uma filosofia das formas simbólicas para decifrar o contexto do significado no relacionamento humano. Estaremos melhor servidos por conceitos elaborados, que vão além do contexto de vida da pessoa, ou por uma observação perspicaz e cuidadosa do campo interpessoal, ou ainda pelo desenvolvimento de um vocabulário sistemático que permita ilustrar essas observações?

Jung: Meu trabalho clínico com pacientes na segunda metade da vida levou, inexoravelmente, aos grandes sistemas filosóficos e religiosos tradicionais das principais culturas do mundo. Embora eu não tivesse a intenção de transpor os limites da psicologia médica, me vi compelido a pesquisar religiões e filosofias obscuras, para poder decifrar o significado das imagens que os pacientes me traziam. Permita que eu coloque esta questão, antes que você acabe de discorrer sobre sua teoria da personalidade.

Sullivan: Não há a menor dúvida de que voltaremos a abordar essa divergência em nossas idéias. Em todo caso, fica muito claro que os símbolos paratáxicos são diferentes de palavras. Estas têm referências e significados distintos. É difícil compreender as imagens paratáxicas porque elas constituem uma mescla do individual e do universal, do literal e do figurado.

A "distorção paratáxica" do relacionamento terapêutico deveria constituir a preocupação mais séria do terapeuta. A falta de uma discriminação adequada de si, do meio ambiente e de outros fatores, no modo paratáxico, confere a esse tipo de pensamento um significado "superdeterminado". Palavras que, normalmente, indicariam percepções sensoriais concretas, tais como "aqui dentro" e "lá fora", assumem um significado idiossincrático e simbólico, que precisa ser deslindado para que se possa compreender a intenção de um paciente. Um comentário como "este quarto parece tão vazio" pode ou não referir-se ao ambiente do aposento; mas também pode ser uma declaração emocional sobre um "espaço" interpessoal, percebido como algo desprovido de ternura. Nem é preciso dizer que deslindar uma distorção paratáxica requer um conhecimento íntimo do paciente e um estudo profundo dessa forma de comunicação.

No desenvolvimento normal das personificações paratáxicas, o bebê discrimina um eu-corpo por meio de personificações como "eu-bom" e "eu-mau". O prazer decorrente dos dinamismos ligados a certas necessidades, como mãos nos órgãos genitais e o hábito de chupar o dedo contribuem para as personificações do eu-bom. O eu-mau é personificado na experiência de insatisfação devida a frustrações das necessidades, aos maus tratos e à ausência de cuidados maternos ou negligência. Se a experiência de ansiedade for séria e freqüente, seja por um tratamento severo e abusivo de um pai ou mãe ansiosos ou por uma frustração excessiva das necessidades, então um "não-eu" poderá advir como uma espécie de "buraco" escavado na experiência do corpo. Uma ansiedade profunda, infligida por interações hostis, poderá resultar em algo como a uma completa invasão da consciência, como um golpe violento na cabeça. Experiências do não-eu podem se repetir na esquizofrenia de um adulto, quando as emoções são experimentadas como ataques ou "golpes" concretos ao corpo físico do paciente.

Se um cuidado razoável lhe foi proporcionado, o bebê aos poucos desenvolve um auto-sistema de personificações que contribui para sua antecipação e para evitar a frustração. O auto-sistema é uma coleção de expectativas e imagens convocadas para evitar a frustração e a ansiedade. É constituído por aquilo que denominei operações de segurança ou modos de canalizar necessidade e atenção. À medida em que o auto-sistema evolui para a realidade sintáxica e para a comunicação compartilhada, essas operações de segurança consistirão, em sua maior parte, em defesas habituais contra a ansiedade. Fazer, ver e ouvir coisas de uma maneira particularmente habitual, poderá proteger o auto-sistema contra a ansiedade das invasões. A desatenção seletiva é um desses casos: a pessoa pode selecionar certos elementos entre uma coleção de estímulos e também pode estar desatenta para essa seleção. Por exemplo, posso contemplar as estampas floridas em um papel de parede, e não perceber que o papel está rasgado. A desatenção seletiva protege o auto-sistema contra certas indicações, especialmente no ambiente interpessoal, que provocariam ansiedade. Parece-me que a a desatenção seletiva resulta naquilo que o senhor denominou complexo da sombra. Os fenômenos perceptivos, subliminarmente percebidos e depois bloqueados para a percepção consciente são "conhecidos" em algum nível, ou não seriam seletivamente bloqueados. Se certos fenômenos forem repetidamente bloqueados à percepção consciente interpessoal, eles poderão muito bem agrupar-se em torno de personificações do eu-mau e limitar as reações pessoais.

O último desenvolvimento da personalidade que desejo mencionar é o da linguagem como sistema simbólico compartilhado. Esse processo começa na infância, por volta dos nove meses, e estende-se até os dois anos. No modo sintáxico de comunicação, a pessoa tem à sua disposição um repertório de símbolos compartilhados, por meio do qual pode expressar sentimentos, imagens e idéias. A comunicação só é efetiva quando compartilhada ou validada consensualmente por outra pessoa como significativa. A validação consensual é a base da saúde humana, na medida em que é o meio pelo qual conhecemos a veracidade de nossa experiência e reforçamos nossa auto-estima. A validação das expressões sintáxicas torna-se o caminho para o desenvolvimento do valor pessoal e para maior integração da personalidade, para além dos dinamismos básicos da necessidade. A validação consensual em um relacionamento íntimo com um parceiro biologicamente ordenado é, segundo meu modo de pensar, um indício de maturidade emocional. Como pode perceber, aquilo que você denominou arquétipo do *self* ou tendência à unidade da personalidade, eu elaborei da perspectiva de um relacionamento humano adequado e sólido. A continuidade como ser humano e a experiência de si como agente confiável depende da validação consensual do valor pessoal e do dinamismo da ternura.

Eu me estendi bastante e agora estou muito interessado em ouvir seus comentários.

Jung: A predisposição para integrar uma experiência de si a uma consciência subjetiva contínua ou "eu" é o que denominei arquétipo do *Self*. No primeiro período da vida, que você delineou detalhadamente e de maneira muito proveitosa, acontecem uma separação e uma diferenciação entre os complexos parentais e o complexo do eu. Aquilo que se firmou primeiramente como experiências do "eu" e do "não-eu" decorre de uma unidade inicial. Uma vez alcançado um senso seguro e duradouro do "eu", há um processo de reintegração dos complexos, que se diferenciaram de uma unidade ou totalidade iniciais. Meu próprio trabalho clínico se especializou no período de desenvolvimento posterior à realização de um relacionamento adulto íntimo e duradouro, isto é, depois que se firmou um funcionamento adequado do ego.

Quero abordar o problema da *individuação* na meia-idade e em etapas posteriores da vida adulta, para depois voltar ao tópico que havíamos abordado, ou seja, meus motivos para estabelecer uma psicologia filosófica ou um sistema de bases muito amplas para compreender a linguagem simbólica de muitas culturas. Creio que você estava questionando aquilo que poderíamos chamar de meu raciocínio metafísico ou metapsicológico sobre os símbolos. Meu trabalho clínico com pacientes neuróticos e psicóticos, bem como minhas próprias análises e investigações sobre sonhos, levaram à conclusão de que o mito é a linguagem primordial da expressão simbólica. Certos motivos ou padrões simbólicos são comuns em expressões individuais nos sonhos e em sintomas, e produtos culturais ingênuos como a arte primitiva. Um estudo cuidadoso desses motivos, em suas formas originais nos mitos, rituais, arte e religião, contribuiu para uma rica compreensão, que não pode ficar prisioneira de conceitos abstratos. Para trabalhar com as expressões simbólicas da psique humana é preciso um amplo conhecimento das formas dos mitologemas típicos ou dos motivos simbólicos. A imagem é a linguagem da psique. O significado sintático é a expressão da consciência, que é só um nível da psique.

Em meu trabalho com pacientes adultos que enfrentam a depressão da perda e o desespero da falta de significado, descobri a necessidade da riqueza das imagens mentais para uma reintegração adequada dos complexos que foram excluídos da consciência pelo mecanismo que o senhor denomina operações de segurança. Esses complexos constituem, é claro, aspectos excluídos da identidade pessoal: a sombra, o *animus* ou *anima* e a não a reconhecida *persona*. Além disso, algumas pessoas enfrentam outros complexos, como o da mãe negativa, que deve tornar-se inteligível e ser integrado à consciência. Quando se trabalha com o processo de reintegrar ou reunir "eu" e "não-eu", sobretudo em etapas posteriores da vida, as imagens mitológicas e as nuances de seus significado são os veículos mais eficazes.

Na natureza, os opostos se buscam mutuamente; os extremos sempre se tocam. Asssim também é no inconsciente. As palavras, como referências específicas, são inadequadas para descrever ou apreender significados simbólicos, que são universais. As imagens, no contexto dos mitos ou histórias, ajudam-nos a descobrir significados correlatos, que iluminam ou "amplificam" a imagem apresentada por um paciente.

Acredito que a meta da psicoterapia e do desenvolvimento humano em geral é a totalidade. Esse processo de reintegração ou de recuperar os próprios complexos inconscientes acaba por levar às questões religiosas e filosóficas. Agora, eu ficaria mais do que encantado em deixar ao teólogo a tarefa nada fácil de compreender as imagens do *self*, ainda mais porque muitos de meus pacientes são teólogos. Eles teriam se apoiado na comunidade da Igreja, mas caíram como folhas secas dessa grande árvore, e agora estão na dependência de um tratamento terapêutico. Algo nesses teólogos se aferra, muitas vezes com a força do desespero, às explicações teológicas tradicionais, e eles vêm bater à minha porta com sonhos e visões despertas que os levam a questionar a própria sanidade. Estão procurando um chão firme no qual pisar, visto que o apoio da Igreja não os ajuda mais. O processo de individuação, nas etapas posteriores da vida, como a esquizofrenia, no começo costuma parecer caótico e interminável. Só gradualmente se intensificam os sinais de que está levando a algum lugar. Mais ainda, o caminho nunca segue em linha reta, mas parece evoluir em círculos. Talvez fosse mais rigoroso afirmar que o processo consiste em formas espirais definidas e repetidas, nos sonhos e na imaginação, cuja característica é definir um centro.

Se você questionar a necessidade da natureza especificamente mitológica de meus conceitos psicológicos, espero ter demonstrado que procurei ser verdadeiro para com a natureza empírica da psique, conforme a vivenciei em psicoterapia e outras observações. Tentei desenvolver uma teoria da personalidade que pudesse permanecer fenomenologicamente verdadeira para a experiência humana da psique. Acredito que o senhor pretendeu algo semelhante.

Sullivan: Você tem razão, embora meu campo de observação tenha sido mais o campo interativo do relacionamento do que o imaginário dos sonhos ou dos sintomas *per se*. Em conseqüência, orientei minha atenção para os dinamismos e para a ansiedade, como "energias" motivadoras no desenvolvimento humano; enquanto você se concentrou no conceito de uma explicação finalista em sua elaboração da energia psíquica. Gostaria de saber o que você considera compatível em nossos sistemas de pensamento.

Jung: Suponho que o que me ocorre, em primeiro lugar, é a ênfase que damos aos aspectos arcaicos ou essencialmente humanos da personalidade. Ambos dedicamos muita atenção aos fundamentos do funcionamento humano básico como o campo do qual a consciência emerge, como um facho de luz contra um fundo escuro e amplo. Meu conceito de arquétipo como forma básica de expressão das necessidades e respostas instintivas parece compatível com o conceito de uma realidade prototáxica. Sua descrição do modo prototáxico é diferente do conceito freudiano de um *id* caótico, indiferenciado, em "ebulição". Os movimentos, gestos e expressões prototáxicas, embora sejam como que de um animal, seguem formas instintivas específicas. Tenho o maior interesse por sua idéia de "pré-concepções" ligada ao modo paratáxico. Fico a imaginar se você procurou correspondências nas mitologias para as imagens e expressões que descobriu nesse modo. As pré-concepções, concernentes às personificações, têm um claro paralelo nas imagens arquetípicas, que são expressas em complexos psicológicos e se manifestam nos sonhos. O próprio complexo, em uma coleção de imagens, ações e idéias carregadas de afeto, poderia parecer comparável a uma personificação (a da bruxa ou a da Mãe Terrível, por exemplo), que poderia ser temida ou vivenciada em um relacionamento. As distorções paratáxicas e os complexos psicológicos são claras expressões não-racionais do significado humano, geralmente presentes em um encontro interpessoal, e vivenciadas intrapsiquicamente. Uma vez mais, nós enfatizamos as características previsíveis, significativas e formais das formas de pensamento não racional.

Seu enfoque nos relacionamentos interpessoais baseado no desenvolvimento psicológico na idade adulta parece seguir paralelamente a meu enfoque do relacionamento consigo mesmo, na individuação, em fases posteriores da vida. Obviamente, nenhuma dessas perspectivas pode manter-se sozinha, pois, afinal, são uma coisa só. Não podemos estabelecer um relacionamento verdadeiro com nosso semelhante sem nos ter envolvido realisticamente com nossos próprios complexos, como também não podemos enfrentar e compreender nossos complexos ao nos isolar dos demais seres humanos.

Você e eu compartilhamos uma preocupação, que é a de instituir um relacionamento terapêutico que reconheça o papel da colaboração humana autêntica. O senhor enfatiza, especialmente, o papel da validação consensual no processo terapêutico e a ameaça que a ansiedade representa para o relacionamento, quando o terapeuta não é capaz de validar o significado daquilo que o paciente traz para a terapia. Conforme deve ter ouvido, lutei durante anos para considerar cada caso clínico com o frescor que cada "descoberta" nos proporciona, pondo de lado todas as regras formais para envolver-me de forma sempre renovada com o material trazido por cada nova pessoa. Minha busca para descobrir o significado de cada novo símbolo levou-me a realizar extensas pesquisas em culturas e sistemas simbólicos.

No fim, descobri algo com que você concordará, segundo me parece: os fundamentos da mente humana, mesmo no caso da mais grave doença funcional, são compreeensíveis. O comportamento e as fantasias mais peculiares do paciente psicótico e as práticas rituais mais inusitadas das sociedades tribais primitivas podem ser compreendidos em seu significado mais profundo porque, em termos gerais, somos todos tão fundamentalmente humanos quanto os outros.

*

Embora eu tenha posto algumas palavras nas bocas desses dois teóricos, tentei permanecer fiel a seu espírito e seu trabalho. Elaborei o diálogo com a finalidade de familiarizar o leitor com as idéias que utilizarei ao discutir os complexos psicológicos no campo interpessoal. Como o trabalho de Sullivan pode não ser familiar ao leitor, e não é considerado separadamente neste livro, encerrarei este capítulo com uma breve tabela que resume os estágios de desenvolvimento elaborados na teoria da personalidade de Sullivan. Ele indica que os períodos de vida não devem ser imaginados como estágios formais, pois não tem certeza se eles se sobrepõem e se sua seqüência é universal. É quase inevitável, porém, pensar sua teoria em termos de estágios, além de significativa para nosso propósito. Incluí, em cada estágio, alguns dos traços característicos da relação interpessoal.

Estágios do desenvolvimento da personalidade segundo Sullivan

(Cada coluna deve ser considerada aditiva,
de tal modo que cada novo estágio inclui os precedentes)

Estágios	Preocupações pessoais cognitivas e afetivas	Conceitos sobre outros significativos	Padrões de comunicação
Lactação	eu-bom, eu-ruim não-eu (ansiedade)	mãe boa, mãe ruim mãe má	chorar, balbuciar, sorrir, agarrar, mamar (*prototáxico*)
Infância	meu corpo = eu	minha mãe, meu pai	palavras, dramatizações, agir como se, parecer (*paratáxico e sintáxico*)
Juventude	eu	companheiros (grupos)	validação consensual, cooperação, comprometimento, competição, estereotipagem
Pré-adolescência	auto-consciência	melhor amigo/a (um ou dois amigos do mesmo sexo)	valorizar o outro tanto quanto a si mesmo, amor, solidão
Adolescência	genital, sexual, *self*	membro do sexo oposto	segurança, intimidade, sensualidade
Fase adulta	integração do *self*	tudo o que veio antes, amigos íntimos, melhor camarada do mesmo sexo	repertório humano total de relacionamento interpessoal

4
Representando o complexo: bruxa, herói e valentão

Um casal estará representando o complexo da mãe negativa quando certos papéis rígidos e constrangedores, que dominam os indivíduos, estiverem em jogo. Um complexo, conforme você se recorda, é um conjunto habitual de ações e sentimentos atuando em um campo interpessoal ou no interior do indivíduo, como uma disposição ou conflito interno. Quando um complexo negativo é ativado repetidamente em um relacionamento, poderá minar sua vitalidade e frescor. O complexo da mãe negativa é organizado em torno do arquétipo da Mãe Terrível, dos aspectos esmagadores e sufocantes do vínculo e da alimentação. Quando esse complexo entra em jogo no relacionamento de um casal, os papéis típicos assumidos pelos indivíduos são os de bruxa, herói ou valentão. Na história de sir Gawain e de lady Ragnell, foram estes os papéis de Ragnell, Gawain-Arthur e sir Gromer.

No campo interpessoal, a bruxa está de um lado e o valentão do outro. As pessoas envolvidas neste complexo sentem-se perdidas, frustradas ou confusas por não compreeenderem o que está acontecendo. Ouvi, freqüentemente, pacientes do sexo masculino dizerem, em um tom de desalento próximo da desesperança: "Na verdade, não sei *o que* ela quer", ao enfrentarem heroicamente a bruxa em suas vidas. Embora quaisquer dos papéis do complexo possam ser assumidos por um ou outro integrante do casal, os papéis tendem a ser típicos para cada sexo, porque se considera certos comportamentos apropriados à identidade de gênero nos homens e nas mulheres, e devido aos pressupostos característicos sobre o que significa ser homem ou mulher em nossa sociedade. Em resumo, às mulheres tende-se a atribuir a esfera da nutrição, do sentimento e do relacionamento, com seus papéis sexuais típicos, tanto no lar quanto nas profissões (por exemplo, enfermagem e serviço social). Aos homens, por outro lado, atribui-se a esfera da agressão e da separação, exemplificada pelo distanciamento psicológico que caracteriza o estilo de pensamento chamado "racionalidade". Como as tendências sócio-culturais preponderam nos indivíduos, as mulheres são mais inclinadas a assumir o papel da bruxa, e os homens, o do herói, ao representarem o complexo, conforme veremos.

A PSICOLOGIA DE UMA BRUXA

Começarei descrevendo uma bruxa. Como mencionei antes, era uma figura conhecida nas histórias populares do século XV. Hoje ainda ela é familiar, mas tem um nome diferente: chamam-na de "chata", "mãe dominadora" ou, nos círculos junguianos, de mulher "possuída pelo *animus*". É óbvio que suas características são as mesmas do século XV: é feia, exigente, "gorda" (grande demais psicologicamente ou gorda fisicamente), magicamente poderosa e voraz em seu apetite para engolir crianças e homens. Como a mãe típica da moderna literatura psicoterapêutica, dominadora, superenvolvente, a bruxa funde-se com os filhos e resiste a desistir do controle da esfera familiar.

A mulher que vivencia o complexo da mãe negativa e desempenha regularmente a bruxa, sente-me amagurada e magoada. Acredita que é mais feia, mesquinha e maliciosa do que uma mulher comum. Sente-se "infra-humana" ou "sub-humana" em sua mesquinharia e em sua feiura, e pode sentir-se supra-humana em seu poder emocional. Talvez tenha desistido de separar-se da bruxa, pois acredita que ninguém se importa com ela.

Todas nós desempenhamos a bruxa de vez em quando. Ela se apodera de nós quando nos sentimos sobrecarregadas e desvalorizadas, magoadas e incompreendidas. Gradualmente, convertemos nossa mágoa em ressentimento, distância, frieza e desesperadora resignação. Como a bruxa, moramos "na floresta" e não nos sentimos como membros legítimos ou dignos de nossas famílias. Embora a floresta seja o lugar apropriado para a bruxa, nenhuma pessoa comum quer viver lá sozinha. Assim, o isolamento solitário da bruxa se torna um grande fardo, que, eventualmente, é acompanhado de pânico. A mulher vivencia o pânico de que nunca ninguém virá em seu socorro, porque seus sentimentos e suas reações se tornaram tão estranhos que ninguém conseguirá compreendê-los. Até certo ponto, essa mulher desiste de comunicar-se verbalmente. Já não se empenha muito em descrever o que está vivendo, porque os outros lhe disseram — e ela própria acredita nisso — que "não faz sentido". Pode tentar breves descrições, mas a maior parte do tempo simplesmente encobrirá os próprios sentimentos com tentativas de controlar e condenar os outros, desforrar-se deles ou servi-los.

Eis como acabamos por reconhecer uma bruxa em um casal ou família contemporâneos. O traço mais marcante da bruxa é o ódio por si mesma. Ela se descreve como um desastre: é gorda, feia, estúpida e nada atraente. No entanto ela se sente muito poderosa e talvez queira desculpar-se por isso. Poderá dizer, por exemplo: "Sinto que estou sempre implicando com meus filhos e fazendo-os infelizes, mas parece que não consigo parar". Sente-se culpada pela maior parte da infelicidade da família, mas não sabe o motivo. Costuma dizer, sem rodeios, que é "mesquinha", "implicante" e percebe que seu companheiro concorda prontamente com ela, confirmando o ódio que sente por si.

A mulher identificada com a bruxa desistiu de seu corpo há muito tempo. O excesso de peso é uma característica proeminente da *personalidade* de todas as bruxas que encontramos na terapia. Tenha ou não excesso de peso, a mulher *se sente* gorda e, caso seja influenciada por padrões culturais de esbelteza, condena-se por seu peso. Nossa preocupação cultural com a esbelteza das mulheres é um sintoma de nossos problemas coletivos com o complexo da mãe negativa. Geneen Roth, que trata de mulheres com problema de comer compulsivamente, diz o seguinte sobre o efeito da gordura sobre a identidade das mulheres:

> Ser e/ou sentir-se gordo(a) é algo em geral diferente para os homens do que para as mulheres. Um homem pode comer compulsivamente, ter excesso de peso, não gostar de seu corpo e, ainda assim, ser considerado e considerar-se atraente... Por outro lado, a aparência de uma mulher é fundamental para seu modo de se avaliar como ser humano. A mulher sente que ela *é* aquilo que sua aparência mostra. Poderá ser brilhante, perspicaz, competente; mas, se for gorda, tem de lutar para mostrar seu valor... Conheci muitos homens que gostam de seus corpos, homens que sequer pensam em seus corpos, mas *nunca* conheci uma mulher que gostasse de seu corpo sem reservas.[1]

A mulher identificada com a bruxa, em geral, condenou seu corpo ao isolamento e é com relutância que se "abandonará" a encontros íntimos e sexuais sem alimentar uma perturbadora ansiedade sobre sua desagradável aparência. Naturalmente, seu alheiamenmto sexual é visto como evidência de seu "desejo de controlar" e, assim, ela poderá ser ainda mais depreciada pelo parceiro.

Outro modo de conseguirmos reconhecer a bruxa, além do ódio que ela sente por si, é pelo jeito como ela é tratada como mulher e esposa na família. Em um determinado tipo de família, ela é heroicamente *tolerada* pelo esposo do tipo Gawain, que lhe pergunta repetidas vezes o que ela deseja, e depois não consegue entendê-la. Os filhos e o marido aprenderam a ser muito cautelosos com ela, como se estivesse a ponto de devorá-los. Não a olham diretamente nos olhos. Quando ela diz: "Olhe para mim", eles ficam relutantes e apreensivos, como se ela fosse sugar suas almas. A própria mulher pode ter aprendido a evitar seus olhares, olhando para o chão ou para a janela, e suspira fundo.

Com seu comportamento, ela está dando a entender que ninguém a compreenderá. Tem razão, ninguém compreende mesmo, pelo menos em sua família. Isso é em parte verdade, porque o que ela diz "não faz sentido". Ela não se preocupa em elaborar uma seqüência lógica ou em ser específica quanto aos seus sentimentos, embora possa fazer isso quando não está se comunicando com os membros da família. Estes últimos, em geral os filhos, "darão um jeito" para ela, traduzindo parte de sua comunicação não verbal em palavras ou transmitindo, por certos comportamentos, os sentimentos maternos de isolamento e raiva.

Embora esse tipo de família suporte heroicamente a bruxa, em outro tipo de família ela não é tão bem tolerada. Em uma família do tipo Gromer, o homem intimida a mulher e os filhos o tempo todo; exige sua atenção, amor, envolvimento e obediência. Identifica-se com ideais machistas, é abertamente agressivo e assustador, com sua força física ou poder emocional. Gromer diz à mulher que é "impossível" viver com ela e com a mãe dela. Mantém a bruxa na floresta e, depois, fica surpreso e desolado quando o filho demonstra dificuldades com a autoridade feminina das professoras na escola, se comporta como valentão no recreio ou torna-se um "delinqüente juvenil", danificando agressivamente a propriedade alheia ou molestando as moças. Gromer nunca procura a terapia por iniciativa própria. Sempre é trazido para o tratamento, em geral, devido às crises dos filhos, que, inconscientemente, protegem e socorrem a bruxa.

Em ambos os tipos de constelações familiares, sempre há um traço particular e proeminente do complexo da mãe negativa: ninguém se perturba com as lágrimas maternas. As lágrimas da mãe são recebidas com desdém e raiva. Afinal, como sabemos pela psicologia das bruxas do século XV, suas lágrimas *não são reais*. A bruxa se esconde atrás da malícia e do controle; quando parece estar chorando como uma mulher, ela está dando risadas horrendas, de desprezo. Outros membros da família reagem ao significado não racional desse complexo quando reagem às lágrimas da mãe com desdém.

Apresentarei agora o exemplo de uma bruxa e de um herói em uma terapia de casal. Falarei primeiramente de Louise, bruxa involuntária, reagindo ao heroísmo racional do marido Larry. Mais tarde conheceremos Larry. Louise e Larry são protótipos ou caricaturas. Não representam qualquer caso específico que tenhamos tratado na psicoterapia. Louise é um amálgama de muitas mulheres que tratatamos e que trouxeram seus maridos para a terapia.

LOUISE COMO BRUXA

Louise apresenta-se, em todos os pormenores, como uma "mulher de meia-idade". É cheinha de corpo, veste calças compridas de tecido sintético, laváveis, estilo indefinível, blusas simples de cores neutras. Seus modos denotam uma mulher ligeiramente nervosa: senta-se na beira da cadeira e ajeita apressadamente os cabelos ou os óculos. Seu rosto, que já não recebe cuidados de cosméticos ou outros artifícios, é rígido, a expressão é fixa. Fala sem transmitir emoções. Com o olhar pregado no chão ou na janela, exprime suas queixas contra os filhos, o marido e o patrão, pois é secretária de um executivo. Sua vida cotidiana parece ser uma série de acontecimentos e deveres desgastantes. Disfarça qualquer vulnerabilidade aos efeitos desse desgaste com seus modos organizados e com sarcasmo ou queixa. Parece acreditar que o marido e os filhos "poderiam cooperar mais nas tarefas caseiras", mas quando a terapeuta a interroga mais especificamente sobre este assunto, ela diz: "Bem, eles já ajudam bastante e reclamam, dizendo que gostariam de ajudar ainda mais". Afirma isso de modo defensivo, como se sua família estivesse sendo atacada por suas próprias acusações.

À medida que a sessão prossegue, Louise comporta-se de modo confuso, que mistura intromissão e distanciamento. Embora pareça emocionalmente distante de qualquer contato, interrompe com freqüência as outras pessoas e manifesta-se sempre que sua ansiedade é despertada por algo que tenha sido dito. A terapeuta pode ficar irritada com essas interrupções, e presumir que Louise está tentando controlar a sessão de terapia com suas intervenções. No entanto, quando isso lhe é dito, desculpa-se e parece culpar-se redobradamente quando a terapeuta sugere algo no sentido de que as dificuldades da família podem ser devidas à intervenção dela. Louise mostra uma espécie de preocupação característica e compulsiva com os membros da família, quando se refere às tarefas domésticas e em seu comportamento durante a sessão. Mostra-se atenta às necessidades, antes mesmo que elas sejam expressas: por exemplo, pode dar a alguém um guardanapo de papel ou sugerir que uma criança deve ir brincar no quintal ou no jardim, caso esteja ficando muito irriquieta. Aparentemente, Louise mostra-se atenciosa, em parte para disfarçar suas dúvidas de que seu amor não presta e de que não tem valor pessoal. Se *parecer* que os outros precisam dela, talvez não "descubram" que ela é desprovida de méritos.

Quando interrogada sobre seu desejo de fazer terapia, Louise fala apenas do comportamento dos outros. Insiste que Larry nunca diz o que está pensando e que tem de arrancar tudo dele. Parece desejar que ele seja emocionalmente mais expressivo e que tenha maior empatia pelo envolvimento dela no cuidado com a família. Quer que ele a ajude em casa, mas deseja que ele faça isso em concordância com o que ela precisa. Gostaria que Larry não metesse o nariz nas suas coisas e fosse "mais homem". A maior parte de seus desejos são confusos e contraditórios em um nível racional, mas temos a forte sensação de que ela deseja ter, em Larry, não um pai ou um filho, mas um companheiro.

O que aconteceu com Louise? Descobrimos que outrora ela fora uma mulher romântica, cheia de energia, que acreditava que a vida familiar lhe conviria. Estava muito apaixonada por Larry quando o desposou há doze anos e ansiava por construírem uma família. As ambições de Larry, de ter seu próprio negócio e seu desejo de ganhar dinheiro se adequavam muito a ela, e Louise continua a dar apoio à carreira dele. Sentia e sente "orgulho dele".

Quando lhe perguntamos mais, constatamos que ela não perdeu seu idealismo sobre Larry. Louise o vê como um homem inteligente, capacitado, sensível, respeitado pelos filhos e pela comunidade. Quando em público, ela gosta dele especialmente e apreciaria que parte daquela atenção tão afetuosa e competente se voltasse para ela e para os filhos. No entanto, perdeu a fé em si e não acredita que conseguirá atrair Larry com sua aparência e com seu trabalho. Acha-se feia. *Sabe* que, em casa, trabalha com diligência e eficiência e, embora tendo consciência de que "não é perfeita", faz o que pode para amar sua família e cuidar dela. Ganha muito pouco em seu trabalho como secretária, mas ali também trabalha com muito empenho. Domina a rotina do trabalho e tem algumas boas idéias sobre como melhorar a administração do escritório. Seu patrão, entretanto, parece não querer ser "pajeado" por ela e ignora suas sugestões.

Louise gradualmente se entrincheirou no ódio por si mesma e no desespero por seu valor, seus méritos, sua beleza e, enfim, sobre a legitimidade de suas próprias preferências e percepções. Receia estar "ficando louca".

ASPECTOS SOCIAIS DA MÃE NEGATIVA

Da perspectiva teórica junguiana e feminista que adoto, Louise está às voltas com um problema sociocultural mais amplo, o problema da bruxa, ligado ao complexo da mãe negativa. Ela sente que não tem autoridade pessoal, mérito ou competência, e esse sentimento é reforçado por uma sociedade que desvaloriza sistematicamente as atividades vinculadas ao atendimento, na profissão e no lar. As recompensas, o *status* e a influência não estão ligados à atividade de cuidar das crianças ou de atender as pessoas. Até mesmo nesses tempos de "liberação das mulheres", cada mulher continua a assumir individualmente a grande responsabilidade de cuidar da criança e de seu desenvolvimento. Na verdade, é uma situação social relativamente nova, que decorre, em parte, da influência da psicanálise na criação das crianças, e é uma responsabilidade impossível. No passado, e até mesmo em um passado não distante, a responsabilidade pela geração futura era, pelo menos nominalmente, compartilhada por um grupo de adultos. As mulheres não carregavam o fardo das explicações que vêem nelas as "causas" dos problemas psicológicos; não eram denominadas "mães esquizofrenogênicas", "mães dominadoras" ou "mães sufocantes". Todos os jovens sentiam o peso da responsabilidade por sua própria independência ao ingressarem na vida adulta. Hoje, em terapia, vemos pessoas que estão na meia-idade (35-50 anos) e em etapas posteriores da vida (50-65 anos), que ainda explicam seus problemas e lutas em termos daquilo que a mãe fez ou deixou de fazer por elas. Imagens de mães absorventes e opressoras dominam a literatura psicoterapêutica, da psicanálise à terapia familiar, e impregnam nossa psicologia popular com o "medo da mãe" e o "desejo pela mãe", que é arquetípico, impessoal e extremamente perturbador para uma mulher, individualmente considerada.

O problema da bruxa não é individual e não pode ser resolvido nesse nível. Apesar de suas dramatizações individuais e das incontáveis histórias sobre a inadequada empatia das mulheres, sobre a fusão com os filhos e sobre seus modos compulsivos, e comportamento supercontrolador, o complexo da mãe negativa é um problema social. Podemos tratá-lo em nível individual ajudando as mulheres a diferenciar suas identidades desse complexo e recuperar seu senso de identidade pessoal pelo exercício de uma autoridade feminina autêntica. Podemos ajudar as mulheres a reconhecer a energia e o poder da bruxa nelas mesmas, em termos positivos e em apoio de sua identidade feminina. Não podemos, no entanto, impedir que o complexo atue sem uma reavaliação geral das questões arquetípicas em torno dos vínculos, em um relacionamento humano.

O amplo problema social de nossa desvalorização do feminino na vida humana tem que ser enfrentado. Conforme já se pôde notar, entendo por "feminino" aquelas atividades e sentimentos relacionados à nutrição, à relação, ao cuidar, à expressão emocional e outros aspectos da "vida cotidiana". Essas características não devem ser identificadas com papéis sexuais típicos ou com mulheres. Até agora não há evidências claras de que "mulher", como categoria de gênero, apresente atividades e preocupações específicas associadas a esta categoria sobrepondo-se às situações culturais e sociais.[2] Prefiro separar o arquétipo da mulher e falar do feminino como uma resposta instintiva-emocional humana, que envolve nutrição e sustento, bem como sufocação e morte. A dimensão instintiva da situação de vínculo-separação, conforme descrita e pesquisada por John Bowlby e seus colegas,[3] é comparável ao feminino arquetípico na discussão que se segue. Entretanto, o problema da desvalorização do feminino fundiu-se com a identidade das mulheres, porque a esfera do relacionamento e do cuidar foi atribuída às mulheres. A responsabilidade básica pelo desenvolvimento dos jovens foi forjada em uma instituição cultural denominada "maternidade", que oprime as mulheres com baixos salários, baixo *status* e um clichê predeterminado: o de "incompetência para uma carreira". Esssa instituição, e não a atividade do cuidado materno, em si, está na raiz de nossos problemas contemporâneos com a bruxa.

A identidade da mulher, pelo menos desde o final da adolescência e por todo o ciclo vital, está ligada à maternidade. Escolhendo ou não ser mãe, ela será questionada, provocada e analisada em função de sua escolha. Embora sejam poucas as preocupações públicas com o fato de um homem escolher ou não ser pai (de fato, há uma certa tendência popular de negar e evitar a paternidade), há muitas preocupações com a mulher que não opta por ser mãe, sobretudo entre psicoterapeutas e analistas. Para essa instituição, embora a identidade feminina esteja confinada à maternidade, a mulher não tem uma "boa" escolha. Se ela decide ser mãe e dedicar-se ao desenvolvimento dos outros, permanecerá financeiramente dependente, terá de arcar com um baixo *status* social e ficará despreparada para uma carreira no final de seu ativo envolvimento com a maternidade. Se sua escolha for oposta, será considerada inadequada em sua feminilidade e talvez confusa quanto à sua identidade.

As mulheres que dedicam cerca de um quarto ou um quinto de suas vidas (18-20 anos de cuidados maternos, para uma expectativa de vida de 78 anos) unicamente às ocupações da maternidade não estão preparadas para reingressar na vida adulta confiantes em sua autoridade, competência e mérito pessoal. O caráter de autoridade feminina da voz da mãe dominadora e irritante deriva diretamente do fato de que a maioria de nós foi cuidada apenas por mulheres. A "voz da consciência", interna e externa, que estruturou nossa vida cotidiana e nos disse o que fazer, foi a voz de uma mulher. É dessa poderosa força da autoridade feminina que nos separamos e nos diferenciamos para completar nossas próprias identidades; ou seja, precisamos diferenciar entre autoridade do complexo materno e nossa individualidade (complexo do eu) para nos tornarmos pais ou mães. Quando mulheres adultas falam com autoridade, sobretudo no papel de mãe de família, surgem defesas contra elas, que são consideradas "dominadoras", em parte por serem as únicas provedoras de cuidados íntimos e de proteção às crianças. Quando uma mulher, em qualquer contexto social, é insistente, irritada ou convicta de sua autoridade, em geral é interpretada como dominadora, autoritária ou supercontroladora. Raramente se pensa que simplesmente está nervosa ou sendo positiva.

Lembremos da pesquisa sobre a estereotipação do papel sexual em nossa sociedade, a que já nos referimos no capítulo dois. Ela revelou que os traços masculinos estereotipados, que se agrupam em torno da "instrumentalidade" e da "competência", são considerados mais desejáveis do que os traços femininos estereotipados, que se agrupam em torno da "expressividade" e da "dependência". Estudantes universitários e profissionais do campo da saúde mental, bem como uma ampla amostragem de adultos, concebem a mulher ideal como menos competente do que o homem ideal, e a mulher madura e saudável como mais submissa e dependente do que o homem saudável ou qualquer "adulto saudável". Conforme assinalei, isso enfatiza o impasse em que as mulheres se encontram, no que concerne sua própria autoridade. Se elas adotarem comportamentos especificados como desejáveis nos adultos, arriscam ser censuradas por seu fracasso em serem femininas. Se adotarem comportamentos designados como femininos, são, necessariamente, deficientes quanto aos padrões gerais do comportamento adulto.

A combinação de excluir os homens dos papéis maternos e atribuir qualidades humanas inferiores ao gênero feminino, constitui o problema social que resulta no complexo da mãe negativa. Esse complexo se manifesta na tendência, de homens e mulheres, num relacionamento de casal, a assumirem papéis de bruxa, herói e valentão, sobretudo quando sua confiança básica foi garantida e depois perdida (por exemplo, com a traição). A bruxa é uma autoridade negativa e controladora, que invade os outros, sobretudo quando são dependentes, com esquemas egoístas e manipuladores. O herói, por outro lado, é uma autoridade competente, racional, que "mantém distância" e é admirado por seus valores humanos e por sua sensatez. O herói é alguém dotado de autoridade e auto-estima.

Quando eu apresentar Larry no papel do herói, no contexto do complexo da mãe negativa, devemos lembrar que, na história, sir Gawain e o rei Artur representam "pólos" da ação heróica. Artur representa a autoridade racional, e Gawain representa a bravura, conciliadora e juvenil. No início da história, e até o desenlace, quando Ragnell pede para ser beijada, Gawain é o ingênuo cavalheiro errante que se arrisca "sem qualquer noção do perigo". O racional Artur e o cortês Gawain retratam, assim, aquelas qualidades heróicas que comprometem nosso herói Larry ao aceitar Louise.

LARRY COMO HERÓI

Larry é um homem de meia-idade, mas de aparência jovem, esbelto e postura um tanto desleixada. Tem confiança em suas maneiras desenvoltas, sorri um bocado e se expressa em um tom de voz suave, mas firme. Quando vemos Larry vestido com calça de veludo e camisa em tom pastel, a palavra "agradável" nos vem à mente. Embora esteja ficando calvo e use óculos, há algo de menino em seu porte, e seu rosto sem rugas transmite uma juventude que denota vulnerabilidade e, de vez em quando, até mesmo "fraqueza".

Larry procurou a terapia "para ajudar Louise e as crianças". Ele e Louise concordam que, ultimamente, "ela tem sido terrivelmente infeliz" e nenhum dos dois parece ser capaz de resolver "o problema dela" ou até mesmo determinar que problema é esse. Larry espera que os terapeutas possam dizer-lhe "como fazer Louise feliz", pois está ansioso "para resolver a questão"; está começando a perder a paciência "com as queixas constantes de Louise". Larry confessa que os dois já passaram por "sessões de aconselhamento" e não acredita que essa "coisa de terapia" funcione realmente.

Larry é lógico e bem organizado nas histórias que apresenta. Falanos de seu trabalho, que é vender computadores de pequeno porte; como, gradualmente, foi construindo uma carreira satisfatória e como incentivou Louise a voltar a trabalhar quando os filhos começaram a estudar (eles têm um casal, de oito e dez anos; o menino é o caçula). Larry gosta de saber "os fatos" em qualquer situação, e indaga sobre nossos honorários e quer saber imediatamente "o que nós achamos que está errado". Percebe-se facilmente que Larrry é um "bom sujeito"; tem modos gentis e reluta em se irritar. Sempre que possível, deixa o confronto e o conflito para os outros, e orgulha-se de ser "um homem de família". Prefere o mundo da razão às emoções e, freqüentemente, diz coisas como "se pudéssemos ser racionais apenas por um momento...", depois que Louise expressa suas queixas ou interrompe os terapeutas.

Larry parece estar perturbado e envergonhado com a terapia e fica desconfortável quando os terapeutas têm, para com ele, atitudes que considera "demasiadamente pessoais". Desafia-nos repetidamente a "descobrir o que Louise quer realmente" e a prosseguirmos em nossa tarefa. Achamos que é fácil lidar com Larry e, inicialmente, ele nos parece mais agradável do que Louise. Suas palavras fazem sentido, mas ele parece desconfortável. Recusa-se a entabular aquilo que ele chama de "conversa mole", mas tem a curiosa capacidade de acuar os terapeutas, com desafios à nossa autoridade e racionalidade.

O HERÓI COMO PROBLEMA COLETIVO

Larry se assemelha a muitos maridos heróicos de mulheres feministas que encontramos na terapia. São personagens como Gawain no banquete de casamento ou no aposento nupcial, antes do desafio de Ragnell. Alardeiam seu apoio às mulheres e sua preocupação com o relacionamento e com o cuidar, mas da boca para fora. São daqueles maridos que "permitem" que as mulheres voltem para a universidade e concordam quando elas lhes propõem "lavar a roupa na noite de sexta-feira, tomar conta das crianças às segundas e quartas-feiras, das 16 às 19 horas" etc. Os vizinhos observam esses personagens, do tipo Gawain, tentando se adaptar às "exigências" das esposas e suspiram e estalam a língua, como os cortesões no banquete de núpcias, comentando: "Pobre sr. Gawain! Faz tanta coisa por aquela mulher irritante e ela nunca está contente. Vejam só como ele se dedica aos filhos, noite após noite e como cuida do sustento da família. Além disso, ela é mesquinha e vive se queixando do que ele não faz. Não sabe a sorte que tem por poder contar com um marido como ele. Só vai descobrir quando ele desistir, um dia desses, e abandoná-la à sua mesquinharia e suas queixas. É o que ela merece".

Gawain estava falando da boca para fora, com Artur, quando aceitou o desafio de Ragnell, sem avaliar a situação em termos de seu relacionamento com ela. Estava disposto a "desposar o próprio demônio" para salvar o rei. Estava desposando a autoridade racional e o poder patriarcal do rei, e não Ragnell. Artur, por outro lado, não estava agindo por galanteria. O rei falava da boca para fora quando se referia aos ideais de heroísmo e cavalheirismo, ao concordar que seu sobrinho preferido coabitasse com uma bruxa. Artur tentava salvar sua cabeça e dispunha-se a fazer quase tudo para não ter de enfrentar o feioso e valentão Gromer. Quando, finalmente, chegou o momento das núpcias de Gawain, Artur quis adiar ou protelar a situação, pois o confronto do sobrinho com a bruxa perversa era demais para um pobre rei. Esse "falar da boca para fora" sobre igualdade e ideais humanitários nos é familiar. Os homens brancos são conhecidos por dizer: "É claro que eu apoio a igualdade para os negros (ou portorriquenhos ou quaisquer outras minorias oprimidas), mas isso não significa que eu gostaria que minha filha casasse com um deles".

A história de Gawain e Ragnell enfoca particularmente a questão do "falar da boca para fora", por causa da heroína bruxa. As bruxas não podem ser beijadas diretamente. Se Ragnell fosse realmente uma bruxa, Gawain teria sua alma sugada por ela na noite de núpcias. Como sabe que, no fundo, é uma bela e boa mulher, Ragnell confia em sua autoridade e poder. Diz a Gawain: "Venha me beijar". Ela desafia a atitude dele, de falar da boca para fora sobre ideais e atividades que parecem bons, mas que, na verdade, são perigosos para o independente heroísmo de Gawain. Ragnell, como mulher oprimida, diz, com efeito: "Não basta apenas concordar em ajudar-me nas tarefas caseiras. Quero que você aceite o lar e a mim com toda sua inteligência e sentimento".

Essa história nos mostra o personagem do herói como parceiro. Ele não pode lutar contra a bruxa com a racionalidade que utiliza para se orientar ao coletar dados e reunir evidências. A razoabilidade e os fatos, em toda sua crueza, são inúteis no relacionamento com a bruxa. Ele também não pode suborná-la com recompensas materiais: jóias, ouro, propriedades, dinheiro, de nada servem para ela, pois foi levada a uma situação de terrível isolamento, que só pode ser rompido mediante vulnerabilidade e renovação da confiança. As recompensas que poderiam ter atraído a mulher ao casamento com o herói agora lhe são inúteis; são meras evidências de seu erro em confiar em um homem que não poderia ser realmente seu companheiro. Se o herói não conseguir ir além das tentativas racionais para resolver os problemas, além dos poderes materiais de sua autoridade e do tremendo medo que tem da bruxa, não resgatará a "jovem princesa", incluindo-a em sua vida. Também não será capaz de salvar a própria cabeça e ter acesso a uma nova noção de significado em seu desenvolvimento posterior como homem.

Gostaria de discutir a proposição segundo a qual é o próprio contrato de casamento que favorece o feitiço, no complexo da mãe negativa. Como instituição, o casamento foi concebido para que os homens possuíssem as mulheres como propriedade e reinvidicassem seus direitos de paternidade. Sobre Gawain, Artur não hesitou em dizer: "Não posso dar-lhe meu sobrinho Gawain, pois ele é dono de si". Mas a verdade é que as mulheres são "dadas" em casamento por seus pais aos maridos. Dispor da mulher como propriedade é o principal fator que solapa um relacionamento íntimo na vida conjugal. Por mais racionais que os parceiros sejam, ao participar dessa instituição cultural, eles não serão capazes de evitar seu significado inconsciente. Dar nova forma à cerimônia de casamento, recusar-se a ser dada pelo pai ao marido e a assinar seu nome, mantendo o de solteira, fazer outros arranjos racionais, incontáveis (por exemplo, viver junto antes do casamento), em uma tentativa de não assumir o significado que a coletividade atribui a essa união, são esforços que não funcionarão. Quando as pessoas introduzem a instituição do casamento em suas vidas, também introduzem o complexo da mãe negativa, pois seus amigos, sua família, seus filhos e seus sonhos não as deixarão esquecer o significado real dessa instituição. Entre os homens contemporâneos, a transição de uma atitude heróica, racional e autoritária à de companheiro de Ragnell é extremamente difícil. Embora o marido ingresse no casamento afirmando: "Quero compartilhar a criação dos filhos e as tarefas domésticas, e serei seu parceiro em pé de igualdade nos assuntos da vida cotidiana", ele acabará por descobrir quão difícil e ilusório é cumprir essa promessa. Os homens não foram treinados ou sensibilizados para assumir essas responsabilidades ou para ter competência para cuidar. Muita habilidade e competência estão envolvidas em preparar refeições, na reação de empatia para com as dores alheias e na coordenação das tarefas e atividades de um lar, embora a maior parte de nós não reconheça isso conscientemente. Os rapazes excluíram de suas identidades as prioridades da percepção verdadeira e a expressividade emocional para serem pais e lidar inteligentemente com as preocupações que um lar impõe. Para tornar as coisas ainda mais complicadas, eles aprenderam, repetidamente, tanto no nível consciente quanto no inconsciente, que não devem permitir que uma mulher lhes diga o que fazer. Despreparado, desmotivado e desconhecendo a real competência das mulheres nas atividades envolvidas no cuidar, o homem adulto sentirá que precisa negar os conselhos e a orientação da mulher, caso queira conservar sua "masculinidade". Esta é a situação sombria e perigosa com que os terapeutas se deparam, em casais que perderam a confiança recíproca básica como parceiros, e se recusam a valorizar o feminino em suas vidas cotidianas.

A cultura não recompensa ou reforça quaisquer motivações que um homem possa ter para compartilhar o atendimento. Qual seria a motivação para aprender as habilidades e as reações emocionais que as mulheres conhecem quando se trata de proporcionar cuidado e proteção? Quais são as oportunidades de maior renda e de *status* abertas para os homens que tenham aprendido a dominar essas tarefas? Nenhuma, é claro. Assim, até mesmo os jovens e heróicos maridos mais bem intencionados vão "ganhar a vida" e deixam a esfera do lar e da família, separando-se fisicamente e diferenciando-se emocionalmente.

No plano racional, sabemos que o sistema dos salários está rapidamente desaparecendo e que pelo menos em 40% dos lares americanos, marido e mulher se encarregam do sustento da família. Como isso é explicado ou como é que se lida com essa questão no âmbito do relacionamento do casal? Em geral, o homem ganha mais dinheiro porque o tipo de emprego que ele procura, as capacidades que desenvolveu e as atribuições associadas ao seu gênero estão ligadas a maiores recompensas materiais.

O marido que ganha mais dinheiro fora, leva para a vida doméstica a percepção de sua maior capacidade. Tendo concordado em compartilhar as tarefas domésticas com a mulher, o marido heróico não pode entender (mesmo que viva se referindo a esses "fatos") porque a mulher parece infeliz com o desempenho dele, já que ele ganha mais dinheiro do que ela e executa as tarefas que lhe foram destinadas em casa. Embora seu trabalho doméstico mostre incompetência e embora seu modo de cuidar dos filhos e da companheira possa transmitir um tédio ou uma frustração mal disfarçados, ele, com toda certeza, está fazendo "a parte que lhe cabe" e concordou com as "exigências" da mulher. Ambos os parceiros revêem constantemente esses fatos. O marido parece heróico, sobretudo se comparado a outros homens que eles conhecem, e os parceiros não conseguem entender porque a esposa continua infeliz. É claro que não se esperaria que ele "recebesse ordens" da mulher, ou que adotasse seu estilo de cuidar da casa, mas tentou acomodar-se do "melhor" modo possível às necessidades de cada um.

A única motivação para mudar, e tem que ser uma motivação para mudar, a si e suas reais prioridades na vida, tem de partir da bruxa, ou do valentão. A motivação é irracional, emocional, intuitiva e necessária. Pode derivar de uma ameaça de ele "ter a cabeça cortada" ou de um desafio à sua autoridade por uma bruxa que confia em si, e diz: *"Eu sei a resposta. Sua vida está em minhas mãos"*.

O principal problema enfrentado pelo heróico marido do tipo Artur-Gawain é acreditar na bruxa quando ela lhe faz tamanho desafio. Paradoxalmente, o marido heróico volta-se para a bruxa, o terapeuta ou a esposa (ou suas "outras mulheres") para fazerem aquilo que só ele pode fazer. Larry pede aos terapeutas "que tornem as coisas melhores" e que "lhe digam o que fazer". No entanto, pelo fato de acreditar que Louise e os terapeutas são inferiores a ele, Larry não consegue aceitar seus conselhos. Em sua atitude de Artur, Larry quer saber apenas dos "fatos" e, simplesmente, não consegue aceitar qualquer coisa que não seja um argumento racional. Exige que todo mundo fale *sua* língua. "O que você está dizendo não tem sentido", afirma repetidamente a Louise e aos terapeutas, quando estes falam da importância da empatia e dos sentimentos. A noção heróica de "ter sentido" é uma recusa de ouvir qualquer formulação cujo significado não seja racional ou lucrativo. Em conseqüência, o herói não consegue ouvir esposa, os filhos ou quaisquer outras pessoas, quando elas estão sendo "loucas" ou "superemotivas". Desliga-se delas, nega seu bom-senso e aponta para as deficiências de seu raciocínio. Gawain, o herói complascente, nega-se a ser conduzido por uma autoridade feminina. Aceitará a autoridade do rei, quando se tratar de decidir questões de heroísmo e desafio, mas não quer ser comandado por uma mulher exigente, que insiste em que suas respostas são corretas.

Além disso, o herói do tipo Gawain nega seu rancor contra a esposa bruxa e tende a resistir com uma obstinação obsequiosa. Eventualmente pode se entregar a explosões de valentia e manifesta a raiva que aprendeu a temer. A autoridade feminina da bruxa, seus insistentes e irados confrontos são um anátema para o heróico Gawain, e ele quer excluí-la de sua identidade de qualquer modo. Agindo assim, ele transmite uma repulsa por esse modo de ser, evidente para todos que estão ao redor. Na presença da Gawain, ninguém quer desempenhar o papel de bruxa. Sua mulher, quando se identifica com a bruxa, fica com raiva da rejeição dele.

O PAPEL DO VALENTÃO

Na segunda ou terceira sessão de terapia com Louise e Larry, fiz com que ele enfrentasse, direta e indignadamente, sua recusa em ver as implicações do fato de ele ter abandonado a mulher em casa, com os filhos e as tarefas domésticas. Agi assim por causa de uma determinada tarefa que lhe pedíramos para realizar após a sessão anterior. Larry ficou furioso e disse que eu não sabia o que estava fazendo, que tudo o que eu sugerira "não servia para nada" e que minhas idéias eram "óbvias" — ou seja, já havia refletido sobre elas antes que eu as formulasse e sabia que não funcionariam. Além do mais, achava que eu estava "deixando sua mulher agitada" e "piorando a situação". Achava que eu "provavelmente era apenas uma mulher zangada" e ficava imaginando por que meu próprio casamento "não havia dado certo" (sabia que eu era divorciada, por causa de meus diferentes sobrenomes nos diplomas afixados nas paredes do consultório, maneira muito comum de as mulheres exporem publicamente sua vida particular devido à instituição do casamento).

Larry virou valentão, e assim eu pude enfim levá-lo a encarar a dimensão de sua própria raiva contra a esposa. Durante a terapia, descobriremos mais coisas sobre Larry. Usei esse exemplo para introduzir o valentão no complexo da mãe negativa. O homem, a maior parte do tempo, poderá estar seguro na posição heróica, racional; mas, quando algo "excessivo" acontece (muitas vezes em decorrência da reivindicação de autoridade por um "inferior", em geral uma mulher), ele perderá sua postura heróica e agirá como se sua cabeça tivesse sido cortada. Em uma relação conjugal, o valentão e a bruxa brigarão, penas voarão para todos os lados, mas nada se resolverá, ainda que a tensão tenha sido aliviada temporariamente. A confiança básica fica abalada quando a bruxa e o valentão brigam.

O papel do valentão é caracterizado por uma atitude machista e por um ódio declarado ao feminino, por parte de um homem ou de uma mulher. O valentão é hostil à psicoterapia, aos sentimentos, ao movimento feminista e a qualquer coisa que denote "fraqueza" em um homem. Na realidade, o valentão representa uma posição interpessoal extrema, que costuma ser um estado temporário em qualquer indivíduo. Embora um homem assim possa receber algum apoio social em suas atitudes agressivas contra as mulheres, sente-se muito alienado dos outros e dos seus próprios sentimentos de bondade. Similarmente à bruxa, o homem identificado com o valentão despreza a si mesmo. Deixou de confiar em que os outros possam cuidar dele e ergueu em torno de si um muro de proteção, de agressividade e de preconceitos odiosos, que o protege da vulnerabilidade aos outros. Na base das táticas que emprega para assustar os outros, há um medo enorme de hostilidades potenciais dos outros e de sua própria raiva. O homem identificado com o valentão é o violador, aquele que abusa da esposa, bate nos filhos, e seu medo é tão cego que só consegue canalizar seu medo atacando os outros. Archie Bunker, o personagem da televisão, é um protótipo humorístico do valentão menos ofensivo. Como é um personagem representado por um ótimo ator, muitas vezes conseguimos sentir a vulnerabilidade de Bunker aflorar: ele mostra bem o medo infantil do "menino abandonado".

Na história de Gawain e Ragnell o valentão aparece na interação inicial entre o rei Artur e sir Gromer. No nível consciente, o homem identificado com o valentão age como o rei Artur no início: ele tenta possuir aquilo que não é seu e não quer reconhecer a dívida. Artur está caçando em uma floresta que não é sua e abate uma caça, reivindicando levianamente que ela lhe pertence de pleno direito.

A condição medieval do contrato de casamento é paralela à ação que estamos comentando. A mulher torna-se uma posse do homem, e ele tem direitos de propriedade sobre os filhos, que assinam seu nome. Ele tenta possuir aquilo que não pode ser seu, ou seja, a liberdade de outra pessoa. A ironia da instituição do casamento, o contrato legal e social vinculando a esposa ao marido por toda vida, é que o contrato foi criado pelos patriarcais pais da Igreja nos séculos IV e V, eles mesmos celibatários e que condenavam até mesmo a intimidade sexual no casamento. A especial mescla de união espiritual e direitos de propriedade no casamento surgiu pela primeira vez na sociedade ocidental na época em que o imperador Constantino promoveu uma aliança entre a Igreja e o Estado. Até aquele momento, as liberais leis romanas sobre o divórcio haviam impedido que o contrato de casamento ligasse os indivíduos por toda a vida.

No livro *Life After Marriage*, A. Alvarez argumenta que a forma restritiva de nosso contrato nupcial contemporâneo pode provir dos primeiros pais da Igreja, "cuja histérica intolerância à carne" levou a uma situação única na história do casamento na cultura ocidental; ou seja, um contrato por toda a vida, que obrigava legalmente as pessoas, desenvolveu-se como punição pela fornicação. Escreve Alvarez:

> As fronteiras entre a castidade e a satiríase, entre a santidade e a farsa, eram pouco definidas, mas impossíveis de reconhecer naquela época. E porque o ardente desejo, pervertido e nada natural, pela pureza sexual fosse

uma qualificação para a santidade, acarretou uma permanente deformação na moralidade européia, separando o corpo da alma e a bondade do desejo, transformando o casamento, de benção, em uma concessão rancorosa que pouparia os incapazes de santa castidade do pecado da formicação, e manifestou-se na crença de que a verdadeira paixão é sempre condenada e trágica. Em um nível mais prático, a Lei Canônica que dominou a Europa por mil e quinhentos anos foi elaborada especificamente nessa psicótica terra de ninguém.[4]

A desconsideração dos fanáticos pelos sentimentos humanos básicos, combinada com a posse legal da esposa e dos filhos, caracterizaram o casamento contratual quando ele surgiu na Idade Média.

A combinação de emocionalidade e legalidade, refletida na própria instituição do casamento, se patenteia no intercâmbio entre Artur e Gromer, no começo de nossa história. Artur representa o Estado e sua preocupação pelos direitos de propriedade; o mesmo acontece com Gromer. Artur, sem saber, invade o território alheio e tenta levianamente reclamar a caça que não é sua de direito. Gromer intervém energicamente, para mostrar a Artur sua própria agressão (em algumas versões da história, aparentemente Artur deu parte das terras de Gromer a Gawain. Em outras versões, o motivo da raiva de Gromer é menos claro, embora pareça relacionado aos direitos de propriedade). Na fusão de Artur e Gromer aparece o papel do valentão típico.

Em um nível mais consciente, pelo menos do ponto de vista das aparências, o suposto herói que representa o papel de valentão está sendo "apenas razoável" quando recrimina a esposa por ela "não fazer sua parte". Ele poderá alegar: "Ganho o sustento da família. O trabalho dela sequer pagaria a conta de gaz, e ela ainda espera que eu lave os pratos? Isto é trabalho de mulher. Por que você acha que eu me casei?". Seu argumento parte da posição de que o dinheiro e a propriedade falam mais alto do que a igualdade ou os sentimentos humanos. É uma atitude comum em nossa sociedade, e muitas pessoas endossariam seu "profundo bom-senso". Por outro lado, se alguém (sobretudo uma mulher) vai muito longe em querer participar da idéia de que propriedade é liberdade, nosso herói tem ataques de fúria. Ao desempenhar o papel de Gromer, o valentão, ele "corta a cabeça" de Artur, significando que seu lado razoável desaparece. Põe para fora suas armas fisicamente ameaçadoras ou sua contraparte emocional (ameaças iradas), e quer brigar. Se o terapeuta conseguir provocar uma reação mais heróica e corajosa em um homem quando ele exterioriza o papel de valentão, fica claro que ele se identifica apenas temporariamente com o complexo. Se, por outro lado, o homem oscila regularmente entre uma intolerância "racional" para com os sentimentos humanos e as ameaças raivosas, é muito provável que ele se identifique com o valentão de modo mais profundo e permanente.

Assim como a mulher que não ultrapassou o estágio mais precoce de desenvolvimento do *animus*, um homem assim precisa de muita terapia adicional para continuar seu próprio desenvolvimento. Verificamos que é difícil atingir os valentões "empedernidos" em psicoterapia, pois eles estão "na floresta", estão alienados devido à falta de confiança básica.

O COMPLEXO MATERNO NEGATIVO

Este capítulo apresentou os papéis da bruxa, do herói e do valentão como partes de um mapa bastante detalhado do espaço interpessoal ou do campo interativo do complexo materno negativo. Recorri à história de sir Gawain e lady Ragnell para ilustrar como a psicologia de Jung pode ajudar-nos a compreender a comunicação não-racional entre as pessoas. Cada um dos papéis que a história ilustrou pode ser desempenhado por um indivíduo fora de um relacionamento íntimo. Mas acredito que esses papéis, ligados à identidade, precisam ser continuamente reforçados no campo interpessoal para se manterem como orientações não racionais e duradouras. Todos nós, até certo ponto, nos identificamos com a bruxa quando nos sentimentos magoados, ressentidos e impotentes para fazer algo a respeito desses sentimentos. Similarmente, vivenciamos o papel do herói quando somos racionais e corajosos diante da dor e do perigo. Até mesmo o papel do valentão é regularmente vivenciado em situações que incentivam uma identificação racional com a dominação legal ou social de alguém, e quando transgredimos os limites definidos ou "aceitáveis" dessa dominação. Os estados de identidade comuns ou típicos que vivenciamos em relação a esses papéis são flutuantes e temporários. No entanto, quando um papel é mantido e inconscientemente desempenhado repetidas vezes, com certeza, ele, faz parte de um complexo — uma coleção de imagens, sentimentos e ações habituais que são motivadoras, de um modo não intencional ou impessoal.

A experiência intrapsíquica da bruxa é similar à experiência interpessoal. Então, o lado herói ou valentão do complexo é personificado ou imaginado sob a forma do *animus* ou da *anima*. Em geral as mulheres vivenciam a bruxa como parte de sua auto-aversão; a bruxa é motivada por um insistente complexo do *animus* que simplesmente "não entende" e não acredita que a mulher "faz sentido" ou merece ser amada. O *animus* pode assumir a forma de um intruso, valentão ou violador. Pode também assumir a forma de um pai, rei ou deus racionais (na vida moderna, a "autoridade" do professor ou do executivo). Nos homens, a bruxa é a forma da *anima* em uma acusação emocional ou em uma explosão impulsiva que surgem perante alguma solução prematuramente "racional" ou um ato ingenuamente "corajoso". Do mesmo modo, a bruxa pode ser constelada como um estado da *anima* masculina quando ele sente a ameaça de um valentão, imaginário ou real, em si ou no ambiente que o cerca. Minha experiência clínica revela que a bruxa, como um estado de identidade, faz sua aparição na meia-idade.

Para as mulheres, esse estado de identidade está ligado aos medos e à vergonha da aparência física (idéia de engordar e envelhecer) ou ao cansaço do papel de cuidar (a mãe que não é reconhecida). Nos homens, a bruxa freqüentemente é constelada na situação do "herói moribundo", por temores relacionados ao poder avassalador da vida sentimental e das dependências não reconhecidas.

Fico a cogitar até que ponto a bruxa-*anima* pode contribuir para as diatribes contra o movimento feminista, sobretudo entre pessoas de meia-idade, que parecem advogar para as mulheres o papel da Grande Mãe como única identidade na vida. Os medos individuais das mães sufocantes, estagnantes e excludentes são freqüentemente invocados, ao lado de "dados" ou "estudos" que "demonstram" que as mulheres deveriam ser, necessariamente, as provedoras básicas de relacionamentos afetivos para os jovens da espécie. Embora tais argumentos possam parecer racionais na superfície, não é preciso escavar muito para perceber a ação de um elemento não racional: o medo da bruxa.

Exemplo disso é o escrito, sob outros aspectos louvável, de Anthony Stevens, intitulado *Archetypes: A Natural History of the Self*. Em um capítulo sobre os arquétipos masculino e feminino, ele faz uma colocação tão ingenuamente irracional que acaba resultando em um testemunho constrangedor de erudição e política.[5] Acredito que ele esteja confrontando temerosamente a bruxa, ao escrever o seguinte sobre as mulheres, quando defende que elas são biologicamente mais adequadas aos papéis maternos do que os homens:

> As mulheres exibem uma decidida falta de entusiasmo pelos negócios públicos. Há muitos anos lhes vem sendo possível entrar na política, bem como participar de organizações profissionais e empresariais, mas raramente elas atingem os píncaros do poder.[6]

E acrescenta:

> A dominação masculina, de modo algum, se restringe à política. Em todas as culturas, artistas, compositores, cientistas e filósofos criativos são predominantemente homens. Somente na literatura, presumivelmente devido às suas habilidades verbais superiores, e nas artes performáticas, as mulheres deram uma contribuição significativa, embora, neste campo, os homens estejam ascendendo de forma avassaladora. O movimento feminista gostaria de explicar isso como resultado do "privilégio" masculino e das restrições impostas às mulheres pelo chauvinismo dos homens. No entanto, esse argumento, tão fácil, não resiste a uma avaliação mais minuciosa. Até mesmo nas ocupações que se caracterizam tradicionalmente como ofício feminino — cabeleireiros, cozinheiros, modistas etc. — são os homens os inovadores e os principais expoentes. Além do mais, no campo das artes, as mulheres, desde a Renascença, foram encorajadas pelos homens a pintar e compor música. Entretanto, até os dias de hoje, não surgiram os equivalentes femininos de um Beethoven ou de um Stravinsky, Picasso ou Leonardo da Vinci.[7]

E, finalmente:

Existem e sempre existiram mulheres de notável capacidade, mas até mesmo as mais brilhantes parecem não possuir aquelas qualidades pára-intelectuais que determinam o sucesso em um trabalho criativo, a saber, perseverança, agressividade e ambição. Sabe-se que todas essas qualidades são intensificadas pela presença da testosterona na corrente sangüínea e, provavelmente, se devem a diferenças no desenvolvimento cerebral.[8]

Esses trechos mal chegam a merecer um comentário sério. Se eles se referissem à ausência de negros entre os Beethovens e filósofos da cultura ocidental, teriam sido tão obviamente racistas a ponto de serem considerados ridículos por qualquer análise séria da história intelectual. Acredito que Stevens esteja se confrontando com a bruxa no movimento feminista (é aquela que diz: "*Eu* sei a resposta") e está reagindo a ela com os dados que coletou, assim como o ingênuo Artur, que procurava manter o domínio decisório. Se isso não for evidência suficiente de um mascaramento não-racional, examinemos o breve mas intrigante lapso, no ataque de Stevens ao movimento feminista. Ele usa a pesquisa antropológica de Beatrice Whiting para apoiar sua posição, segundo a qual mulheres pertencentes a seis diferentes culturas se especializam na criação (desde a infância), enquanto os homens se especializam no domínio. O elemento revelador da cegueira de Stevens é o fato de que ele presume que "B. Whiting" é um homem, observando: "Ele explicou que esses traços são indispensáveis ao desenvolvimento das capacidades apropriadas à maternidade".[9] É a orientação autoprotetora do *nós contra elas*, que está no cerne dos modernos problemas com o complexo da mãe negativa.

Quando o complexo domina o campo interpessoal do relacionamento de um casal, a confiança básica fica ameaçada. O casal se arrisca a perder esse relacionamento, sobretudo se o complexo for o meio básico de interação na cama e na criação dos filhos. Quando, em um relacionamento, a confiança é ameaçada com excessiva freqüência, ela poderá desaparecer. Sentimentos de auto-aversão, de autoproteção, de solidão e vingança substituem a confiança básica e o relacionamento transforma-se em um espaço de domínio-submissão.

O conflito, em si mesmo, não é necessariamente pouco saudável, em um relacionamento. Na verdade, o conflito pode ser estimulante e esclarecedor para um casal. Em nossa experiência clínica, observamos que o conflito pode assumir formas que reforçam ou ameaçam a confiança básica. Quando o conflito atua como reforço, os parceiros — e o casal pode significar pais e filhos, bem como marido e mulher — são capazes de ouvir e de ter empatia para com o outro, pelo menos até certo ponto. Quando o conflito é ameaçador, ele se torna inteiramente regido por complexos inconscientes, que são maiores, mais mesquinhos e mais poderosos do que as pessoas comuns.

5
Aceitando a bruxa na meia-idade

> *Um requisito importante para o tratamento é o paciente perceber que é ele ou ela que precisam ser modificados de modo fundamental. Essa motivação para trabalhar sobre as questões internas, vistas como algo que conduz a um sentimento de estagnação, não significa que a mudança de caráter, per se, é a meta do paciente. O paciente vê que novas escolhas de vida estão sendo bloqueadas de dentro. Freqüentemente, surge uma preocupação declarada com padrões duradouros de comportamento que, agora, são vistos como obstáculos ao crescimento.*
>
> "Paciente de meia-idade"[1]

A história da influência exercida por lady Ragnell sobre Artur e Gawain é especialmente adequada para abordar casais na meia-idade. Esta tanto pode ser compreendida como um período cronológico quanto como um estado de espírito. Ambos coincidem quanto a um determinado tipo de mal-estar que se instala entre as idades de trinta e cinco e cinqüenta anos. No relacionamento conjugal, o mal-estar pode surgir ainda mais cedo, conforme o tempo que o casal está junto e sob quais condições. Sentimentos de desespero, resignação, amargura e tédio caracterizam a vida cotidiana de um casal como este. Esses sentimentos, representados nos papéis da bruxa e do valentão, no complexo da mãe negativa, são sinais ou sintomas de que certas questões ligadas ao desenvolvimento, na meia-idade, se impõem. É sobretudo a experiência da estagnação psicológica que pode ser reconhecida nas repetidas ciladas que nos arma esse complexo. As idealizações que os parceiros têm, de si e um do outro, há muito se perderam e suas acusações rotineiras de mágoa e raiva tornaram-se verdadeiras litanias recitadas facilmente por qualquer um dos dois.

AVALIANDO A PERDA POTENCIAL

Ambos reconhecem, consciente ou inconscientemente, que estão perante uma perda profunda. Reconhecer e admitir verbalmente essa perda é o fator motivador básico no início da terapia com um casal como este. A perda potencial dos laços tão apreciados e dos valores compartilhados do relacionamento significa um choque para a consciência. O choque da perda provoca uma crise, que pode levar a uma individuação maior. Inseridas na ameaça da perda há fantasias (freqüentemente fantasias da infância) sobre a própria excelência, imortalidade, e a reivindicação de uma completa segurança e compreensão. Esse desejo de perfeição e de total segurança obscurece os medos sombrios dos próprios aspectos ocultos, raivosos, vergonhosos e destrutivos. Ir ao encontro dos aspectos ocultos pessoais torna-se o veículo para um desenvolvimento mais amplo.

Jung afirmava que a tarefa da individuação, na segunda metade da vida, consiste em contrabalançar a realização unilateral da primeira metade. A individuação, aqui compreendida como integração sucessiva de complexos inconscientes à identidade consciente, e, portanto, como a geração de uma dialética entre realidade pessoal e arquetípica, tem um conjunto de características comuns, na meia-idade. Essas características assumem formas diferentes em diferentes pessoas, mas tendem a se referir a duas áreas do funcionamento da personalidade: separação-perda e auto-estima. Na meia-idade, ao sentirem a pressão de que o tempo "está fugindo", as pessoas ficam vulneráveis à depressão em relação às possibilidades perdidas. A própria pessoa e os outros, sobretudo os íntimos, são percebidos como "menos" do que se esperava que fossem. O medo da perda, do abandono e da separação — especialmente relevante entre as mulheres — exacerba os sentimentos de impotência e de desesperança no futuro.

As questões psicodinâmicas típicas da meia-idade foram abordadas em um artigo clássico, pelo psiquiatra Elliot Jaques.[2] Ele descreveu o processo de chegar a um acordo com as limitações do valor e poder pessoais, e com as limitações dos outros. Os sentimentos de ódio, destrutividade e raiva da pessoa foram parcialmente disfarçados por "desejos impossíveis", desde a infância: desejos de perfeição, de incondicional receptividade dos outros, de escolhas livres de conflito e dor, de total realização. A principal tarefa ligada ao desenvolvimento, de acordo com Jaques, é aceitar as imperfeições realistas da vida humana no contexto da "fé" ou do significado. Esperança na humanidade e apoio às gerações futuras contribuem para transcender a amargura e a raiva provenientes dos desejos infantis que nos acompanham desde crianças. O desfecho que se espera, para a crise da meia-idade, é a "resignação sem desespero".

Jung articulou o processo de individuação na meia-idade como algo que concerne principalmente a integração do lado contrassexual da personalidade. Afirmava especificamente que os homens tinham de integrar seus aspectos "femininos reprimidos", denominados *anima*, enquanto que as mulheres tinham de integrar os aspectos "masculinos reprimidos", ou *animus*. Esses elementos contrassexuais foram discutidos no capítulo dois, como complexos de idéias, imagens, sentimentos e ação, que se organizaram em torno dos aspectos excluídos da identidade de gênero de uma pessoa. Nos homens, a integração da *anima* implica em um movimento de afastamento da identificação com o herói independente e autônomo, e num movimento em direção à dependência (como *inter*dependência) e a uma vida sentimental expressiva. Para as mulheres, a situação é, até certo ponto, o inverso. A integração do *animus*, habitualmente, requer um afastamento de uma identidade mais dependente e acomodatícia, como nutridora e mediadora do desenvolvimento alheio e uma admissão mais ativa e autorizada do seu próprio desenvolvimento. Colocando a questão de outra maneira, Jung afirmava que o desenvolvimento, na meia-idade e na fase que a ela se segue, dependia de modificar os mecanismos anteriores de adaptação e incluir muito daquilo que foi previamente relegado ao hábito e à dependência, mediante projeção e expectativas quanto aos outros.

Conforme foi mencionado, Gutmann contribuiu com evidências empíricas desse tipo de mudança de adaptação.[3] A partir de estudos transculturais sobre homens e mulheres na segunda metade da vida, ele descobriu que os homens tendem a passar de modos de comportamento ativos para modos acomodatícios-passivos, enquanto as mulheres se movem na direção oposta. Na perspectiva de Jung, e essencial para nossa compreensão dos relacionamentos conjugais, esse movimento deve ocorrer conscientemente, e não meramente como um padrão inconsciente de adaptação. Os indivíduos devem integrar à sua percepção pessoal ideais e valores, bem como parte das ações e capacidades ligadas ao "outro lado" de sua identidade de gênero, antes projetadas no outro sexo.

Quando um casal fica preso no complexo da mãe negativa, a motivação para trabalhar as questões internas que bloqueiam a confiança no parceiro parece emergir diretamente do enfrentamento da perda potencial do relacionamento. É a voz da bruxa que expressará a "verdade" da situação: ela dirá, por mais que hesite ou que entre em conflito, que seu marido terá muito a perder se não aceitar uma vida sentimental mais pessoal. Ela poderá expressar isso de modo não-verbal, afastando-se dele sexualmente, ou poderá dizê-lo impulsivamente, procurando outro amante ou encorajando abertamente os filhos a desafiarem a autoridade de seu companheiro. Ela reconhece "ter a resposta" para o dilema da situação que enfrentam, mas, ainda assim, terá pouca confiança em que suas idéias sejam válidas ou até mesmo sensatas. Dar voz à bruxa é o primeiro passo no sentido de trabalhar com um casal enredado no complexo da mãe negativa. Precisamos ouvir simultaneamente o herói e dar a ele meios para compreender a perspectiva feminina que a bruxa está tentando articular.

O reconhecimento da perda potencial, para o homem, costuma ser formulado como perda da propriedade e dos direitos de paternidade. Ele perderá a mulher e os filhos, sua posição na família, sua casa e outros bens. Poderá também perder uma boa cozinheira, uma dona-de-casa habilidosa, uma boa amiga e a rede social que foi sustentada pelos esforços da esposa durante anos. De modo mais abstrato, mas ainda racionalmente, ele perderá a oportunidade de ser um membro íntimo e valorizado da família e de guiar com segurança os filhos ao futuro. Inicialmente, o homem costuma repelir qualquer conversa relativa à ameaça da perda pessoal para sua vida interior, para sua expressão criativa e para seu potencial ainda não vivido.

O reconhecimento da perda potencial, no caso da mulher, é em geral elaborado como uma perda de relacionamentos que ela valoriza. Perderá o relacionamento que estabeleceu com o marido e alguns dos amigos comuns. Dependendo do grau de depressão da mulher e da profundidade de sua identificação com a bruxa, ela poderá ou não ser capaz de admitir a perda potencial de seu próprio estado de fêmea adulta. Freqüentemente, o resssentimento e a amargura da identificação com a bruxa tornaram-se uma defesa férrea contra qualquer reivindicação de valor pessoal, entusiasmo por suas habilidades e competência, ou de capacidade de imaginar uma revitalização da própria feminilidade.

A história de sir Gawain e lady Ragnell nos dá três quadros de referência sucessivos, para concebermos o desenvolvimento do casal, partindo da desconfiança básica e indo até o restabelecimento da confiança. Os três quadros refletem o recuo gradual dos temas de poder, dominação-submissão, e o surgimento gradual dos temas de amor, afeição-separação. Eles podem ser usados terapeuticamente, como guia para ajudar os casais a mudar e adquirir uma percepção do desenvolvimento na meia-idade. O primeiro quadro de referência é caracterizado pelo desejo de posse e domínio, o segundo pela compreensão do feminino reprimido, e o terceiro, pelo poder da livre escolha no amor.

DOMÍNIO E POSSE

O enfeitiçamento original de Ragnell por Gromer pode ser interpretado como enfeitiçamento imposto pelo próprio casamento, por causa do desejo de dominar ou de ser dominado. Como os problemas do poder interagem com saúde e felicidade no casamento? A partir de nossa história, podemos responder que o pré-requisito para a vitalidade, em um relacionamento íntimo entre adultos, está na soberania sobre a própria vida. A soberania, em um relacionamento íntimo, se baseia em um reconhecimento da interdependência, na reciprocidade baseada na confiança mútua, e não no domínio de uma pessoa por outra.

Na realidade, a instituição do casamento nunca foi efetivamente uma coerção à liberdade de um homem, sua monogamia, sua responsabilidade pelo sustento da mulher ou filhos ou ao seu compromisso com o amor romântico com a esposa. Em conseqüência, o problema da dominação-submissão tende a se concentrar na dominação do homem e submissão da mulher no casamento tradicional. Em recente estudo sobre pessoas solteiras e casadas, Jessie Bernard demonstrou que as mulheres solteiras são mais saudáveis e felizes do que as casadas, a partir de vários índices que medem sintomas de sofrimento psicológico, deterioração da saúde mental, saúde física, renda, crime, suicídio e alcoolismo.[4]

Com base nos mesmos índices, verificou-se que os maridos, em geral, são mais saudáveis e felizes do que suas esposas. O poder legal e financeiro pertence preponderantemente ao marido, no casamento tradicional. Até mesmo essa soberania legal ou financeira parece resultar em maior saúde e felicidade para o marido do que para a mulher. No âmbito da instituição legal do casamento, a mulher submete-se, intencional ou inconscientemente, a uma posição inferior, no que se refere ao desenvolvimento de competência e autoridade em sua própria vida. Essa submissão acaba levando à infelicidade, sobretudo na meia-idade, quando ela precisa atualizar aquilo que foi reprimido em sua própria identidade. Além disso, se a mulher não pode vivenciar um valor ou uma autoridade legítima em suas próprias realizações (o que se dá, em geral, na esfera dos cuidados que dispensa e da capacidade de se relacionar), então sua auto-estima se tornará bastante baixa. A baixa auto-estima e um *status* social inferior se combinam para fazer com que a mulher enfrente a perda da vitalidade e a descrença nas promessas que o futuro encerra. Temores razoáveis sobre incompetência em uma carreira, identificação com qualidades humanas inferiores e uma ansiedade imprevisível, devida ao complexo de mãe negativa na vida familiar, tendem a produzir um sentimento de desamparo. Este sentimento domina cada vez mais o campo interpessoal do relacionamento do casal. Simultaneamente, o homem de meia-idade pode enfrentar uma decepção quanto aos seus antigos sonhos de realização e relacionamentos perfeitamente satisfatórios. A depressão, em ambos os parceiros é, freqüentemente, o problema mais óbvio nos casais de meia-idade que procuram psicoterapia.

Enquanto o homem continuar a dominar as posições decisórias e portadoras de autoridade no relacionamento conjugal, os parceiros continuarão a atuar o complexo da mãe negativa e sentir um desespero crescente por escapar dele. Embora o homem possa considerar que o domínio faz parte de seu papel social e de sua prerrogativa de marido, é preciso mostrar-lhe que a vitalidade de um vínculo adulto é ameaçada pelas rotinas da submissão e da dependência. Apenas a ameaça da perda pessoal pode levar um marido dominador ao reconhecimento consciente do valor da igualdade para a interdependência em uma relação.

Evoquemos alguns dos pressupostos do ideal de igualdade em um vínculo adulto, para esclarecer o plano de fundo das questões interpessoais que um casal enfrenta quando o domínio é a luta interpessoal básica. A afeição e a confiança são geradas na reciprocidade e na mutualidade, baseadas em uma identidade individual segura. Para confiar em uma outra pessoa como alguém forte e independente, é preciso, antes de mais nada, nos libertar. A individualidade parece ser precondição para um vínculo adulto. Sullivan descobriu que o relacionamento entre iguais se forma pela primeira vez entre pares, na pré-adolescência e na adolescência. Ele se refere ao relacionamento com um camarada como o alicerce necessário de um amor maduro. Enquanto desenvolvemos comportamentos de cuidados-apego e dominação-submissão em relacionamentos entre pais e filhos, só em relacionamentos igualitários desenvolvemos confiança recíproca. A confiança recíproca baseia-se na experiência de sermos capazes de considerar as necessidades e as atitudes de outra pessoa como algo tão legítimo e valioso quanto nossas próprias necessidades.

A descoberta de Sullivan relativa ao amor maduro foi elaborada sob forma um tanto diversa por Jean Piaget, em seus estudos sobre o desenvolvimento da justiça e da moralidade nas crianças.[5] Piaget descobriu que os ideais de igualdade e justiça provêm diretamente de relacionamentos entre pares, e não de relacionamentos entre subordinados e figuras que encarnam a autoridade (tais como pais e professores). O relacionamento entre pares força a criança a reconhecer o significado da confiança, da honestidade e da eqüidade, e não simplesmente a obedecer esses princípios, da boca para fora, por imitação dos pais.

Em nosso trabalho com casais, redescobrimos a importância de ensinar as pessoas, por meio de sua própria experiência com a terapia, que *compartilhar* as tarefas da vida cotidiana e da vida em família está diretamente relacionado ao respeito de um parceiro pelo outro, como um igual. A igualdade entre adultos significa uma validação consistente da autoridade pessoal de ambos, do valor e da competência na vida de todos os dias. A igualdade não requer, entretanto, que cada uma das pessoas participe igualmente em todas as tarefas que se apresentam. As pessoas podem se especializar em determinadas tarefas (cuidar das crianças, nutri-las, ser arrimo da família), mas cada qual respeita a força da outra e confia que ela possa fazer determinadas escolhas no que diz respeito a seu próprio destino como indivíduo.

Quando um casal inicia a terapia à sombra da dominação, a mulher reconheceu a impostura que é sua dependência. Já sabe, embora possa não verbalizar diretamente, que não conseguirá desenvolver-se em uma atmosfera de inferioridade ou dependência implícitas. Alia-se conscientemente à bruxa. A bruxa tem uma fala independente, amarga, queixosa — "Só *eu* conheço a resposta". O marido não consegue analisar racionalmente o que há de "errado" com seu pressuposto, de que ele "deveria" encarregar-se das decisões, garantir o lado financeiro ou esperar ser tratado como o membro superior, devido à sua postura heróica e corajosa perante o mundo e à sua disposição de lutar pela sobrevivência da família. Além disso, não consegue vivenciar o problema do desespero da mulher, pois acha que isso nada tem a ver com ele. Embora possa se entregar a acessos de raiva, lidar com os filhos agressivamente e não conseguir ajudar a esposa, ele não percebe associação alguma entre essas experiências e seu papel de parceiro dominante no relacionamento. Os terapeutas irão descobrir, com freqüência, que esse homem é emocionalmente isolado, culpado e até mesmo triste, embora alegue não abrigar tais sentimentos. Em sua perspectiva heróica, ele os negará e apenas reivindicará os princípios abstratos de seu "direito" de ser tratado com respeito e amor, na qualidade de arrimo da família e líder do bando. Embora seu complexo da *anima* possa se comportar de modo irracional, ele projetará isso na esposa, que está mais do que disposta a ser considerada como "louca".

O campo emocional vital entre os membros do casal, no estágio de domínio-submissão, está perdido. A perda é a experiência de separar-se de algo ou de alguém que foi valorizado e incluído como parte sua, como parte da própria personalidade. Em geral, a mulher vivencia isso um tanto conscientemente, e o marido o vivencia inconscientemente. Os terapeutas reconhecerão a perda da auto-estima na mulher como a característica inicial de seu modo de apresentar. Conseguem prever que o homem experimentará inicialmente uma pequena perda de auto-estima, quando enfrentar o feminino nele reprimido. A situação não pode ser diferente, por que ele enfrentará elementos de rancor, vergonha e destruição nele mesmo, além da perspectiva de assumir papéis e atitudes que não são recompensadas abertamente pela sociedade.

O desafio para o homem, nessa fase da terapia, consiste em enfrentar aquelas partes ocultas e destrutivas dele mesmo, que foram projetadas na mulher e nos filhos. O desafio para a mulher, é ser mais ativa em termos de sua autoridade e competência não reivindicadas — para poder enfrentar o feminino reprimido.

COMPREENDENDO O FEMININO REPRIMIDO

A passagem ao segundo estágio da terapia, ao contexto em que Ragnell desafia abertamente a autoridade do rei, e Gawain assume de bom grado a tarefa de aceitar a bruxa, é especialmente difícil para o homem. Na aparência, tem-se a impressão de que todos os privilégios e todo o poder estão do seu lado. Que aumento de auto-estima ou de *status* social poderia um homem obter ao desenvolver uma vida sentimental ou ao reconhecer sua dependência da mulher e dos filhos? Os homens que se identificam conscientemente com o papel do valentão ou do herói poderão até mesmo perguntar: "O que eu ganho em mudar?". Os terapeutas precisam responder com outra pergunta: "O que você perderá não mudando?".

A ênfase deve ser colocada na perda que o homem enfrentará; e os terapeutas precisam ilustrar com detalhes as perdas chocantes que o aguardam, caso ele não enfrente aquilo que foi reprimido. Como dizem os Colemans, em seu estudo sobre os cuidados "diádicos" ou compartilhados que pais e mães devem dispensar aos filhos, o homem, nesse ponto, enfrenta um desafio maior:

> Ele deve desistir de algumas das prerrogativas que a sociedade tem em alta conta. O pai diádico precisa aceitar uma limitação em sua carreira, pois

já não pode mais esperar apoio inequívoco e auto-sacrifício da companheira quando certas necessidades de sua profissão interferem na vida do lar... Se um homem espera que o casamento seja um relacionamento intenso, duradouro, presente em todas as áreas de sua experiência, as restrições acima apontadas poderão servir com um meio para ele alcançar esse objetivo.[6]

O homem precisará de apoio e de empatia ao enfrentar corretamente sua situação. Sua mulher deveria ser seu maior apoio nas mudanças em seu relacionamento. Os terapeutas a ajudarão a reivindicar sua própria autoridade e competência para fazer isso.

Quando a mulher descobrir uma voz autorizada (a voz de Ragnell ao desafiar o rei), várias condições estarão em jogo, diferentes da fase anterior de domínio-submissão. Agora, a mulher é uma bruxa mais confiante, e o homem, um herói racional e corajoso. Embora a mulher tenha agora superado substancialmente seus sentimentos de desesperança em relação a si mesma, ainda não se sente como uma verdadeira mulher ou confiante no amor do companheiro. Em nossa história, a situação é assim representada: a resposta de Ragnell salvou a cabeça do rei e ela conquistou Gawain; agora, eles estão no banquete de núpcias, rodeados por cortesãos que não compreendem a situação do seu relacionamento. Ragnell tem certeza de que tem um segredo que levará à intimidade entre ela e Gawain, mas não é capaz de ter acesso à vitalidade de sua própria identidade oculta de "princesa". Essa é a configuração de muitos casais "liberados" que se submetem à terapia.

A mulher liberada voltou para a faculdade ou para sua carreira, ou então aprendeu a acreditar em seus próprios valores e em sua legitimidade como indivíduo. Determinou tarefas para o companheiro e organizou o lar em torno de seus novos objetivos. Tem capacidade de ação, mas ainda se sente amargurada e mal amada, depreciada e desvalorizada pelos "vizinhos". As possibilidades de fracasso, no desenvolvimento de um casal como este, ainda são muito elevadas, pois, embora eles pareçam estar no caminho que leva à igualdade e à vitalidade, ambos sentem que são incapazes de se articular num companheirismo bem definido.

A história nos mostra o seguinte: a bruxa precisa deixar de fazer exigências da boca para fora, e não deve se render aos sinais coletivos que a apontam como inferior ou dominadora. Precisa continuar a agir confiando na intuição de que seu companheiro não a aceitou plenamente, bem como o lar. Isso é difícil para a mulher, e também para os terapeutas que dela cuidam, porque os argumentos racionais do heróico Gawain freqüentemente parecem muito convincentes.

O herói do tipo Gawain parece aberto às idéias e iniciativas da companheira, pois indaga continuamente: "O que ela quer realmente?". Embora ele pareça razoável e solícito, os terapeutas descobrirão que não ouve realmente aquilo que lhe é dito pela mulher ou por eles. Argumenta racionalmente que não vê muito sentido em abrir-se para um mundo não racional de comunicação ou experiência (isto é, para a compreensão de seus sonhos) e pode refugiar-se na atitude do valentão Gromer, se excessivamente pressionado, sem receber um apoio adequado. Em um casal tratado por nós, esse recurso à postura de valentão evidenciou-se na quarta sessão de terapia, justamente quando começávamos a acreditar que marido e mulher tinham mudado substancialmente. Na terceira sessão, a mulher falou de seu desejo de maior abertura emocional entre eles, e solicitou um acordo, no sentido de que ela e o marido dialogassem com maior franqueza sobre suas idéias sobre a educação do enteado, nascido de um casamento anterior do marido. Solicitou que este a apoiasse, para fazer com que o filho colaborasse mais nas tarefas caseiras. Em sessões anteriores, o marido mostrou-se relutante em desistir de sua intimidade com o filho, representada como uma aliança inconsciente entre pai e filho contra a mulher. Além disso, o marido argumentara racionalmente, por mais de uma vez, que falar sobre sentimentos de nada adianta. Acreditava que os terapeutas estavam "alimentando a dissensão", ao apoiarem o desejo da esposa de que houvesse mais discussão sobre a vida emocional do casal. Mas, na terceira sessão, o marido concordou com algumas providências específicas sobre como ele e a mulher se associariam na criação do garoto.

No entanto, ao chegar em casa, ele disse imediatamente ao filho que "só ele dava ordens em casa", e cortou virtualmente qualquer relacionamento de confiança e respeito entre o menino e a madrasta. Durante a quarta sessão, a esposa mal conseguia falar; no lugar das palavras, lágrimas e suspiros profundos. Ela voltara para a floresta e agora o marido colocava, muito racionalmente, que o plano dos terapeutas "não funcionara" e que tinha certeza de que sua mulher "jamais conseguiria ser reconfortada" em relação ao filho, pois sentia "ciúmes" do relacionamento que, ao longo dos anos, ele estabelecera com o menino. Ele usou seu desafio de valentão ao plano terapêutico como "prova" de que nós todos estávamos errados e de que sua mulher era virtualmente uma intrusa na família. Parecia amargamente triunfante ao demonstrar nosso fracasso, e manifestava um desprezo declarado por nossa alegada capacidade profissional.

Nossa estratégia, quando alguém se refugia na postura do valentão, é vencer o herói com suas próprias armas. Como a postura heróica é endossada pelo mundo dos fatos e pelo ideal de provas racionais, apresentamos resultados obtidos de vários estudos, que apóiam a viabilidade de uma igualdade entre parceiros, quando se trata de levar adiante as tarefas cotidianas de atendimento à família. Estudos que demonstram que os homens são tão capazes de cuidar e de se relacionar quanto as mulheres e que podem ser a espinha dorsal da terapia com o herói, nesse estágio. Ao mesmo tempo em que o herói deseja compreender o que a mulher quer, atrás dessa atitude heróica está a convicção defensiva de que nem as palavras nem o mundo dela "fazem sentido". "Biologia é destino" — eis o argumento implícito a endossar muitas das posições aparentemente racionais dos homens. Eles acreditam que as mulheres são naturalmente mais adequadas à expressão emocional e à atenção. Essa crença também inclui o pressuposto de que a capacidade feminina para cuidar simplesmente desabrocha nas mulheres e não resulta de uma formação especial ou de uma perícia aprendida. A crença de que as mulheres são provedoras naturais, de que isso não é um aprendizado ou um desenvolvimento especiais e de que é algo inferior a outros tipos de manifestação da expressão racional e decisória é problemática para ambos os membros de um casal. "Biologia é destino" significa, essencialmente, que a biologia *feminina* é destino, e que sua expressão é indiferenciada. Essas crenças são produto do feminino reprimido em cada mulher e em cada homem, bem como o resultado da opressão das mulheres em nossa sociedade.

Embora os hormônios e as estruturas cerebrais sejam nitidamente diferentes nos homens e nas mulheres, essas diferenças não impedem que os homens reajam com ternura, aprendam habilidades ligadas ao cuidar, chorem ou valorizem sua dependência dos outros. Todos nós somos capazes de cuidar maternalmente e ter comportamentos afetivos, embora possamos ter atingido diferentes patamares para estimular e manifestar respostas ternas e atentas aos outros. John Money, psicólogo que estudou profundamente o desenvolvimento da identidade de gênero em homens e mulheres, acredita que a maior parte dos comportamentos diferentes, no que se refere aos sexos (com exceção da capacidade masculina de fertilizar e a menstruação, gestação e lactação na mulher) são potencialmente compartilháveis entre os dois sexos. Eis o que ele escreve:

> Quase todas as diferenças comportamentais relativas aos sexos serão entendidas, não como absolutas, mas como relativas à força dos limiares que regulam sua manifestação. Em outras palavras, a maior parte do comportamento aparentemente diferente dos sexos poderá, na verdade, ser compartilhada por eles, mas em limiares diferentes.[7]

Money estudou muitas variações dos padrões de diferenciação sexual caracteristicamente hormonal e chegou à conclusão de que a socialização tem um papel mais poderoso sobre a identidade de gênero do que a biologia. É claro que ambas interagem inextricavelmente na vida de qualquer indivíduo, porém Money descobriu que as atribuições e representações sobre comportamentos "masculinos" e "femininos" têm uma força muito maior na construção da identidade do que os hormônios e as estruturas genitais. Ele exemplifica com o seguinte caso de comportamento dedicado em ratos machos de laboratório:

Pode-se fazer com que ninhos sejam construídos e que os filhotes sejam atendidos até mesmo por um rato recalcitrante que não gosta de cuidar desses filhotes, se, todos os dias, durante mais ou menos uma semana, colocarmos assiduamente palha nova ao lado dele... Finalmente, o macho começa a construir um ninho, cobre os filhotes com seu corpo, traz de volta para o ninho os que dele escaparam e cuida deles. É o mesmo tipo de comportamento exibido pela fêmea.[8]

Se há um arquétipo da Grande Mãe entre ratos machos, ele também deve existir entre os machos humanos. Esse estudo demonstra que o apego e os comportamentos maternais não estão biologicamente confinados às fêmeas. São socialmente confinados.

Estudos realizados pelos Harlows são igualmente instrutivos para o marido heróico que precisa ser convencido.[9] Eles descobriram que, embora as macacas cuidem espontaneamente de seus filhotes imediatamente após o nascimento, esses cuidados, aparentemente, são mais o produto de influências sociais do que de imperativos biológicos. Os Harlows produziram em laboratório fêmeas de macacos que se tornaram mães lamentavelmente inadequadas, afastando-as de suas próprias mães ao nascerem e criando-as isoladas. Quando essas fêmeas isoladas foram engravidadas, não conseguiram desempenhar funções maternas normais, e até se voltaram agressivamente contra os filhotes. Entre os macacos, assim como entre os seres humanos, aprender a amar é uma experiência que nasce com os primeiros laços, bem como de interações contínuas nos relacionamentos, por toda a vida.

Em meio de seu estudo sobre os manus, da Nova Guiné, Margaret Mead descobriu uma cultura em que os homens tinham um papel importante na criação dos bebês.[10] Nessa cultura, os homens brincavam com as crianças após a pescaria matinal, e pareciam contentes em fazer isso enquanto as mulheres trabalhavam. As mães treinavam os filhos para que aprendessem a evitar certos perigos, ensinando os bebês a se agarrarem ao pescoço de um adulto, a não caírem dentro da água e a não tocarem no fogo. Não é de surpreender que Mead constatasse que as crianças se mostravam atentas e alegres para com os pais e, em geral, evitassem as mães. As mães em geral eram destratadas na frente das crianças pelos homens e pela família, e as crianças desenvolveram uma forte vinculação com o pai. Quando Mead levou bonecas para o grupo, os meninos brincaram mais espontaneamente com elas do que as meninas.

Essa constatação apenas demonstra o potencial dos comportamentos ligados à criação dos filhos, que podem ser desenvolvidos tanto nos homens quanto nas mulheres. Em nossa sociedade, como na maior parte das sociedades desenvolvidas, os adultos do sexo masculino raramente participam intimamente dessas atividades. Como as atividades ligadas ao cuidar não são reforçadas por dinheiro ou por *status*, até mesmo quando desempenhadas profissionalmente (por exemplo, em profissões como ensino, enfermagem e assistência social), presta-se pouca atenção à competência e às capacidades envolvidas nessas atividades e presume-se muita coisa sobre a capacidade herdada de realizá-las.

Revalorizar as tarefas ligadas ao cuidar é um processo, primeiro de proclamar o mérito e a complexidade dessas tarefas, e depois, de decidir como serão compartilhadas. Os casais liberados ou feministas que nos procuraram em busca da terapia fracassam, com grande freqüência, em completar o primeiro passo. Em conseqüência, nenhum dos parceiros sente muito mérito pessoal ou significado em desenvolver tarefas corriqueiras de atenção. Aceitar o feminino reprimido implica em compreender a opressão que as mulheres sofrem, o valor das atividades ligadas ao cuidar e a complexidade e a competência ligadas a tais atividades, bem como em integrar os elementos femininos da própria personalidade. Para homens e mulheres isso pode ser um processo ambivalente.

Na configuração Gawain-bruxa do complexo da mãe negativa, a mulher permanece basicamente presa à identidade da bruxa, enquanto o marido parece estar se adaptando às suas exigências. Na realidade, ele está apenas falando da boca para fora, de um ideal, e os dois vivenciam repetidamente a decepção do fingimento dele, embora o casal talvez não tenha a capacidade de articular essa decepção. A mulher se apresenta como alguém basicamente indiferente aos antigos atrativos de seu papel de esposa e amante, mãe e nutridora. Pode ser indiferente ao sexo e, certamente, é indiferente à promessa de jóias, terras ou qualquer outra riqueza que o homem ofereceu em troca de sua servidão. Embora ela, inconscientemente, possa ter a convicção de sua posição ("tenho a resposta"), duvidará disso conscientemente. Dúvidas sobre a realidade de sua própria experiência e sobre seu desejo de valorizar sua vida emocional e sua capacidade de cuidar podem levar à crença de que está "ficando louca". Como também conhece "os fatos" do mundo social que a cerca e reconhece a importância da racionalidade, achará a falta de racionalidade de sua própria posição muito perturbadora. Como pode continuar a parecer bruxa quando seu marido parece estar fazendo tudo que ela pede dele? Sente-se culpada de sua própria experiência, e sente vergonha da raiva e do ódio que parecem se apoderar dela a maior parte do dia. Na realidade, ela poderá desejar maior autonomia e liberdade, em seu senso de identidade (integração do *animus*), mas é incapaz de confiar nesses desejos, assim como é incapaz de confiar na "boa fé" do parceiro em aceitar a ela e seu mundo.

Em geral, essa falta de confiança vai muito além, e acaba se tornando uma perspectiva geral sobre os homens e até mesmo sobre outras mulheres. Em sua identidade de bruxa a mulher acredita que ninguém tem capacidade para compreender seus sentimentos avassaladores de desvalia, estupidez e feiúra inerentes. Pode até mesmo dar aos outros a impressão de que aprecia seu infeliz destino, e que seu ideal é de ódio por si mesma, dor e sofrimento.

Assim como o homem necessita de argumentos racionais para que sua compreensão do feminino desperte dentro dele e dos outros, a mulher também precisa de uma voz racional que expresse com convicção o mérito e a complexidade do mundo não-racional. Nesse ponto, quando ela ainda se identifica com a bruxa, porém sente-se mais eficaz e independente, o terapeuta pode lhe dirigir certas palavras. Isso não significa dizer-lhe o que deve pensar, mas que lhe são oferecidos argumentos racionais e evidências empíricas para lhe mostrar que ela, com efeito, ocupa uma posição poderosa como provedora de cuidados. Ficará especialmente impressionada ao ouvir suas próprias idéias não-verbalizadas inscritas em um enquadramento heróico, que parece convincente para o marido. A validade de seu sofrimento e a complexidade de seu papel precisam ser articuladas no contexto dos temas sociais mais amplos da opressão às mulheres e da falta de oportunidade para que os homens venham a cuidar.

Quando apresentamos os dados relativos à legitimidade do mundo não-racional, verificamos que ambos os parceiros ficam aliviados. O homem sente-se aliviado ao descobrir que a mulher não é louca e que tem boas razões para se sentir magoada, zangada e isolada. A mulher é ajudada a descobrir que estava intuitivamente certa em não acreditar que o marido aceitava seu mundo completamente. É nesse estágio que podemos colaborar para chegar a soluções para os problemas de compartilhar os encargos do cuidar.

Igualdade, reciprocidade e participação no relacionamento conjugal não podem se realizar em um nível racional. Um grande obstáculo à confiança surge em torno do agendamento das tarefas domésticas e dos cuidados com os filhos, em termos de "você leva o lixo para a calçada às segundas e quartas e eu lavo a roupa às quintas e sábados". Essa espécie de agenda pode ser o desfecho final de um processo de colaboração, mas o processo deve ser, não a agenda em si, mas a constância e a vitalidade dessa disposição. A reciprocidade baseada na confiança não é uma solução racional dos problemas ou atividade decisória. Ela é, antes, uma compreensão e uma aceitação duradouras da força, talento, necessidades e capacidades do outro, no contexto da força, talento, necessidades e capacidades da própria pessoa. Em momento algum esse tipo de reciprocidade resulta em uma participação eqüitativa. Algumas vezes, um dos parceiros dá mais e fica mais sobrecarregado; outra hora, é o inverso. A doença, as obrigações e os interesses pessoais, as reais capacidades têm de ser sempre compreendidos no momento em que se manifestam. Do mesmo modo, a percepção, a boa sorte, a inspiração e o prazer têm sua parte na capacidade de cada pessoa para dar e receber ajuda. De fato, não há fórmula que ajude a estabelecer a igualdade; apenas o empenho em confiar na outra pessoa e em si, como parceiros, poderá constituir uma base viável para a aceitação do feminino reprimido.

O compromisso de compreender a outra pessoa e apreciar a individualidade dela, tanto quanto a própria, é um processo contínuo de vida; o planejamento e o agendamento racionais são apenas parte dessa luta. O contínuo problema arquetípico do vínculo adulto — reciprocidade baseada na confiança — requer aquela espécie de auto-exame e aceitação que são a base da individuação. Qualquer discussão verbal sobre essa luta é inadequada para sua descrição, devido à própria natureza da linguagem; as palavras fazem referências descontínuas e sua estrutura é, em grande parte, racional e seqüencial. Em conseqüência, é difícil ensinar a um casal essa questão da reciprocidade; ele deve vivenciá-la em sua própria luta para revalorizar os elementos ocultos, vergonhosos, emocionais, frágeis e irados que carrega dentro de si.

Até certo ponto, as realidades práticas da vida parecem contrariar a aceitação do feminino, no atual contexto social de nossas vidas. Visto que essa revalorização consome tempo e energia que, caso contrário, seriam gastas fora do lar, da família ou em tarefas desprovidas de importância, os casais devem inicialmente agendar seu tempo, para poderem trabalhar suas diferenças. Agendar um tempo de intimidade também parece ser incongruente com a tarefa de restabelecer a confiança e o compromisso. Ainda não descobrimos como resolver essa questão, pois os casais que estão vivenciando o complexo da mãe negativa transformaram suas vidas em um campo de batalha e levam vidas separadas. O tempo destinado a esta proposta acaba se tornando mais orgânico e parece ter vida própria. Esse tempo exige a atenção do casal, pois ele quer manter uma atmosfera de confiança mútua.

Em geral, o homem apoiará inicialmente a idéia de agendar momentos regulares de intimidade com a parceira, para poder enfrentar o problema da confiança que foi rompida, mas então descobrirá que, para ele, tais momentos são vazios. Usualmente, ele tem maiores resistências em revalorizar os aspectos femininos de sua vida, pois resistiu à dor e, sobretudo, à mágoa, em si e nos outros. O heróico marido do tipo Gawain apresenta-se como um herói vazio; tem boa vontade, mas é tolo. Esse é seu dilema — ou sua maldição. Pode ver-se como um homem "liberado", mas não volta sua inteligência para o feminino, nem para os assuntos corriqueiros da vida cotidiana ou para o significado não-racional daquilo que a esposa lhe apresenta. Recusou-se a ouvir. Quando sente que está sendo pressionado demais, no plano emocional, pode refugiar-se na postura do valentão.

Referindo-se à luta por cuidados parentais mais diádicos ou compartilhados, os Colemans escrevem o seguinte:

> Para trabalhar em níveis mais profundos e intrapsíquicos, os cuidados parentais compartilhados requerem mitos, imagens e lendas, deuses e deusas, casais sagrados, imagens andróginas, apoio tanto em um nível inconsciente como consciente.
>
> Quando duas pessoas precisam trabalhar juntas, como se fossem uma só, não é fácil sincronizar decisões, equilibrar agendas, pôr-se de acordo sobre as táticas a serem empregadas e compartilhar os lucros. Cuidar dos filhos pode ser especialmente complicado, pois toca em emoções e atitudes

que se instalaram na infância e que talvez não estejam ao alcance do pensamento consciente. Esses pressupostos inconscientes poderão afetar o modo como um homem e uma mulher se relacionam como pais de maneira muito diversa do modo como eles se relacionam como amantes ou como marido e mulher. As moças, mais do que os rapazes, provavelmente foram mais socializadas para considerar a tarefa de cuidar dos filhos como tarefa conjugal; assim sendo, a experiência do cuidado diádico, provavelmente, será mais radical para os homens.[11]

Aquilo a que os Colemans se referem como "cuidados parentais" constitui para nós o feminino, ou seja, a capacidade de responder receptiva e sensivelmente às necessidades dos outros e ao ambiente em sua totalidade. Descobrimos que essa capacidade se entrecruza notavelmente com satisfação em todas as áreas de um relacionamento íntimo, nos casais de meia-idade. A intimidade sexual, a segurança e a confiança emocional, o respeito mútuo são afetados pela disposição da pessoa em valorizar e voltar a inteligência para a capacidade de cuidar, em si e nos outros.

Acabamos por ver na aceitação final de Ragnell por Gawain o verdadeiro ato heróico. A coragem de abrir-se àquela bruxa temida e aterrorizante, ao fluxo potencial de destruição e desintegração que ela representa (sugar a alma de alguém), é genuinamente heróica. Quando um homem se abre para esse tipo de relacionamento consigo e com os outros, ele inevitavelmente entra em depressão. Devido à sua posição social e sua costumeira negação da dependência e da fraqueza, a situação não pode ser outra. As pressões sociais negativas e a experiência da culpa estão envolvidas na aceitação da bruxa. No entanto, evitar essa aceitação significará uma perda ainda mais profunda, a perda de seu próprio desenvolvimento e, provavelmente, a perda de qualquer vitalidade íntima com a esposa em etapas posteriores da vida.

É possível assinalar algumas defesas saudáveis contra a investida da depressão. Apoio de outros homens, em um grupo organizado de apoio, por exemplo, ajudará a combater as dúvidas e temores que o homem poderá experimentar. O recurso terapêutico a estudos empíricos e argumentos racionais ampliará para o homem o contexto social da identidade masculina de gênero. Inicialmente, recorremos a esses instrumentos racionais para derrotar ou superar as defesas do homem e torná-lo mais vulnerável à bruxa existente na esposa. Perto do final da segunda fase da terapia, quando o homem precisa internalizar os valores das mulheres e o feminino nele mesmo, recorremos novamente a argumentos para reforçar sua posição e apoiar seu desenvolvimento posterior. Desenvolver uma abertura para o feminino, em si mesmo e no mundo, é algo difícil para o homem do ponto de vista da adaptação: se ele se identificar com valores culturais tradicionais, se sentirá em desacordo com os ideais coletivos de superioridade masculina. Beijar a bruxa é uma ato heróico difícil, que deve ser realizado repetidamente em uma sociedade que atribui superioridade aos homens e inferioridade às mulheres.

O que as mulheres querem realmente? Com nossa história, descobrimos que é o direito de soberania sobre suas próprias vidas. Não é uma questão simples, pois exige parceria com os homens. A verdadeira soberania se apóia na confiança em si e no outro. Essa confiança implica em um compromisso com a reciprocidade. Para alcançar este ideal, é preciso ser um indivíduo responsável pelo próprio desenvolvimento e um ser social que reconhece a interdependência da vida humana. O individualismo não é o objetivo final do desejo da mulher de soberania. Se nossa história tivesse descrito uma simples libertação de Ragnell do encantamento de Gromer, não a teríamos considerado um mistério adequado ao desenvolvimento de um relacionamento conjugal. No final, Ragnell depende de que Gawain reconheça sua independência, e de que ele se comprometa com essa independência. Por sua vez, Gawain depende de que Ragnell confie em que ele chegará a esse reconhecimento por si mesmo. Se a situação fosse diferente, ela não o teria escolhido.

O temor do homem de que uma mulher queira dominar sua vida é o medo infantil do poderoso complexo da mãe, projetado quase que inteiramente em uma mulher. Na verdade, as mulheres parecem depender bastante de como são refletidas pelos outros, para alcançarem um senso saudável de seus próprios méritos. É óbvio que poderão se tornar excessivamente dependentes dessa aprovação e, assim, alimentar um desejo infantil de estar seguras nessa situação, sem os conflitos que aguardam a responsabilidade pela própria independência. Ao que parece, o desejo de soberania expresso por Ragnell é um desejo de que os homens ouçam e compreendam verdadeiramente a experiência das mulheres e a opressão do feminino em nosso mundo.

AMOR E LIVRE ESCOLHA

A fase final do encontro entre Gawain e Ragnell ocorre depois que ele aceita a bruxa em princípio. Percebe o potencial do feminino em sua vida (a princesa), mas se vê diante de uma escolha. A escolha é um teste, para ele desconhecido, da profundidade de seu compromisso com a independência de Ragnell. As maravilhas do poder da beleza constituem o enfoque da história: Gawain precisa decidir se sua mulher seria bela no castelo, durante o dia, exibindo para os amigos seus encantos, ou se ela seria bela em seus aposentos, à noite, de tal modo que pudesse aceitá-la sob sua verdadeira forma.

Essas duas polaridades da beleza feminina, o poder público e o prazer privado, costumavam estar cindidas pela atitude defensiva dos homens com mulheres reais. O homem que procura aquela mulher de boa moral, graciosa, educada e forte, "do dia" (em sua consciência normal), talvez descubra que não pode ser íntimo dela "à noite" (nas profundezas do instinto dele, homem). Aquela mulher mais sombria, misteriosa, ignorante — chamada por um de meus analisandos de "mulher ilha" — poderá atrair seus sentimentos sexuais.

A divisão entre os poderes diurnos das mulheres e seus poderes noturnos tem sido e continua sendo um problema para os homens, no desenvolvimento de relacionamentos íntimos com elas, sobretudo quando estão envolvidos no complexo materno. Gawain depara-se com esse problema e é capaz de resolvê-lo com simplicidade. Nos casais reais, esse desafio é um problema permanente para os homens que precisam lutar contra seu feminino em público e na vida privada. Tradicionalmente, a esposa é propriedade do marido, e sua beleza, encanto e graciosidade expressam o gosto e os triunfos *dele*. Se uma esposa parecer excessivamente independente, a dignidade do marido fica ameaçada e ele precisará retrair-se da vida pública. Se um marido dá independência à mulher e descobre que ela se torna uma pessoa poderosa por seus próprios meios, ele poderá sentir seu domínio sexual ameaçado e, em conseqüência, tornar-se-á impotente na presença dela. O que a história sugere, e o que nossa experiência com casais de meia-idade nos transmite, é que a restauração da vitalidade e da beleza de uma mulher ocorre quando seu companheiro valida sua autoridade sobre sua própria vida.

Até mesmo em uma simples sessão de terapia notamos sinais visíveis da transformação de uma bruxa confusa, chorosa e ressentida em uma princesa confiante, cheia de vida, com percepções sutis e rápidas. No entanto, essa espécie de mudança instantânea não é imediatamente integrada e poderá fenecer rapidamente. Ainda assim, a modificação da aparência, da voz e dos modos de uma mulher pode ser notada e enfatizada bem cedo, no processo de restauração da confiança. Nem a bruxa nem a princesa são um estado duradouro de identidade em uma mulher adulta. Ambas são complexos inconscientes, organizados em torno de imagens arquetípicas: são estados transitórios na vida cotidiana. A princesa identifica que ser bela, vital, amada é essencial à auto-estima de uma mulher à medida em que ela envelhece; quanto mais espontaneamente ela assim se sentir, mais será capaz de acreditar em seus méritos e em sua capacidade em base permanente. Essa crença no próprio valor é uma questão crucial para seu desenvolvimento na meia-idade. A completa ausência da identidade de princesa, em uma mulher mais velha, é sinal de que ela está deprimida e que seu desenvolvimento estagnou.

O que está simbolizado na seqüência final de nossa história, na transformação de Ragnell em uma jovem perspicaz, é o poder da escolha. Gawain enfrenta um dilema insolúvel por meios racionais, ou seja, pesando na balança os benefícios proporcionados pela alternativas. Se tivesse feito a escolha *por* Ragnell, se tivesse declarado a preferência *dele*, teria perdido. Em vez de tentar chegar a uma solução individual, baseada em seus próprios desejos e necessidades, Gawain confiou em Ragnell, na liberdade e na responsabilidade inerentes à escolha dela. Do mesmo modo, Ragnell permaneceria para sempre prisioneira do encantamento se Gawain tivesse feito a escolha por ela: precisava ter seu direito de escolha restaurado com toda liberdade antes de poder assumir seu eu verdadeiro e vital.

O processo que se começou com Ragnell reivindicando sua própria identidade de bruxa ("*eu* tenho a resposta") e com os esforços de Gawain para compreender, culmina no reconhecimento, pelo homem, de sua dependência da mulher (uma pessoa de pleno direito) e o reconhecimento, pela mulher, de sua responsabilidade por sua própria vida. Essa aceitação do feninimo reprimido é liberadora para ambos os parceiros. Embora pudesse parecer ideal que Ragnell, de alguma forma, conseguisse chegar à sua própria capacidade de escolha sem as bênçãos de Gawain, nossa história coloca a situação de outra maneira. Quando o homem começa a tomar posse de uma mulher, por meio do casamento, e a mulher começa a alimentar a idéia de que será possuída, então ele terá de reconhecer sua dependência dela, que, por sua vez, precisará reconhecer que confia nele para restaurar sua liberdade. Talvez pudéssemos traçar abstratamente as fronteiras desse desenvolvimento, situando-o em um início mítico da cultura humana, quando o homem sobrepujava a mulher por sua força física, mas esse tipo de análise é desnecessário no contexto do trabalho com casais. Se uma mulher tem ou não potencial para deixar de projetar sua autoridade pessoal em um homem (ou homens) é uma abstração. A questão é que a maior parte das mulheres projetam essa autoridade, e a maioria dos homens presume que elas *devem* fazê-lo.

No final, entretanto, a união do cavalheiresco Gawain e da princesa Ragnell é o reconhecimento de que autonomia e empatia caminham juntas. A dependência e a independência não constituem estados separados, mas são polaridades do amor humano. Aceitar a bruxa em si ou no outro significa dar voz à própria mágoa, raiva e fraqueza. Permitir que essas vozes se manifestem não resulta em raiva indiferenciada, ou em crítica, mas gera uma empatia sensível e receptiva por seu significado. Chegar a um acordo com a soterrada cultura feminina ou matriarcal significa voltar a atenção e a inteligência à dependência que todos nós temos uns dos outros. Cuidar das pessoas e das coisas que nos cercam não deve ser relegado aos "mecanismos" habituais e inconscientes, construídos em torno de medos e desejos. Esse cuidado também não pode ser relegado unicamente às mulheres. O caminho que leva para fora da floresta e da alienação da bruxa e do valentão deve ser encontrado na voz da bruxa. Empatizar com a bruxa, valorizar sua experiência e seu sofrimento resulta em uma revitalização da vida de relação.

Voltemos agora a Louise e Larry, para compreender como essa reconciliação pode acontecer em um relacionamento.

LOUISE E LARRY ACEITAM A BRUXA

Através de numerosas e difíceis sessões com Larry, que visavam especialmente romper suas defesas racionais contra a realidade das expressões emocionais de Louise, os terapeutas foram capazes de demonstrar-lhe o quão impossível tinha sido sua atitude. Embora ele pedisse repetidamente aos terapeutas e a Louise que lhe dissessem o que fazer em relação à infelicidade da esposa, Larry desmerecia qualquer idéia que lhe apresentássemos. Negava repetidamente o mérito da vida sentimental ("Não é assim que eu penso. Isso nada significa para mim e não posso simplesmente aceitar as palavras ou as experiências de vocês, quando elas não me servem"). Além do mais, ele criticava constantemente o modo de Louise cuidar dos filhos ("Ela está sempre tentando controlar as crianças; acho que ela não consegue ficar com as crianças mais do que quinze minutos por vez. Pelo amor de Deus, não é possível que custe tanto fazer um jantar de vez em quando. Já cansei de tanta comida congelada").

Embora ele criticasse Louise, não indicava, em suas ações cotidianas, estar disposto a reorganizar sua agenda de tal modo que pudesse aprender um pouco mais a respeito de culinária e de limpeza da casa, para compartilhar essas tarefas ("O que eu devo fazer? Trabalho o dia inteiro. Devo preparar o jantar em minha hora de folga, durante o almoço? Se eu parar de trabalhar, todos nós morreremos de fome, pois ela não ganha o suficiente para sustentar meia pessoa, o que dirá uma família de quatro pessoas."). Larry desmerecia as capacidades associadas ao cuidar da família e da casa, e se recusava a participar dessas atividades, mas voltava constantemente a uma postura racional ("Se eu conseguisse compreender o que devo fazer para torná-la feliz, não hesitaria. Acreditem em mim").

Com o auxílio dos terapeutas, Larry finalmente se deu conta de que a esposa, afinal uma mulher adulta, provavelmente o deixaria, caso ele não mudasse. No caso de Louise deixar as crianças ou ir embora com elas, a vida de Larry mudaria imensamente. Começou a admitir que dependia dela ("Gosto demais de muitas coisas que você faz com as crianças, acho que, sem sua ajuda, elas não teriam ido bem na escola"). Em uma sessão regada a lágrimas, Larry finalmente enfrentou sua própria negação de seus aspectos femininos e o fato de projetar em Louise a responsabilidade por sua vida sentimental e criativa ("Envergonho-me de quanto tenho sido dependente e preguiçoso em relação aos amigos, à Igreja e até mesmo às crianças. Acho que não tenho sido bom pai, mas achava que você se encarregaria de tudo, quanto a elas. Às vezes receio ser um completo fracasso, em casa e no trabalho. Não consegui realizar o que queria e a maior parte das coisas que faço, no trabalho, me parecem vazias. Você e as crianças estão sempre discutindo e sei que eu não deveria agir como se nada disso estivesse acontecendo, mas é o que eu faço").

Larry admitiu seu desejo latente por uma mãe perfeitamente receptiva, que, em silêncio e boa vontade, satisfizesse todas as suas necessidades. Revelou também sentimentos de tristeza, raiva e vergonha, previamente ocultos, relativos àquilo que ele considerava um fracasso em sua carreira e em seu papel de homem adulto em uma família. Finalmente, mediante sugestão dos terapeutas, reconheceu que, em segredo, julgara sua mulher e seus filhos inferiores a ele sob vários aspectos. Acreditou, também em segredo, que eles deveriam ser-lhe gratos pelo fato de ele prover suas necessidades, quer aquilo que lhes oferecesse correspondesse ou não às suas necessidades.

Após reconhecer suas necessidades de dependência e seus sentimentos secretos de fracasso, Larry voltou-se para Louise em busca de apoio. Ela reagiu positivamente e com muita abertura para a vulnerabilidade de Larry. Ofereceu-se para ajudá-lo a se integrar mais na família. Em conseqüência, Larry assumiu algumas tarefas em casa, inicialmente sob a orientação de Louise, e desenvolveu consideráveis capacidades culinárias. À medida em que começou a revalorizar as tarefas corriqueiras do dia-a-dia, descobriu um novo significado na vida em família e constatou que os filhos estavam ansiosos por idealizá-lo e procurar sua orientação.

Mediante muita assistência na fase inicial, Louise acabou acreditando suficientemente em sua experiência, a ponto de deixar de lado certas frases, como, por exemplo, "não sei", na hora de enfrentar os desafios racionais de Larry. Adotou uma atitude sobre a importância da expressividade emocional e solicitou um tempo para estar a sós com Larry, de tal modo que eles pudessem compartilhar mais suas vidas interiores. Solicitamos a Louise que conduzisse certas partes de nossas sessões e nos mostrasse o que queria de Larry. Ela se conscientizou de sua própria competência e de sua autoridade em interpretar uma comunicação não racional. Fora das sessões e durante elas desenvolveu maior apreço e reconhecimento por sua "intuição de mulher" e pelos novos tipos de percepção que poderia transferir para seu relacionamento e para a própria vida. Ao longo das sessões, apoiamos e elaboramos suas idéias, de tal modo que ela acabou por reivindicar a própria autoridade.

Finalmente, esse processo de reinvidicar seu próprio conhecimento e suas capacidades resultou em um confronto com a depressão sobre "as possibilidades perdidas" em sua vida. Falou de sua estupidez, de sua falta de instrução, de seu receio de competir com os outros sempre que havia um potencial para a eclosão de um conflito. Em nossos encontros, continuamos a enfatizar sua força e seu sucesso na vida de relação e procuramos conectá-la com uma imagem melhor de sua mãe, a quem ela via como pessoa fraca e dependente. Finalmente, Louise começou a indagar quais eram suas necessidades, sobretudo seu desejo por intimidade sexual. Estava decepcionada com sua vida sexual e desejava ser sexualmente mais expressiva com Larry. Ele revelou entusiasmo em relação a isso, mas continuamos seguindo a orientação de Louise. Ela se referiu à excitação sexual que sentia nos dias em que namoravam ("eu ficava tão excitada com todas aquelas carícias...") e nós sugerimos que eles voltassem àquele nível de interação. As restrições sociais que cercavam seu namoro — beijarem-se em lugares escondidos e se acariciarem através das roupas — liberaram sua florescente sexualidade. Recuperar parte do mistério que envolvia o período do namoro acabou finalmente por levar Louise a confrontar o próprio corpo ("eu o detesto"). O trabalho de Louise com seu corpo e sua sexualidade foi um componente decisivo na última fase da terapia. Ela admitiu seu desejo de perfeição ("é uma tolice, mas não consigo parar de pensar o quanto minha pele está enrugada e na gordura de minhas coxas") e seu medo de envelhecer. Para uma mulher o processo de resgatar sua beleza feminina em um corpo que envelhece é difícil e inspirador. Nós, os terapeutas, e Larry ficamos surpreendidos diante do grau e do detalhe do ódio que Louise sentia por si mesma. Suas convicções interiores, fortemente mantidas, no sentido de que era gorda e feia se afirmavam como algo quase impenetrável ao incentivo ou louvor alheios. Ela finalmente foi capaz de perceber isso. Ao renunciar a qualquer poder pessoal decorrente de sua aparência, Louise obrigara os outros a elogiá-la e a cumprimentá-la repetidas vezes. As reações positivas dos outros à sua aparência não aliviavam de modo algum seu o ódio por si mesma, pois apegava-se em demasia a uma auto-imagem rebaixada. Teve de desistir dessa atitude e parar de dizer que seu corpo, envelhecendo, não podia ser "belo" ou "vigoroso". Em parte, olhando retratos de mulheres nuas com sua idade, e em parte pela empatia da terapeuta, Louise começou a encarar seu corpo de modo diverso. No final, recuperou parcialmente a alegria e o prazer de se enfeitar, compreendendo que nela se expressava uma personalidade única, que se revelava nos contornos e cores de sua aparência.

Embora tenhamos repassado alguns dos processos dessa última fase do trabalho com casais, não revelamos todo o quadro, em parte por não o conhecermos. A luta para aceitar o feminino reprimido é permanente e não tem limites fixos. Em nosso trabalho, passamos a acreditar que certos elementos se farão presentes na fase de restauração da confiança básica. No homem, veremos sinais de admissão da própria dependência, da vergonha e da raiva, bem como a assunção da força e da inteligência, voltadas para alguns aspectos ligados à assistência e ao cuidado com a família. Na mulher, veremos certas expressões de uma vitalidade restaurada, de autoridade e de auto-estima. Em seu desenvolvimento, esses esforços autônomos devem ser acompanhados do aprendizado de como confiar nos outros quando lhes couber cuidar e estimular. À medida que ela sai de uma situação de dependência amargurada e retira as projeções de suas necessidades de autonomia, desenvolverá um desejo realista de tornar-se uma pessoa em pleno direito e não culpará o companheiro por suas limitações. Para ambos, deve haver uma compreensão cada vez maior de que a base da empatia e da confiança é a proteção da autonomia do outro e honrar a própria autonomia. Reconhecer as próprias limitações, vulnerabilidade e imperfeições é a base para aceitar essas qualidades humanas nos outros. Aprender a valorizar os aspectos pessoais não desenvolvidos ou mais fracos é a base para rejeitar uma "autoconfiança" ilusória e severa. Nossas fraquezas e vulnerabilidades podem receber apoio e ser compreendidas em um relacionamento mutuamente carinhoso, no qual a confiança está bem estabelecida e mantida.

A preocupação com a confiança básica precisa ser conservada no dia-a-dia, no relacionamento dos casais, na meia-idade e na velhice. Passar o tempo juntos e compartilhar experiências é o único meio que permite a manutenção da confiança. Simplesmente passar o tempo juntos não é a questão primordial, claro, mas é um requisito básico. Nesses momentos, o casal descobrirá o significado subjacente à comunicação inconsciente que estabelece e sua expressão não-racional. A permuta regular de percepções e imagens provenientes dos sonhos e das fantasias, dos medos e mágoas, tornar-se-á a base para uma compreensão intuitiva mais profunda da psique de ambos. Superar as restrições de nossas projeções habituais e deixar de culpar nossos parceiros por nossas próprias limitações é a base para a individuação, em fases posteriores da vida. Como dispomos de pouquíssimos modelos para o desenvolvimento de um laço de confiança verdadeiramente compartilhado em relacionamentos adultos, todos precisamos buscar imagens que nos inspirem. Ragnell e Gawain podem servir de guias para o estabelecimento da confiança mútua. O casamento começa no fim de nossa história.

6
Metodologia da terapia de casais

Duas atitudes são especialmente proveitosas na terapia de casais: a *descoberta informada* e a *empatia objetiva*.

A descoberta informada é uma atitude de receptividade por meio da qual o terapeuta introduz planos e idéias conscientes no relacionamento terapêutico, mas mantendo em relação a eles um espírito de descoberta. A ênfase deveria recair no "consciente", pois a terapia de casais requer uma estrutura que possibilite tanto o controle e direcionamento do trabalho como o acesso à imaginação do cliente, no momento. Isso porque a complexidade do campo interpessoal, que inclui dois membros do casal cliente e dois membros do casal terapeuta, é maior do que na terapia individual, em que a interação se dá entre duas pessoas. A empatia objetiva é a capacidade do terapeuta de compreender e sentir com precisão a experiência da outra pessoa como se fosse sua própria experiência, mas mantendo o *como se* no primeiro plano da percepção.

Há uma tensão inerente a ambas atitudes. A descoberta informada exige uma tensão entre conceitos orientadores e imaginação receptiva. A empatia objetiva requer uma tensão entre ter intimidade com o paciente e fazer avaliações objetivas daquilo que está acontecendo (quando falo de objetividade não me refiro a uma separação dualista entre "objeto" e "sujeito", mas de uma atitude mental que permita enxergar através da confusão e, assim, chegar à compreensão, ver através dos fatos a verdade de determinada questão).

A descoberta informada se desenvolve pelo treinamento em várias orientações terapêuticas e pela própria experiência com terapia, como paciente e terapeuta. Reunir e integrar conceitos úteis para esclarecer o funcionamento da personalidade e do relacionamento humano torna-se a base da perícia do psicoterapeuta. Em nossa experiência, isso significa estudar com outros, que tenham dominado o "ideal" e o "real" da prática terapêutica. Do lado ideal, é preciso ter conhecimento das teorias e pesquisas sobre o desenvolvimento da personalidade, das expressões intrapsíquicas e das estratégias e técnicas psicoterapêuticas. Do lado real, é necessário aprender a praticar psicoterapia, tanto pela experiência como pelo aprendizado com profissionais mais experientes. Esses dois caminhos do desenvolvimento do terapeuta devem incluir um amplo espectro de diferentes modalidades e estruturas conceituais, sendo que o estilo e personalidade do terapeuta lhe servirão de guia.

Os estudantes de psicologia e de psicoterapia precisam ser capazes de seguir as próprias preferências em termos de adequação e facilidade ao recorrer às técnicas e teorias à disposição. Quando se adquire "massa crítica" desse tipo de aprendizado, nos sentimos mais como uma *pessoa* que atua no papel de terapeuta, mais imaginativamente disponível para si e mais confiante nas próprias ações, como agente responsável. Ser guiado pelas próprias preferências no labirinto das diferentes idéias e conceitos sobre teoria e prática acabará por resultar em sentir-se terapeuta e pessoa (em vez de se sentir estudante e terapeuta).

Após conseguir esse envolvimento pessoal com a vivência como terapeuta, é preciso seguir adiante com uma atitude de descoberta informada. Esta se enraíza em conhecer tão bem os próprios conceitos e técnicas que eles possam ser aplicados com muita agilidade em uma nova experiência. Acreditamos ser esta a atitude recomendada por Jung, quando aconselhou aos analistas que deixassem de lado suas teorias e seu treinamento formal ao estabelecerem um relacionamento terapêutico com um analisando. Longe de abordar o relacionamento terapêutico desprovido de instrumentos conceituais (o que é uma impossibilidade evidente), aborda-se a terapia com uma integração tão profunda desses instrumentos ao próprio vocabulário e ações que eles parecem muito naturais e flexíveis. Descobrimos que um bom teste para isso está na capacidade de tomar distância de sua orientação profissional e encará-la com humor e imaginação.

A empatia objetiva decorre de uma descoberta informada sobre se o indivíduo chegou a compreender profundamente as próprias ações e pensamentos. Como resultado da psicoterapia pessoal, do desenvolvimento pessoal e da vivência intensa (o processo de individuação), o terapeuta passa a conhecer as regiões do sofrimento humano em seu íntimo. A combinação entre planos ou estratégias objetivas conscientes e o autoconhecimento deverá resultar na capacidade de ver a outra pessoa *como se* ela fosse nós mesmos. A empatia objetiva gera assim uma proximidade compassiva com o sofrimento alheio e a capacidade objetiva de situar este sofrimento em um determinado contexto, como algo pleno de sentido e dirigido ao crescimento.

É claro que as atitudes de descoberta informada e empatia objetiva são ideais. Ninguém as realiza inteiramente, talvez nem mesmo em uma simples sessão terapêutica, mas elas continuam sendo princípios orientadores para se tornar um terapeuta eficaz. Como ideais ou princípios, devem ser protegidas por um desenvolvimento pessoal contínuo, por consultas, treinamento e formação ao longo de toda a prática do terapeuta. Em nossa experiência como professores e profissionais da psicoterapia, acabamos por acreditar que ninguém chega a ter segurança na capacidade de manter um senso geral de objetividade, empatia e descoberta sem trabalhar constantemente consigo mesmo, principalmente com suas deficiências e fracassos.

Em conseqüência, as deficiências e os fracassos guiam nosso desenvolvimento como terapeutas, assim como guiam nosso desenvolvimento como pessoas. Ser capaz de considerar uma fraqueza, um fracasso ou a experiência do desespero como a chave para um desenvolvimento maior é a contribuição essencial de Jung ao exercício da psicoterapia. Sua psicologia, mais do que qualquer outra, enfatiza a idéia de que um fracasso ou uma fraqueza não são "apenas" um fracasso e uma fraqueza. O fracasso traz uma percepção que leva ao desenvolvimento, mas não é transformado muito rapidamente. Na verdade, é mantida uma tensão entre a percepção que a pessoa tem de seu potencial para o desenvolvimento na perda e a experiência da própria perda.

Tendo em mente esses princípios gerais, examinemos agora algumas de nossas orientações específicas para a realização da terapia de casais de uma perspectiva junguiana.

ORIENTAÇÕES PARA TERAPEUTAS

Nossa experiência nos mostra que os terapeutas são fortalecidos quando contam com parceiros para trabalhar com terapia de casal. Em parte, isso se deve à complexidade do material que surge. Colocando a coisa em termos simples: duas cabeças pensam melhor do que uma só. Ao colaborar com um co-terapeuta, pode-se observar, interpretar e consultar na hora. Compreender os níveis de realidade concorrentes no relacionamento de um casal é difícil, até mesmo para dois terapeutas, e pode ser assoberbante para um só.

Embora existam muitos argumentos em apoio de uma estratégia e uma técnica mais coerentes, quando se trata de apenas um terapeuta, acreditamos que os benefícios de uma terapia em colaboração superam os prejuízos. Em conseqüência, a estrutura que apresentamos neste capítulo baseia-se no pressuposto de que pelo menos dois terapeutas estarão envolvidos com o casal. Não podemos pretender que somos adequados em todos os níveis de significado que possam surgir nas estratégias e técnicas que apresentamos. No interesse de uma linguagem simples e de um conjunto útil de instruções, localizaremos aquilo que é descritivo e falaremos sobre o que pode ser visto nos outros e facilmente observado em nós mesmos.

Em primeiro lugar, escolher um parceiro como co-terapeuta é, em si, uma tarefa complexa. O casal terapeuta é um reflexo do casal cliente, em muitos níveis de interação. No nível da imitação ou aprendizado, o casal terapeuta deveria ser capaz de demonstrar, em suas ações e em seu diálogo, um senso de empatia objetiva e mútua. Deveria também ser capaz de demonstrar os modos de comunicação e interpretação que está tentando despertar no casal. Além disso, deveria parecer um casal de "peritos congruentes", tendo, cada qual, determinada força e poder que pareçam se equilibrar igualmente em sua parceria com o outro. Finalmente, o casal terapeuta deve ser percebido como constituído por indivíduos, assim como por parceiros, que não se fundem como uma unidade simbiótica, ou seja, concluindo as sentenças e os pensamentos um do outro. Trabalhar com um parceiro, na terapia, implica no desenvolvimento da confiança, do intercâmbio e da reciprocidade em um relacionamento de casal. Escolher um parceiro para esse tipo de desenvolvimento não é tão importante quanto escolher um parceiro íntimo, como ocorre no casamento, mas suas exigências interpessoais são semelhantes.

Ao escolher um co-terapeuta devemos guiar-nos por nosso próprio senso de bem-estar, respeito e estilo. O ideal é trabalhar com vários coterapeutas antes de escolher. Verificar como a pessoa coopera durante as sessões, e como os ritmos de comunicação funcionam com um co-terapeuta, contribuirá para que se faça uma boa escolha. Muitas pessoas não podem se dar o luxo ou a liberdade dessa descoberta ou até mesmo a possibilidade de escolher um co-terapeuta, sobretudo no universo clínico. No entanto, quando houver essa liberdade, é aconselhável tirar partido dela.

Quais serão as orientações? Encontre alguém com quem possa comunicar-se com abertura e clareza. É a qualificação básica para um co-terapeuta. Se não for possível uma escuta mútua e uma reação de empatia, você não será capaz de ajudar os outros nisso. Em segundo lugar, avalie sua própria adequação emocional com ao parceiro em potencial. Se você estiver ansioso ou receoso, irritado ou submisso durante a maior parte de seus contatos com o outro terapeuta, terá os mesmos sentimentos, e de forma muito exagerada, ao fazerem terapia juntos. Finalmente, tenha a certeza de que suas orientações teóricas e práticas se adequam. Isso não quer dizer que ambos precisam ter adotado a mesma orientação teórica (embora isto muitas vezes ajude), mas que as orientações devem ser compatíveis. No plano ideal, os parceiros devem ser "favoravelmente diferentes", de modo que possam aprender um com o outro. Tal diferença acarreta disparidades, quanto às idéias e abordagens, suficientemente diversas para não provocar excessiva ansiedade nos parceiros. Será, porém, fonte de desafio e interesse mútuos.

Diferenças quanto ao sexo, raça, idade e origem étnica dos coterapeutas também são importantes. Não há orientações simples para essas diferenças. Vocês devem sentir-se como um par de amigos ou de pessoas íntimas. Nossa experiência revela-nos que o sentimento de ser um par nasce da dimensão da parceria e do intercâmbio. Há um senso de companheirismo entre as duas pessoas. Em um casamento, os parceiros poderão ou não trabalhar bem como co-terapeutas. Se o relacionamento, no casamento, for relativamente bem individuado, de tal modo que os parceiros se vivenciem como pessoas autônomas e empáticas, eles serão potencialmente bons parceiros na terapia. Se, no casamento, os parceiros estão vivenciando muitos conflitos pessoais de relacionamento, isso necessariamente acabará surgindo em seu trabalho na terapia. O conflito poderá ser proveitoso se manifesto de modo favorável, contribuindo para a descoberta e para o desafio, mas não para a ansiedade. Se o conflito for por demais proeminente, gerará apenas ansiedade. Do mesmo modo, o relacionamento de um casal do mesmo sexo pode ser eficaz para a co-terapia se for suficientemente bom. Grandes diferenças de idade e de origem étnica ou racial geralmente são contraindicadas para a co-terapia. Como aparece muito material relativo à família de origem durante a terapia, grandes diferenças poderão contribuir para suposições muito diferentes. Se não forem bem trabalhadas pelos co-terapeutas, poderão interferir na comunicação durante as sessões.

Além dessas considerações interpessoais na escolha de um co-terapeuta, há algumas outras, profissionalmente significativas. Com que tipo de casais e/ou famílias você quer trabalhar? Famílias nucleares, famílias extensas, famílias *gay*, casais que coabitam, famílias com um só pai ou mãe, e famílias mistas são apenas algumas das configurações que você poderá encontrar. Acima de tudo, é aconselhável que os terapeutas tenham tido experiência com aquela espécie de estrutura familiar ou de casal que estão tratando. Certamente, os preconceitos pessoais e os pressupostos não examinados interferem na eficácia da terapia de casais. Por exemplo, trabalhar com uma mãe *gay* e sua amante deve envolver alguma familiaridade com os pressupostos e estilos de vida de um casal assim, para ser eficaz em esclarecer os padrões de comunicação e ajudar os clientes a modificar suas ações. Portanto, quando estiver escolhendo seu co-terapeuta, tenha em mente os tipos de casais que você consegue atender. Não tente tratar de pessoas sobre as quais você emite juízos de valor, perante as quais sente-se desinformado ou desarmado. Uma boa regra consiste em especializar-se até certo ponto em ajudar casais que sejam familiares aos seus próprios relacionamentos de casais. A dinâmica constelada no casal terapeuta afetará a dinâmica que emerge na terapia e orienta os terapeutas em suas intervenções. Ao escolher um co-terapeuta deve-se, portanto, ter em mente pessoas ou estilos de vida para os quais o casal terapeuta pode ser eficaz.

Enfim, os parceiros terapeutas devem ter tempo para se relacionar antes e após a sessão. Nós destinamos meia hora antes e uma hora depois para trabalhar nossas idéias, sentimentos, planos e avaliações. Como advogamos que uma sessão, em geral, dure duas horas, isso significa destinar três horas e meia para trabalhar com cada casal.

Naturalmente, o elemento tempo tem implicações monetárias. Os co-terapeutas em geral precisam cobrar mais do que um único terapeuta. Como é impossível medir o "valor" de dois terapeutas contra o de um único, o problema dos honorários exige comunicação constante e até mesmo contatos com outros terapeutas. Levar em conta considerações sobre os honorários que se costuma cobrar nessa área, a capacidade de pagamento do paciente, o número de sessões e a duração recomendada para cada uma delas, as necessidades financeiras dos dois terapeutas e seus próprios complexos relacionados ao dinheiro constituirão um processo interativo permanente. Do mesmo modo, constituirão questões a ser permanentemente discutidas: qual dos dois terapeutas receberá o pagamento, de que forma e como avaliarão a qualidade dos serviços prestados. Se você não conseguir discutir questões financeiras com um co-terapeuta em potencial, vocês não serão parceiros adequados.

Se acaso você está trabalhando em uma clínica ou em um programa de pós-graduação nos quais não tem oportunidade de escolher um co-terapeuta, deverá ter consciência de que certas dimensões serão problemáticas desde o início. Ao trabalhar com um co-terapeuta desconhecido ou que lhe foi designado, não espere uma verdadeira parceria ou sessões de terapia necessariamente eficientes. Como a parceria na coterapia é uma questão pessoal, até mesmo íntima, você não pode avaliar a eficácia da co-terapia a partir de experiências com pessoas que não conhece. Ao trabalhar com um co-terapeuta que lhe foi designado, a melhor orientação, tendo em vista a eficácia, consiste em prestar atenção às dimensões não verbalizadas da comunicação e em destinar muito tempo, antes e após as sessões, para discutir o trabalho de ambos. Se esse tempo não estiver disponível, é provável que ocorram muitas frustrações e você não deve tentar "exteriorizar" essas frustrações durante a sessão de terapia. Consultas e supervisão podem ser as suas únicas oportunidades para examinar seu relacionamento com o co-terapeuta. Aproveite essas ocasiões, pois o relacionamento com o co-terapeuta é tão importante quanto aquilo que é feito e dito na própria sessão terapêutica. Em meu ensino clínico e em minha supervisão, freqüentemente, encontrei situações em que o estudante e o co-terapeuta "experiente" se envolviam com os problemas de seu relacionamento em vez de se concentrar naquilo que o casal lhes apresentava.

Acredito firmemente, com apoio em minha experiência em prática clínica e no ensino, que o rumo da interação terapêutica é mais influenciado pelos elementos "carregados" dos terapeutas do que dos clientes quando os terapeutas estão inconscientes desses elementos. Elementos carregados são aquelas expressões emocionais consteladas pelos complexos arquetípicos em um campo interpessoal. Como os clientes esperam conhecimento e perícia dos terapeutas, eles deixam-se guiar mais facilmente pelos interesses e questões desses terapeutas do que pelos seus próprios. Quando os co-terapeutas estão irritados, confusos e lutam pelo poder, tenderão a energizar o campo interpessoal com seus próprios conflitos. Os clientes cooperarão inicialmente, porque seu papel é mais submisso, visto que se encontram em uma situação de necessidade, estão desinformados e inseguros sobre o tipo de ajuda que deveriam receber. Se esse tipo de interferência do casal terapeuta ocorrer com excessiva freqüência, os pacientes não voltarão, pois não sentirão que estão sendo ajudados. Claro que esse não é o único motivo para que não retornem, mas é uma razão importante. Na co-terapia, a oportunidade de que o casal terapeuta constele os próprios complexos talvez seja maior do que na terapia individual, na qual o cliente e o terapeuta devem constelar juntos.

Fazer ocasionalmente videoteipes de seu trabalho em co-terapia contribuirá bastante para sua capacidade de ajudar casais. Vídeos e áudios, embora interfiram na privacidade da psicoterapia, são necessários ao processo de aprendizado na co-terapia. Os parceiros co-terapeutas poderão compreender melhor suas contínuas contribuições temáticas ao campo interpessoal quando vêem isso no contexto com diferentes casais. Observar outros co-terapeutas trabalhando juntos também contribui para a compreeensão de nossas próprias idiossincrasias, sobretudo quanto a gestos, modo de falar e outras expressões de complexos não-racionais.

Finalmente devo fazer algumas observações sobre o campo interativo no relacionamento do casal terapeuta. Prefiro referir-me ao campo interativo na psicoterapia em geral, em vez de me expressar em termos de transferência e contratransferência (na melhor das hipóteses, não temos clareza sobre como separar os fatores que contribuem no campo interpessoal; na pior das hipóteses, tendemos a pensar dualisticamente, em termos de "acusar" um ou outro fator que tenha contribuído para esse campo). Naturalmente, o casal terapeuta ver-se-á diante dos mesmos tipos de complexos não racionais que encontra em outros relacionamentos íntimos. Complexos materno, paterno, de Deus, são os que constelam mais freqüentemente e, ocasionalmente, interferem complexos relacionados aos filhos. Ao assistir videoteipes e trabalhar com vários casais, você e o co-terapeuta acabarão conhecendo os complexos que constelam com maior freqüência em seu próprio relacionamento de casal, na terapia. Vocês poderão usar esses conhecimentos nas intervenções criativas e ativas que descreveremos (por exemplo, inversão de papéis) e poderão aprender a vê-los como habituais companheiros no trabalho terapêutico. Se vocês acharem que estão constelando complexos negativos muito perturbadores, como o da mãe negativa, freqüentemente observado, então deverão procurar alguém que possa supervisionar seu trabalho. Detectando as mensagens de sua família de origem e os padrões interativos que contribuem para seus complexos, e "ouvindo os complexos falarem" em determinado momento, vocês poderão descobrir aquilo que é criativo e útil no campo não-racional existente entre vocês. Além disso aprenderão a evitar aquilo que não é útil.

Como os complexos estão fora do próprio controle intencional, o melhor que o casal terapeuta poderá fazer quando seus complexos estão se manifestando negativamente na sessão é afastar-se e deixar o casal paciente fazer a interação por algum tempo. Conforme será explicado adiante, os terapeutas podem orientar os clientes para que falem sobre um tópico enquanto eles ouvem, ou podem levá-los a realizar uma ativi-

113

dade enquanto os observam. Esse tipo de interação com o cliente poderá proporcionar um momento de descanso em uma sessão em que os complexos do casal terapeta se tornaram motivo de confusão ou prejudiciais. Por meio da experiência e do treinamento, você acabará por ficar sabendo, à medida em que surgem determinados tópicos, quais complexos se constelam entre você e seu parceiro de terapia e aprenderá como usá-los construtivamente durante a sessão terapêutica.

CONTATO INICIAL COM OS CLIENTES

Os clientes chegam até nós por intermédio de encaminhamentos, contato direto ou selecionando-nos impessoalmente, em alguma fonte como a lista telefônica. Necessitamos de algum método para poder avaliar com rapidez com que espécie de família, casal e indivíduos estaremos lidando. Estabelecemos também um acordo prévio, entre nós, sobre quem trataremos e quem encaminharemos.

Descobrimos que o trabalho mais proveitoso ocorre com casais que procuram nossa ajuda após ouvir-nos em uma palestra ou nos são encaminhados por amigos que ouviram-nos apresentar nossa orientação. As pessoas, em geral, nos comunicam pelo telefone que conhecem nosso trabalho e que se sentem motivadas para procurar nossa ajuda. Tipicamente, no casal heterossexual, é a mulher que faz o contato e combina o horário da primeira entrevista. Com um casal como este, "familiar", estamos preparados para pensar em termos de todo nosso programa de intervenção, conforme será descrito. Habitualmente, quando procurados por pessoas que têm familiaridade com nosso trabalho, somos contatados por casais de meia-idade ou heterossexuais, que têm uma orientação feminista.

Os casais que não têm essa familiaridade apresentam um problema diferente, que se torna o foco de nossa atenção na avaliação inicial: será o casal suficientemente parecido conosco para poder se beneficiar com nossas intervenções? Durante o contato telefônico inicial, queremos saber do casal como ele tomou conhecimento de nosso trabalho. Quando a pessoa que nos contata afirma não ter familiaridade conosco, como terapeutas junguianos ou feministas, observamos que precisaremos avaliar o casal, antes de prosseguir.

Nossas preocupações concernem sobretudo a capacidade do casal para utilizar intervenções que implicam capacidade de reflexão e imaginação. Se um deles ou ambos achar que não têm nenhuma familiaridade com esse tipo de trabalho, que ele é perturbador ou que vai muito além de seu meio habitual de se relacionar e se expressar, teremos de levar em conta realisticamente nossa capacidade de ajudar esse casal.

Em seguida, nossa preocupação se volta para o problema em questão. Algumas vezes, a pessoa que nos procurou apresenta o problema como se ele fosse do parceiro. Essa pessoa poderá dizer, por exemplo:

"Gostaria de obter alguma ajuda terapêutica para meu marido, e como ele não irá espontaneamente, eu o acompanharei". Esclarecer o problema é importante, até mesmo nesse estágio inicial. Diremos: "Se acredita que seu marido precisa de uma terapia ou aconselhamento individual, converse com ele sobre isso e diga que nos telefone marcando uma consulta individual". Enfatizamos, já nesse estágio, a idéia de que o casal interage no problema, se é que tem um problema. Outro modo do casal procurar a terapia é quando os filhos nos "enviam" os pais porque estão expressando os conflitos do casal com notas baixas na escola ou problemas de conduta. Muitos casais nos foram enviados por conselheiros escolares, porque os filhos estavam tendo dificuldades. Nesse caso, solicitamos aos pais que nos procuram que "falem sobre o que está acontecendo com o/a filho/a".

Na sessão inicial com um casal, nosso primeiro procedimento consiste em fazer com que um se sente diante do outro, enquanto ocupamos cadeiras ligeiramente atrás e ao lado de cada parceiro. Abrimos a sessão dizendo: "Gostaríamos que vocês falassem um com o outro, exatamente como podem ter feito no carro quando vinham para cá, e sobre o que queriam ao nos procurar". Se um determinado problema já foi mencionado, então solicitamos que falem a respeito, por exemplo: "Gostaríamos que vocês falassem de suas impressões sobre os problemas que sua filha está tendo na escola". Enfatizamos que eles têm que olhar e falar um com o outro, enquanto ouvimos. Nós nos sentamos fora do campo de visão de um dos parceiros e dirigimos nosso olhar para algo que não o rosto do outro parceiro. Algumas pessoas acham que nosso procedimento provoca ansiedade, porque não nos atemos a amenidades sociais no consultório (sempre apertamos a mão do casal, na sala de espera e oferecemos chá ou café, se desejarem). Notamos como o casal lida com a ambigüidade e com o fato de que essa situação o deixa muito exposto. Nosso interesse é avaliar sua adequação ao tipo de trabalho que costumamos fazer com casais.

Fazemos-nos as seguintes perguntas:

1) Quão ansioso o casal está por falar diante de nós e por ter um dos terapeutas fora de seu campo de visão (ou seja, com que freqüência a pessoa vira a cabeça para olhar o terapeuta que não está conseguindo enxergar)?

2) Até que ponto estão eles à vontade falando um com o outro? Há contato visual, familiaridade, gestos e senso geral de "auxílio" mútuo?

3) Quanto precisam de nossa aprovação para prosseguir?

4) Estão eles motivados por suas próprias energias — raiva, tristeza, mágoa etc. —, para modificar as coisas em seu relacionamento?

5) Qual é seu nível de agressividade ou hostilidade expressa?

6) Com que facilidade eles traduzem o sentido metafórico para o sentido literal?

Para fazer o tipo de terapia que descrevemos, procuramos por evidências da capacidade do casal para se manter em uma situação ambígua, que provoque ansiedade. Em geral, achamos o casal mais promissor se pudermos obter alguma pista emocional — de raiva, mágoa, ressentimento, amargura, desespero ou depressão — por meio daquilo que o casal expressa ou de nossas percepções. Essa emoções serão motivadoras na fase inicial. Por outro lado, se muita raiva, hostilidade ou agressão, reprimidas ou não, forem detectadas a essa altura (elas partem de homens abusivos, física ou emocionalmente), o casal não é bom candidato para as técnicas de tipo provocativo que empregaremos.

Os parceiros também deveriam ser auto-suficientes o bastante, em seu relacionamento, para entabular um diálogo breve sem procurar com muita freqüência nossa aprovação. Se eles falam apenas uma ou duas palavras e logo perguntam "O que vocês querem que a gente faça agora?", não serão bons candidatos para desenvolver seu próprio espaço interpessoal, do tipo que necessitaremos para a terapia. Enfim, se eles parecerem incapazes de falar usando algumas alusões metafóricas naturais, mas usam apenas adjetivos empobrecidos, como "bonito", "legal" e descrições literais, é pouco provável que compreenderão intervenções que envolvem a realidade simbólica.

Após conceder cinco ou dez minutos ao casal, para que fale, os co-terapeutas conversam sobre o que ouviram. Se o casal parecer adequado à nossa abordagem junguiana ativa, nós imediatamente falamos dos complexos que observamos. Não empregamos a palavra "complexo", mas descrevemos o campo interativo em termos que conduzem ao complexo da mãe negativa, ou seja, herói, valentão ou bruxa. Por exemplo, poderemos dizer: "Louise parece sentir que Larry não a compreende. Quase desistiu de usar palavras para descrever o que sente. Penso que ela também perdeu a fé no relacionamento, pois sofre há tanto tempo". Ou então: "Larry é uma pessoa bem racional, que gosta de resolver os problemas mesmo antes de entendê-los". Além de caracterizar suas identidades, podemos também falar de suas projeções em termos do que cada um parece necessitar e recear. Podemos também fazer alusão às emoções não verbalizadas, por exemplo: "Creio que ambos estão com muita raiva, só que não conseguem expressar esta raiva abertamente". Tentamos extrair as emoções de mágoa, ressentimento, medo, raiva e desespero que estiveram escondidas e que nos ajudarão a trabalhar com eles. Sempre que possível, também tentamos usar um humor leve e apropriado, como, por exemplo: "Achei que Larry estava para sair da sala, de tão longe que colocou sua cadeira da de Louise". Estamos interessados na capacidade que eles têm de se ver objetivamente e rir de seus exageros.

Se o casal não parecer adequado para nosso tipo de trabalho, podemos fazer várias coisas. Um de nós poderá dizer ao outro co-terapeuta que um dos indivíduos precisa de um tratamento separado no momento: "Acho que farei algumas perguntas a Louise, enquanto você e Larry apenas ficam olhando". Ou diremos que cada um de nós deveria entrevistar o parceiro de seu próprio sexo, para examinar as coisas privadamente: "Vamos conversar com Larry e Louise separadamente, por alguns momentos, para que possamos conhecê-los melhor". Se acreditarmos que o casal não se adequa, de modo algum, a qualquer tipo de terapia de casal, indicaremos que gostaríamos de partir para uma terapia individual ou que seguiremos algum outro caminho, indicando uma terapia de grupo, por exemplo (mais adiante, o leitor encontrará informações mais detalhadas sobre esse procedimento).

Se decidirmos seguir adotando nosso formato habitual, colocamos nossas cadeiras em círculo e conversamos por alguns minutos com os dois sobre a avaliação inicial da experiência. Estamos interessados em suas reações às nossas observações sobre eles, bem como em suas reações ao fato de se exporem e falarem diante de nós. Em geral, não precisamos convidá-los a falar; o simples fato de puxar nossas cadeiras para perto deles sinaliza que podem falar, e é o que acabam fazendo. Como acabamos de iniciar o processo de avaliação, não queremos que eles falem demais no momento e tentamos limitar seus comentários iniciais sobre nossas respostas a um máximo de cinco minutos.

Se a mulher se mostrar muito chorosa neste ponto, talvez ela precise de uma atenção em separado, antes de prosseguirmos. Do que ela precisa, basicamente, é de apoio e empatia, pois está sentindo desespero. Visto que nós, em geral, sintonizamos imediatamente aqueles sentimentos e significados mais dolorosos atuantes entre eles, intensificaremos seu sofrimento, em vez de diminuí-lo. Algumas vezes, neste ponto, nós mesmos também ficamos deprimidos, e precisamos manifestar gestos de apoio entre nós. Em situações extremas, podemos deixar a sala para uma breve consulta em que tentamos imediatamente detectar um contexto para o que está acontecendo (por exemplo, podemos nos interrogar sobre ressentimentos pendentes, possível agressão física, amantes secretos e coisas do gênero).

Avaliação do campo interpessoal

A maior parte da sessão inicial significa, para nós, uma avaliação, mas usamos imediatamente várias técnicas. Simplesmente falando sobre nossas reflexões diante do casal, estamos criando um contexto para uma comunicação aberta, principalmente sobre os elementos não racionais do campo interpessoal (daqui em diante nos referiremos a ele simplesmente como "o campo"). Em geral não compreendemos o que está acontecendo de fato no campo até nosso posterior encontro a sós. Recorremos a inúmeras atividades para avaliar os complexos gerados no campo, as áreas de competência e vulnerabilidade dos indivíduos e o contexto em que se dá a vida cotidiana do casal (sobretudo os conflitos).

Usamos freqüentemente um breve exercício que aprendi ao estudar com o professor Thomas Allen, da Universidade Washington, em St. Louis.[1] Ele nos permite avaliar rapidamente com que precisão os parceiros estão demonstrando solidariedade entre si e como cada indivíduo conceitua o campo entre eles.

Avaliação interpessoal:
Um dos terapeutas introduz o exercício, dando as seguintes instruções e empregando mais ou menos as seguintes palavras:

Gostaríamos de fazer algumas perguntas, para as quais vocês escreverão respostas breves. Suas respostas nos ajudarão a compreender melhor aquilo que trouxe vocês aqui. Não há respostas certas ou erradas para nossas perguntas, e gostaríamos que vocês fossem tão francos quanto possível. Aqui está um bloco onde escreverão as respostas. Ponham seu nome no canto superior direito.

Primeira pergunta: Em uma escala que vai de 0 a 10, avalie a necessidade que vocês têm de seu relacionamento. Zero significa que vocês não precisam dele em absoluto e que se consideram inteiramente independentes dele a maior parte do tempo. Dez indicará que o relacionamento é tão necessário para seu bem-estar quanto o ar que respiram. Numerem as respostas e respondam agora.

Segunda pergunta: Qual é o maior problema em seu relacionamento, do seu ponto de vista, exatamente no momento em que estão sentados aqui? (deve-se dar a cada um deles o tempo necessário para responder.)

Terceira pergunta: Qual é a maior satisfação em seu relacionamento, exatamente agora e de sua perspectiva? O que mais valorizam em seu relacionamento?

A quarta pergunta é um pouco diferente das demais: Escrevam o número que acham que seu parceiro atribuiu à primeira pergunta. Que peso seu parceiro deu a este relacionamento, na vida dele(a)?

Quinta pergunta: Qual é o problema que seu parceiro afirma ser o mais difícil no relacionamento de vocês, neste momento? (em geral esta pergunta demora mais para ser respondida do que as outras).

Sexta pergunta: O que seu parceiro acha que é a maior vantagem nesse relacionamento, neste momento?

Quando os parceiros terminam o exercício, pegamos as folhas e examinamos as respostas. Habitualmente, começamos a comentar essas respostas por algo que possa provocar ansiedade. Por exemplo, com um casal que consultou-nos certa vez, o homem atribuiu um índice zero à importância do relacionamento para ele, enquanto a esposa havia atribuído nove. Começamos pedindo a ela que perguntasse ao marido o índice que ele atribuíra ao relacionamento e, em seguida, compartilhasse com ele o que havia pensado (índice 7). As respostas curtas dão muitas informações e costumamos manter esse exercício de compartilhamento até que um deles acabe de expressar o que estava escrito. Algumas vezes, ajudamos o casal a explorar alguma dimensão daquilo que foi mencionado, empregando a técnica do "duplo" (explicada mais adiante), na qual os terapeutas atuam como vozes do alter-ego para cada membro do casal.

Depois desse exercício, meu co-terapeuta e eu fazemos uma pausa de cinco minutos, durante a qual planejamos os próximos passos. Costumamos começar com uma das técnicas de intervenção descritas mais adiante para explorar ainda mais a mágoa, a raiva e o ressentimento. Nosso objetivo é "cavucar" a mágoa suficientemente, de tal modo que todos nós possamos sentir bem diretamente a perda potencial do relacionamento.

Avaliar o complexo tem três dimensões: 1) confronto com a perda; 2) mapeamento das expressões não racionais; 3) descobrir segredos.

Ao confrontar a perda, queremos ter empatia pelo sentimento de perda potencial do casal. Investigaremos tópicos tais como a profundidade de seu compromisso, os filhos, a vida familiar, os interesses compartilhados, as relações sociais, a família extensa, o início de seu romance ("descreva a pessoa por quem se apaixonou há vinte anos") e sua vida sexual íntima. Em geral, a vida sexual do casal inexiste ou mal sobrevive. Também fazemos perguntas sobre dependência financeira (algumas vezes o dinheiro é a resposta da mulher para a pergunta sobre sua maior vantagem no relacionamento), compromissos com carreira e futuros planos de trabalho. A essa altura, em geral, nós estamos dando apoio à voz da bruxa, que se desespera para localizar algo de positivo na vida que o casal construiu em conjunto. Ao mostrar empatia por essa voz, reforçamos a experiência da mulher, de que ela pode ter uma perspectiva legítima da dor de viver "na floresta". Estamos interessados em descobrir quão fácil ou difícil é para ela elaborar uma posição autônoma. A partir disso poderemos dizer se ela é uma Ragnell antiga ou recente; se habituou-se ao isolamento e se precisará de muita ajuda para se libertar, ou se está a ponto de dizer: "Eu tenho a resposta".

Também em relação ao homem queremos descobrir o quanto ele compensou a perda em sua experiência e/ou quanto ele se tornou agressivo ou prepotente para fazer com que seu modo prevaleça. A questão da violência física contra os filhos ou contra a companheira pode ser incluída em nosso exame do papel do valentão. Se intuirmos que isso pode estar acontecendo, faremos tudo o que estiver ao nosso alcance para que seja exposto. É essencial fazer isso em uma atmosfera desprovida de acusações, mostrando empatia pelo desespero e a raiva do marido.

Mapear expressões não racionais implica em notar os tipos de gestos e significados implícitos que cada parceiro usa para expressar sentimentos não verbalizados. Por exemplo, uma mulher sempre ia para o quarto, trancava e porta e chorava quando estava furiosa com o marido. Nós reenquadramos essa atitude como uma expressão de raiva. Durante nossas sessões com esse casal, aos poucos conseguimos ensinar à mulher algumas palavras para sua raiva, embora ela continuasse a expressá-la principalmente com retraimento. Conseguimos entender seu retraimento como raiva, e seu marido acabou sendo capaz de reagir apropriadamente a essa raiva, estabelecendo limites entre ele e o filho, que, aliás, era o que a mulher desejava. À medida em que observamos significados implícitos em expressões faciais, gestos e imagens arquetípicas, usamos palavras para nomear os estados sentimentais expressos. Podemos seguir determinado gesto até alcançar seu significado na família de origem e defini-lo em termos de imagem. Por exemplo, um certo jeito de balançar a cabeça, em determinado homem, lembrava a agressividade do avô, que ele mostrava de um jeito passivo. Quando o homem fazia esse gesto, um de nós dizia: "Bem, acho que o avô Smith está aqui. Como será que ele conseguiu entrar?".

Nessa sessão inicial, estamos simplesmente descobrindo e classificando os comportamentos arquetípicos que expressam emoções humanas básicas, sobretudo aquelas que foram negadas ou ocultadas pelo casal.

Finalmente, queremos avaliar as "entrelinhas secretas" nos contratos ocultos ou nos acordos não verbalizados do casal. O trabalho de Carl Sager nessa área nos foi de grande ajuda.[2] Em geral, quando parceiros começam um relacionamento, eles têm um contrato não-verbalizado, que permite que cada indivíduo satisfaça as próprias necessidades. Por exemplo, o contrato pode determinar que a mulher cuide da casa e dos filhos, em troca do apoio financeiro do marido, que também orientará racionalmente a família. Em geral, a monogamia sexual faz parte do contrato do casal. Subcontratos, no âmbito de um acordo mais geral, indicam outras preocupações ocultas, tais como quem iniciará o sexo, quais as liberdades sexuais de cada parceiro, quem cuidará do dinheiro etc. Embora esses contratos não sejam explicitamente verbalizados, são importantes para manter o acordo e a confiança entre os parceiros. Quando a confiança básica foi quebrada, o contrato inicial sempre foi violado, por um ou ambos os parceiros. Uma situação típica é aquela em que o contrato inicial nunca foi substituído por outro acordo mutuamente satisfatório e, assim, ambos ficam com raiva e magoados. Nosso breve exercício escrito nos deu pistas sobre aquilo que permanece e aquilo que foi violado no contrato. Os pressupostos e projeções de cada parceiro também darão pistas sobre o contrato original e sua violação.

Entre muitos casais de meia-idade, a primeira quebra de contrato foi iniciada pela mulher, ao se recusar a ser como que empregada em determinadas situações. Ou ela deixava de levar as crianças à escola, ou parava de fazer as tarefas domésticas ou satisfazia suas necessidades emocionais com um amante. Com seu comportamento, ela dizia "não" ao acordo original, segundo o qual ela seria dominada pelas necessidade do marido. No entanto, ela nada fazia para substituir as tarefas que havia abandonado. Embora o marido não soubesse conscientemente que estava furioso, como reação por ela ter deixado de cumprir sua parte na "barganha", ele poderia encenar uma cena de traição, em resposta ao comportamento da mulher.

Quando um ou ambos os parceiros tem um/a amante, seu sofrimento pela quebra da confiança pode ser amainado. Em nossa busca das dimensões ocultas da relação original de dominação-submissão, examinamos especialmente a tolerância racional do marido àquilo que ele, aparentemente, não gosta na independência da mulher (expreso em sua recusa a cooperar). Algumas vezes, fazer uma entrevista separada com cada parceiro é a única maneira de descobrir seus segredos. No entanto, tais segredos surgem freqüentemente por si só, no diálogo do casal.

Em uma atmosfera sem acusações, encorajamos que se fale dos segredos. Uma vez que intuímos ou descobrimos um segredo que está sendo mantido por um dos parceiros e que, em geral, envolve uma traição, no campo do sexo ou das finanças, fazemos tudo o que estiver ao nosso alcance para encorajar a revelação desse segredo, mas essa atitude não partirá de nós. Falar sobre o "poder mágico" dos segredos, no sentido de que isolam os parceiros, e sobre o quanto é proveitoso revelar segredos é um método que muitas vezes funciona. Revelar alguns aspectos ocultos ou secretos de nossas próprias interações terapêuticas momentâneas pode criar uma abertura que o casal imitará. No mínimo, diremos que a existência de segredos na área do contrato do relacionamento interferirá definitivamente em nossa capacidade de ajudá-los a revitalizar esse relacionamento. Descrevemos freqüentemente a confiança básica como uma chama que poderá morrer, caso não se cuide dela, não se lhe forneça ar e combustível adequado. Os segredos tendem a abafar a chama.

É claro que esperamos que cada membro do casal tenha uma vida privada, bem como uma vida em comum como parte do casal e, assim, não defendemos que se revele tudo da vida íntima de cada indivíduo. Só encorajamos a revelação dos segredos que podem provocar mágoa e que tolhem o compromisso com a intimidade entre os parceiros.

De um modo ou de outro, assumimos uma posição firme quanto à necessidade de um compromisso monogâmico com o relacionamento, durante o processo da terapia. Acreditamos que o relacionamento do casal, mais do que o relacionamento entre paciente e terapeuta, é o campo interativo que estrutura a terapia de casais. Quando necessidades sexuais ou emocionais estão sendo satisfeitas por alguém fora do círculo do casal, então o trabalho da terapia pode se dissipar ou ser anulado por arranjos externos.

Nos últimos quinze minutos de nossa primeira sessão, os coterapeutas conversam diante do casal sobre sua avaliação do campo interpessoal, enfatizando temas de cada uma das áreas que mencionamos. Além de enfatizar a perda potencial, falamos sobre os aspectos promissores, a força dos indivíduos e os alicerces de seu compromisso. Apoiamos a dor da mulher e a realidade de seu isolamento e de sua luta. Apoiamos igualmente a tolerância e a realidade das responsabilidades do homem e seu isolamento. Em geral, neste ponto, os parceiros se abrem e identificam-se positivamente com as reflexões dos terapeutas. Nessa fase, sempre passamos alguma tarefa a ser realizada em casa, algo que o casal assuma a responsabilidade de fazer por si só, no intervalo entre as sessões. No caso de uma única sessão de avaliação, sugerimos tarefas que poderão ajudar o casal no futuro.

O contrato terapêutico

No final da sessão identificamos determinadas metas, com base naquilo que compreendemos na sessão inicial. Tanto quanto for possível, as metas serão concretas e dirigidas ao comportamento, e corresponderão ao problema inicial apresentado pelo casal. Podemos falar em termos de melhorar as comunicações não racionais, esclarecê-las e traduzir algumas delas em palavras. Podemos nos referir às "tarefas corriqueiras da vida", à partilha dos cuidados com a casa e os papéis parentais. Em geral, nos formulamos uma meta que leve o casal a uma intimidade maior e a um tempo mais compartilhado. Quando um filho ou filhos estão envolvidos no problema apresentado, formulamos nossas metas de modo a corresponder a essa preocupação inicial. No mínimo, reformulamos o conceito de "criança problema" como um "problema no relacionamento do casal". Ou então podemos integrar a essa meta atividades relacionadas à criança. Podemos dizer que atenderemos o casal acompanhado do filho ou dos filhos, mas não planejamos ver nenhum dos filhos até a sessão final.

Para a maioria dos casais, marcamos cinco sessões, de duas horas cada, após a entrevista inicial. As sessões acontecem uma vez por mês. Uma sétima sessão, de acompanhamento, é planejada para seis meses após a última das cinco sessões regulares. Explicamos que o trabalho maior da terapia acontece fora, no relacionamento, e que nesse processo nós apenas damos uma consultoria. Se o casal tiver problemas com as tarefas que designamos, deve telefonar-nos, em vez de desistir delas. Se houver uma emergência e o casal precisar nos ver entre as sessões regulamentares, pode telefonar solicitando atendimento. Também informamos o casal que deve pagar-nos imediatamente após cada sessão (já informamos pelo telefone nossos honorários).

ESTRATÉGIAS E TÉCNICAS

As seguintes estratégias são princípios básicos de psicoterapia, válidos para a maior parte das terapias, independentemente das escolas teóricas. Cada uma dessas estratégias é eficaz no contexto específico de um relacionamento terapêutico. Elas caracterizam de que modo a psicoterapia é um relacionamento interpessoal único, que se diferencia facilmente de outros relacionamentos íntimos. Foram mencionadas e brevemente explicadas no capítulo dois: 1) manejo do relacionamento terapêutico; 2) reconstrução do significado; 3) novo aprendizado e 4) expansão do vocabulário para construção do significado.

Considero básicas essas estratégias, em qualquer prática terapêutica que se denomine "psicoterapia". Todas elas contribuem para ajudar as pessoas a modificar suas atitudes conscientes, seus estilos de vida e suas ações e pensamentos habituais. São empregadas em psicoterapias individuais, de casal, de família e de grupo, que usam diferentes técnicas. Ao discutir cada uma dessas estratégias, em termos da psicoterapia junguiana com casais, descreverei alguns dos elementos relacionais implicados na estratégia, assim como uma ou duas técnicas que usamos para implementar essa estratégia. Uma técnica é uma intervenção particular: é fácil de descrever e mais observável do que a própria estratégia. Algumas das técnicas ativas que usamos derivam do psicodrama, enquanto as técnicas interpretativas derivam da psicologia junguiana. As técnicas comportamentalistas provêm da terapia comportamentalista. Julgamos essa combinação de intervenções ativas e interpretativas especialmente eficaz em nosso trabalho com casais.

Manejo da relação terapêutica

O relacionamento terapêutico é o campo interativo em que ocorre a terapia. De nossa perspectiva, é um campo amplamente caracterizado pela confiança básica ou pelo *rapport* entre terapeuta e paciente. Na terapia individual, esse *rapport* (em geral chamado "transferência positiva" ou "aliança terapêutica") é estabelecido ao longo de um período um tanto extenso. Até que ele se estabeleça, o campo terapêutico normalmente consistirá daquilo que William Goodheart chamou de aspectos do relacionamento "restauradores da *persona*".[3] Ambas as partes se ocultarão atrás da *persona*: o terapeuta como "perito" e o paciente como "pessoa comum" ou "sofredor" ou qualquer outra coisa assim. Até que se estabeleça o *rapport*, pouco trabalho de cooperação e mútuo pode ser realizado.

Na terapia de casal, já há um *rapport* entre os membros do casal, embora possa estar um tanto prejudicado no momento em que a terapia começa. A ansiedade e a tensão provocadas pela sessão terapêutica tenderão a restaurar o *rapport* do casal, vinculando-o como uma unidade (a menos que esteja pronto para separar-se). É essa unidade do relacionamento conjugal que constitui o campo primário a ser mapeado na terapia de casal. Os co-terapeutas têm seu próprio *rapport* e se colocam um tanto fora do relacionamento terapêutico do casal.

Para terem crédito como peritos ou autoridades, os terapeutas devem mostrar que conhecem o que estão fazendo ao conduzirem a sessão. Embora possam se associar temporariamente no *rapport* com um ou com ambos os membros do casal, eles entram no campo como peritos. O manejo do campo terapêutico, no trabalho com o casal e com a família, requer que atuem como autoridade e que sua atuação seja dirigida ao relacionamento do casal. É uma experiência bem diferente da de estabelecer um *rapport* e usá-lo na terapia individual. Algumas pessoas consideram essa espécie de gerenciamento ou consultoria menos atraente e mais provocador de ansiedades. Visto que os co-terapeutas vivenciam o relacionamento do paciente como algo "formado" e um tanto resistente às pessoas de fora, recorrerão a várias técnicas para afetá-lo. Uma das técnicas que empregamos de vários modos para exercer pressão sobre o campo terapêutico, durante a sessão, é aquilo que denominamos a *entrevista empática*.

Entrevista empática: Escolha um assunto carregado ou difícil (por exemplo, desconfiança relacionada ao dinheiro) e entreviste o membro mais afetado do casal. Em geral, a entrevista funciona melhor com o co-terapeuta do mesmo sexo do cliente. O outro co-terapeuta e o outro cliente recuam suas cadeirass e observam a entrevista em silêncio.

A entrevista deve obedecer regras básicas para que haja uma compreensão empática:

a) Facilitar o *rapport* entre terapeuta e cliente, estabelecendo um sentimento compartilhado de reciprocidade (por exemplo, ambos "entendemos" tal e tal coisa). Mediar o *rapport*, pressionando para uma exploração maior de um tópico difícil.

b) Facilitar maior compreensão do tópico, reformulando seu significado mediante uma nova linha simbólica ou interpessoal. Por exemplo, reformular um ato de recuo como atitude assertiva de raiva.

c) Utilizar escuta atenta e respostas que intensifiquem a experiência afetiva do cliente.

d) Integrar o arquétipo como tal (gestual), o complexo arquetípico (significado implícito) e a realidade pessoal expressa sempre que possível. Essa recuperação de vários níveis de significado deve ser congruente com a experiência do cliente.

Quando a entrevista tiver acabado (costuma durar de dez a quinze minutos), os observadores voltam-se um para o outro e o co-terapeuta pergunta aos membros do casal: "O que você sentiu ou percebeu enquanto estava olhando?". O material proporcionado pela entrevista deveria ampliar a capacidade de empatia do parceiro para com o outro. Além disso, pode abrir possibilidades de maior exploração dos níveis sentimentais do complexo que está sendo examinado (o tópico carregado será inevitavelmente associado a um complexo).

Escuta empática e respostas exploratórias dos terapeutas aumentarão sua capacidade de afetar o relacionamento e fazer pressão na atribuição de tarefas e direção das sessões.

Por meio da atitude de empatia objetiva, os terapeutas transmitem uma compreensão dos problemas do casal e a posição deles, terapeutas, fora do campo problemático. Mais do que um trabalho individual, a terapia de casal expõe o terapeuta a atuar no papel de perito e, portanto, ele constela o complexo parental ou de Deus. As técnicas empáticas ajudam os terapeutas a sentirem-se unidos aos clientes e simplesmente humanos. A empatia dos terapeutas também permite que o casal se sinta à vontade e veja seu reflexo com precisão.

O equilíbrio entre empatia e objetividade é especialmente importante no manejo do campo interativo do casal, pois muitas diretrizes são dadas pelos terapeutas no trabalho com casais. As diretrizes incluem indicar aos clientes onde sentar, quando mudar de perspectiva na sessão, como falar ou olhar um para o outro e quais tarefas serão atribuídas após a sessão. Essas diretrizes não envolvem tipicamente o aconselhamento. As diretrizes dos terapeutas incluem a criação de contextos, tanto dentro como fora das sessões, e nos quais os parceiros poderão aprofundar seu desenvolvimento. Por outro lado, o conselho pode vir a ser necessário se houver perigo ou agressão, por exemplo, se os pacientes representarem um perigo para si ou outros dependentes. Aconselhamos sobre como lidar com as crianças, como lidar com a dependência de drogas (por exemplo, procurar os Alcoólatras Anônimos) e como "conter" uma hostilidade agressiva, quando necessário. Não damos conselhos, entretanto, a menos que exista um potencial de perigo pessoal ou interpessoal.

O manejo da relação terapêutica pretende primeiramente que os terapeutas criem contextos apropriados e façam com que as pessoas e os complexos se desloquem dentro e fora do campo interativo do relacionamento conjugal. Pretende também firmar o contexto que envolve o relacionamento do casal, dizendo a ambos os parceiros que eles têm que estar intimamente comprometidos um com o outro durante o período de seis meses de intervenção terapêutica ativa. Se a terapia funcionar, a confiança básica e a vitalidade serão restabelecidas e verificaremos que o casal continuará a manter esse compromisso quando o entrevistarmos daí a seis meses, na sessão de acompanhamento.

Reconstrução do significado

A estratégia de reconstrução do significado envolve a reelaboração do paradigma consciente e inconsciente que o casal traz ao encontro terapêutico. Isso significa ajudar os parceiros a modificar seus pressupostos, expectativas, projeções e fantasias sobre cada um deles, para que assim possam relacionar-se mais eficazmente como "pessoas comuns". Em termos junguianos, nós os ajudamos a distinguir entre realidade pessoal e arquetípica e também a resgatar sua realidade pessoal. O ideal é dar elementos para que cada pessoa estabeleça uma dialética interna entre essas realidades para construir significados, de modo que cada parceiro tenha pronto acesso às respostas pessoais e à imaginação arquetípica.

Quando um casal cortou o laço da confiança básica, em geral ambos os parceiros projetam um no outro complexos arquetípicos e limitam as reações pessoais que ocorrem entre eles. Em vez de ser capazes de ver e vivenciar o outro como pessoa, com uma identidade individual e uma responsabilidade pessoal apropriadamente limitada em relação à vida, os parceiros vivenciam um ao outro como se fossem "deuses" ou "deusas". Manter a projeção da bruxa ou do herói é desgastante para a identidade pessoal e para o senso de iniciativa. Além do mais, quando a projeção é internalizada e vivida como um estado de identidade, ela interfere na individuação.

Ao distinguir entre realidade arquetípica e pessoal e ao estabelecer uma dialética interna entre ambas, a pessoa torna-se capaz de continuar a desenvolver-se. Isso significa, em parte, que cada indivíduo assume mais a responsabilidade por seu próprio desenvolvimento; isso, algumas vezes, é sentido inicialmente como um "fardo". Para um casal, a postura dialética também significa que cada parceiro pode apressar ou encorajar o desenvolvimento do outro, sabendo agora que tem a escolha de seguir ou não esse procedimento.

A projeção habitual do *animus* da mulher no marido, por exemplo, reduz as possibilidades de que ela venha a desenvolver sua própria autoridade e aumenta a possibilidade de que sua capacidade de encorajar o desenvolvimento pessoal do marido seja insuficiente.

Constatamos que a projeção do *animus* da mulher no parceiro tem elementos de seu complexo paterno e do *animus* da mãe. Freqüentemente, esses elementos inconscientes são incongruentes com as reais capacidades e motivações do marido, ou, pelo menos, com seu estilo pessoal. Naturalmente, algo "engancha" a projeção em uma fase inicial, mas, em geral, esse gancho é apenas parte do repertório do comportamento do marido.

Para dar um exemplo muito específico, certa mulher presumiu que o marido, profissional brilhante, de boa formação universitária, "ganharia muito dinheiro um dia" e começou seu casamento esperando inconscientemente que acabariam tendo "uma boa vida", à qual ela estava acostumada graças aos grandes proventos do pai. Quando se casaram, faziam o gênero *hippie* e o desejo inconfesso da mulher por posses materiais não estava incluído em sua percepção consciente nem se revelava em sua *persona*. Após alguns anos, durante os quais o marido realizou um trabalho profissional valioso, dedicando-se também a obras de caridade, ela começou a pressioná-lo no sentido de ganhar mais dinheiro. Embora ele mesmo tivesse alguns desejos materiais, eles não eram tão grandes quanto os da mulher. Ao aprender a discriminar entre seu complexo paterno e o marido, a mulher tornou-se capaz de escolher se *ela* queria ou não ganhar o dinheiro adicional, necessário ao estilo de vida que desejava.

A retirada e a integração dos complexos do *animus* e da *anima* projetados nos parceiros permitem maior liberdade pessoal a cada um. Eles devem evidenciar, em seu comportamento diário, as mudanças na personalidade que indicam a integração desses complexos. No homem, descobrimos que o complexo da *anima* foi projetado na esposa, em termos de ela ser ou não capaz de preencher as fantasias dele, sendo uma mulher "completamente disponível". O marido pode ter decidido que a mulher é capaz de preencher essas necessidades emocionais impossíveis e está com raiva de precisar ser uma pessoa contida, ou ele resolveu que ela simplesmente "não tem a capacidade" de ser uma mulher disponível e escolheu outras mulheres para suas projeções. Ele também costuma estar convencido de que as emoções da mulher são "avassaladoras e impossíveis". Ela é "excessivamente emotiva", deprimida, irada ou ressentida demais etc., para ser afetada pelo apoio que o marido lhe dá ou por seu envolvimento. De fato, ele está assumindo pouca responsabilidade por qualquer espécie de cuidados à mulher, presumindo que ela deveria cuidar de si mesma e dos que a cercam. Ao integrar sua própria *anima*, ele se tornará empaticamente envolvido com as necessidades emocionais da família e começará a mostrar que compreende verdadeiramente aquilo que os outros querem quando lhe pedem envolvimento íntimo. A integração de sua *anima* deveria evidenciar-se tanto em uma receptividade emocional apropriada durante as sessões (diferente dos avassaladores "estados da *anima*") quanto no assumir responsabilidades com o cuidado da família.

Uma técnica útil para incentivar a diferenciação e a integração dos complexos do *animus* e da *anima* consiste em uma intervenção psicodramática chamada duplo:

Duplo: Os co-terapeutas atuam como alter-egos para os parceiros clientes. Isso poderá assumir qualquer forma, por exemplo, cada co-terapeuta faz o duplo de um dos parceiros; mas, em geral, a forma assumida é a de um co-terapeuta fazendo o duplo do parceiro do mesmo sexo.

Dispor as cadeiras de modo que o terapeuta que atua como alter-ego fique fora do campo de visão do paciente que estiver falando. Em geral, é extremamente eficaz o terapeuta sentar-se atrás e à esquerda do paciente de quem está fazendo o duplo. Os pacientes ficarão frente a frente.

Os seguintes tipos de instruções serão dadas por um dos co-terapeutas: "Iremos ajudá-los a se comunicarem com maior abertura. Cada um de nós falará da experiência que não está sendo expressa por cada um de vocês. Falaremos como se nós fôssemos vocês. Quando eu falar por você, Larry, falarei de coisas que eu percebo que você está experimentando ou pensando, mas não está dizendo. Ouça o que eu disser e se eu estiver errado, modifique as palavras, ou então me diga o que está acontecendo. Se eu estiver certo, então deixe Louise responder, como se fosse você que estivesse falando. A partir desse momento a bola está com vocês. Gostaria que elaborassem, com suas próprias palavras, aquilo que desvendei e se está correto. Se aparecer algum problema, pode me consultar. Sou uma espécie de alter-ego ou voz interior para você, mas também sou seu parceiro e talvez precisemos consultar-nos ocasionalmente. Minha parceira fará o mesmo em relação a Louise. Entendeu?".

Deixem o casal iniciar o diálogo. Logo que o complexo se torne aparente, os terapeutas formularão palavras para expressar seu significado subjacente. Estas palavras deverão estar próximas da linguagem do paciente e, em geral, serão declarações relativas a sentimentos. Por exemplo, o paciente diz: "Talvez nós simplesmente devêssemos tomar a decisão de viajar em um fim de semana e voltar a nos conhecer". O terapeuta diz: "Preciso abraçar você e sentir seu amor". O terapeuta enfatiza as emoções diretas que não se expressam. Dependendo do estágio da terapia, o terapeuta poderá querer enfatizar sentimentos de mágoa, raiva e depressão/desespero ou sentimentos de alegria, amor, satisfação e prazer.

Como os terapeutas estão mais informados do que o casal sobre os papéis do valentão, da bruxa e do herói no complexo da mãe negativa, o terapeuta deverá estar um passo adiante do casal.

Após fazer o duplo por quinze ou vinte minutos, os co-terapeutas se reúnem ao casal, formando um círculo, e vão interpretar, com a ajuda dele, o que aconteceu.

Fazer o duplo leva, inevitavelmente, à técnica da *interpretação*. Verificamos que a interpretação não reducionista (significados arquetípicos) em geral é mais útil do que a interpretação reducionista (padrões da família de origem).

A interpretação não reducionista, por evocar imagens simbólicas e expressões provenientes do mito e das histórias, permite revelar o significado sem acusações. Quando falamos do significado do papel da bruxa e do herói, nos referimos mais às solicitações típicas dos laços íntimos entre adultos do que às influências específicas dos próprios pais do paciente e da educação que recebeu. Como os membros do casal, em geral, brigaram muito devido às próprias famílias, poderemos reestruturar esse conflito considerando-o típico ou simplesmente algo que é de esperar em se tratando da vida humana. Distinguimos entre a realidade emocional, de sentir-se compelido ou impulsionado por um estado interior, e a realidade racional, de operar escolhas e ser lógico. Ao enfatizar a importância de ouvir e de compreender tanto o emocional quanto o racional, discutimos a responsabilidade pessoal de se entregar aos aspectos emocionais do relacionamento. Fazer exigências impossíveis aos outros, em função das próprias fantasias e ideais, pode interferir com a satisfação interpessoal. As fantasias e os ideais também podem motivar-nos a expandir nossa percepção, quando assumimos uma responsabilidade pessoal por eles.

Nesse tipo de interpretação não reducionista focalizamos a atitude consciente corrente e escolhemos ilustrações daquilo que está acontecendo na sala. Por exemplo, um homem atacou-me com muita raiva depois que fiz o duplo de sua mulher, e disse a todos que "eu estava criando problemas e mexendo em determinados sentimentos" que a mulher nunca expressara. Como resposta, eu lhe disse que seus sentimentos de raiva estavam erroneamente dirigidos a mim e que eu podia perceber o quanto ele estava assustado com a responsabilidade pela mágoa da mulher. Disse-lhe também que em geral ser valentão e temperamental assusta outras pessoas, fazendo com que se afastassem dele. Prossegui, afirmando que, provavelmente, ele se sentia temeroso e solitário quando explodia daquele jeito e surpreendia-se isolado dos outros. Na situação terapêutica, não achei que sua raiva fosse algo preponderante, mas vivenciei-a como uma energia inerente a ele, potencialmente à sua disposição para que ele pudesse desempenhar as metas que admirava mas que não perseguira. Disse também que ele era claramente uma pessoa poderosa, assumindo o comando de nossa sessão e que, quando compreendesse seu poder, poderia confiar em si em outras situações.

A interpretação reducionista, ao explicar o comportamento costumeiro em termos de influências familiares ou sociais passsadas, é útil quando certos gestos e estados de espírito evocam receios de repetir o passado. Mais do que iniciar esse tipo de interpretação, nos apoiamos naquilo que o casal nos traz. Um ou ambos os parceiros poderão indicar, por exemplo, que algo é "exatamente igual a nossos pais" ou poderão dizer, desesperançados, que se entregam às mesmas batalhas que seus pais travavam. Exploramos essa situação da família de origem em termos de gestos ou de significados simbólicos implícitos no momento. Se, por exemplo, o paciente disser "Mamãe sempre ficava doente e ia para a cama quando ficava zangada conosco", poderemos dizer "Agora você convidou mamãe para vir até aqui. O que quer fazer com ela?". Em geral, tentamos libertar o casal do passado empregando dois recursos. Demonstramos a eles que seus pais pertenciam a uma geração diferente, não tão conscientes e livres para poderem ser os indivíduos que os membros do casal são (seja isto ou não verdadeiro, a cena se arma. Freqüentemente, recorro a uma versão de uma famosa citação de George Santayana: "Aqueles que não lêem a história estão condenados a repeti-la" e digo ao casal que estamos aprendendo a "ler a história" e, portanto, a livrarmo-nos dela). Explico também a diferença entre ter uma compreensão contextual de uma antiga situação de vida e simplesmente repeti-la. Encorajamos o humor e a imaginação ao reagir aos padrões da família de origem.

Acima de tudo, distinguimos entre realidade dos complexos arquetípicos e realidade pessoal daquilo que "aconteceu realmente". A mãe internalizada ou o complexo paterno, embora possam se assemelhar a alguns traços das pessoas que nos criaram, não são aquelas pessoas. As preocupações e problemas atuais ligados aos complexos paternos internalizados devem ser diferenciados dos pais de verdade. Para algumas pessoas, voltar aos pais verdadeiros — fazer perguntas e obter informações — é um meio útil de separar os complexos das pessoas. Para outros, ou é uma impossibilidade ou cria maior confusão. De uma perspectiva junguiana, é especialmente importante que ajudemos as pessoas a distinguir entre essas realidades, em vez de obscurecer ainda mais suas

semelhanças e diferenças. Muitas abordagens da terapia família encorajam uma investigação dos padrões da família extensa, tal como operam no presente, sem estabelecer uma diferença adequada entre os complexos parentais e as pessoas envolvidas nos papéis de pais e mães.
Os complexos são coleções de imagens, sentimentos, experiências e ações habituais acumuladas em torno de imagens arquetípicas. Um complexo resulta de experiências com muitas pessoas, e não simplesmente com uma ou duas pessoas. Enquanto uma mulher pode ser muito influenciada pela depressão da própria mãe e pela falta de motivação individual, ela precisará vivenciar esta mesma coisa em outras mulheres e em si mesma, caso carregue o fardo do complexo de uma mãe fraca e deprimida, quanto atingir a meia-idade. Dialogar com a própria mãe não desfará a projeção desse complexo nela. Mapear o complexo, através de sua própria terapia e de seus relacionamentos, ajudará a compreender seu significado e retirar sua projeção de outras pessoas significativas. Ao usar uma interpretação reducionista, precisamos tomar cuidado ao falar sobre a mãe ou o pai "que existem dentro de nós" e não sobre o pai e a mãe "que vivem no norte, em tal lugar". Esclarecendo essa distinção entre complexos relativos aos pais dentro de nós e os pais reais, freqüentemente poderemos abrir um caminho para maior esclarecimento das distinções imediatas, mulher ou homem *versus* bruxa e herói.

A reconstrução do significado na terapia de casal focaliza-se sobretudo na diferenciação entre complexos arquetípicos materno, paterno, do *animus* e da *anima* e a realidade pessoal. Enfatizar a diferença entre estados emocionais e motivações inconscientes, que são exigentes e nos impelem, e a realidade pessoal, que é intencional e responsável, deveria liberar os parceiros para recorrer a ambos. Validar a ambos como algo que faz sentido abala a posição heróica, segundo a qual tudo pode ser resolvido racionalmente e todos deveriam procurar ter maior controle sobre suas emoções. Ao mesmo tempo, isso abala a realidade da bruxa, para a qual as emoções sempre preponderam, nos impelem a agir e nada se pode fazer em relação a elas.

Um novo aprendizado

A estratégia de um novo aprendizado está implícita em todas as formas de terapia, até mesmo no ritual social da própria terapia. Como a terapia se dá em um contexto interpessoal único, todos nós aprendemos novos modos de ser ao participarmos dela. O simples fato de reagir às pistas que o terapeuta dá ao cliente gera um novo aprendizado. O terapeuta diz: "Venha conversar comigo intimamente, mas aja como se isso fosse um compromisso profissional, chegando na hora certa, indo embora na hora certa e pagando-me". Comportar-se impessoalmente enquanto se fala pessoalmente envolve um novo aprendizado. Aprender a linguagem especial da terapia — e todas as terapias têm alguma linguagem especial — é uma experiência de um novo aprendizado para a maior parte dos clientes. A estratégia consciente do novo aprendizado, da perspectiva do terapeuta, implica, no entanto, em um planejamento cuidadoso de tarefas que aumentarão a capacidade e os meios dos clientes para lidar com os contextos pessoais e interpessoais de suas vidas. Na terapia de casal usamos pelo menos três técnicas para implementar nossa estratégia, tendo em vista o novo aprendizado. Tais técnicas incluem o dever de casa, o videoteipe e a entrevista com o terapeuta.

Dever de casa: As tarefas em geral são dadas no final da sessão, mas podem ser passadas a qualquer momento.

Uma tarefa eficaz deve ser inteiramente congruente com o desejo consciente do cliente de modificar algum aspecto de sua vida. Não passem tarefas contraditórias ou que possam provocar confusão e se choquem com a compreensão consciente. Essa é uma abordagem não paradoxal do dever de casa, embora a tarefa possa envolver um "paradoxo oculto".

Freqüentemente designamos aos pacientes a tarefa de passar momentos íntimos juntos. Na superfície, os parceiros solicitaram estar mais próximos e a tarefa é congruente com aquilo que eles desejam. No entanto, é uma tarefa de certo modo paradoxal, e estamos solicitando aos pacientes algo de que eles freqüentemente querem escapar, isto é, mais tarefas. Se eles estiverem prontos, isso os incitará a encontrar mais tempo para si mesmos, sem que seja preciso recomendar-lhes que o façam. Caso contrário, agendarão suas atividades apenas para serem "bons pacientes", embora algumas vezes se ressintam de nossa influência "paternalista" ou "maternalista". Qualquer que seja o desfecho da tarefa, ela beneficiará a terapia.

O dever de casa que consiste em agendar momentos íntimos é difícil para a maior parte dos casais de meia-idade e talvez para a maior parte dos casais em geral. Explicamos que é preciso cuidar do relacionamento, para que ele possa sobreviver. Com um espírito de bom-humor, delineamos uma imagem da vida moderna que retrata as contraditórias imposições do "romance" e do "casamento": a maior parte de nós se esforça muito para encontrar o parceiro certo para aquela vida íntima de compartilhamento e de reconforto, pois esta é a imagem inicial que temos do casamento. No entanto, após encontrarmos essa pessoa, constituímos um lar que exige que nos separemos da pessoa a maior parte dos dias. É como se encontrássemos um parceiro para logo perder contato com ele.

A tarefa que implica em procurar um momento íntimo, em geral tem, como corolário, "passar esse momento de maneira ociosa e sensual". Para alguns casais, isso implica em passar mais tempo na cama, no momento em que despertam, para que possam restaurar o contato físico, o que, para eles, é algo muito apropriado. Para outros, a tarefa envolve fazer coisas novas juntos. Enfatizamos a importância de sentir-se "sensual" e "poderoso" nesses momentos. Vestir-se bem, fazer sexo em lugares inusitados e sentir a própria capacidade de atração são idéias ligadas a essa tarefa.

Outros deveres de casa variam, dependendo do estágio da terapia e do problema que se apresenta. Preocupações que envolvem a criação dos filhos, o desenvolvimento de interesses individuais, a limitação do envolvimento com o trabalho e o desempenho de tarefas caseiras fazem parte de nosso repertório. Enfatizamos particularmente as capacidades e a competência que se desenvolvem através dos cuidados com o parceiro e também a necessidade de aprender a fazer as tarefas que cabem a cada pessoa.

Em geral, o dever de casa deve ser proposto tão claramente quanto possível em termos de comportamento. Por exemplo, não digam: "Trabalhem as dificuldades de comunicação que detectamos durante a sessão". Em vez disso, digam: "Cada vez que Louise bate a porta do quarto, Larry deveria dizer-se: 'Ela está magoada e está me convidando para ir ao quarto', e em seguida trabalhem essa questão, se ele assim o desejar".

A imaginação dos terapeutas exerce um papel importante ao atribuir os deveres de casa. Entreguem-se à sua intuição. Algo colorido ou vívido que lhes ocorrer durante a sessão é, em geral, melhor do que algo de que você cogitará no final de cada encontro, conforme manda o dever. Em geral é bom que os terapeutas consultem um ao outro antes de atribuir uma tarefa, de modo que cada qual possa falar sobre as imagens que surgiram durante a sessão.

O novo conhecimento que os clientes obtêm ao se verem no contexto, durante a terapia, está relacionado às tarefas que eles terão de cumprir em casa. Proporcionar oportunidades aos parceiros para que encarem seu campo interativo em suas dimensões arquetípicas e pessoais é uma técnica confiável, em se tratando do aprendizado de novos conhecimentos. Fazer videoteipes curtos de uma sessão de terapia e, em seguida, revê-los com os pacientes é especialmente útil nesse aspecto.

Videoteipes: Documentar, através do vídeo, toda a sessão com o casal ou parte dela. Selecione dez minutos que ilustrem algum aspecto essencial de um complexo ou de uma projeção da *anima* ou do *animus*. Prepare-se para examinar o videoteipe com o casal, observando antecipadamente o segmento escolhido.

Antes de olhar o videoteipe durante a sessão, prepare os clientes, observando que, inicialmente, eles poderão sentir-se desconfortáveis ao se verem na tela (ter a oportunidade de ver seu próprio corpo em movimento algumas vezes pode provocar ansiedade). Peça aos clientes que recordem os pensamentos e sentimentos que ocorreram durante a sessão enquanto se vêem na tela de vídeo. Encoraje-os a dizerem "pare" quando virem ou ouvirem algo de que gostariam de falar.

Enquanto observam o videoteipe, parem quando puderem oferecer uma nova percepção sobre um significado simbólico, um gesto ou algum outro aspecto do campo interpessoal que até aquele momento foi inconsciente, mas que é significativo em termos de seu trabalho com o casal. Gestos significativos podem ser traduzidos em imagens; ou palavras e sentimentos a que não se dava atenção podem vir à tona. Cada vez que parar a fita pergunte a cada parceiro o que estava sentindo ou pensando naquele momento da sessão ou o que estava tentando comunicar. Amplifique os significados simbólicos por meio de imagens provenientes do mito e da história, sempre que for apropriado, para ajudar o casal a entender a dimensão não-racional de suas expressões.

No final, faça a revisão de todos os temas que surgirem na fita. Por exemplo, você poderá dizer: "Louise, cada vez que você falava com Larry desviava o olhar. Durante os dez minutos que dura este segmento, tive a impressão que você estava com medo. O que tem a dizer?". Nós nos filmamos em algumas dessas sessões com casais e verificamos que isso também é útil para nosso próprio aprendizado. Isso nos permitiu rever nossa capacidade de analisar o campo interpessoal ao nos distanciarmos dele.

A utilização do videoteipe é adequada ao ensino de novos modos pessoais de comunicação. Exemplos de uma reação não empática e de projeção dos próprios pensamentos e sentimentos podem ser usados para contrastar com uma reação empática. Costumamos ensinar os casais a usar técnicas de comunicação ensinadas a estudantes que estão se iniciando em aconselhamento. Por exemplo, ensinamos cada pessoa a falar diretamente da própria experiência, em vez de atribuir sentimentos ao outro. Atribuir a própria inadequação ao outro é como dizer "Você está zangado comigo". Uma frase empática seria: "Não me sinto à vontade e fico a imaginar se você está zangado comigo".

Outra técnica de comunicação que costuma ajudar as pessoas a se diferenciarem dos complexos é responder aos ataques de raiva e de agressão dizendo algo que reflita aquilo que o ataque significou ou que pareceu ser, em vez de reagir defensivamente. Quando Larry grita com Louise, dizendo "Hoje você está insuportável e nada que eu possa dizer fará a menor diferença", Louise poderá reagir, dizendo "Em outras palavras, eu não reagi a *nada* do que você disse. Fico muito zangada quando você fala de maneira tão extremada". Ao refletir as palavras de Larry e ater-se à sua própria experiência, Louise evita projetar nele suas próprias reações, dizendo algo como "Você *me deixa* furiosa".

Em geral, ensinamos as pessoas a evitar dizer que os outros as *fazem* sentir ou acreditar em algo. Externar essa responsabilidade cria confusão entre um complexo e uma pessoa. A outra pessoa não nos faz sentir de uma ou de uma outra maneira; na verdade, reagimos aos outros com nossos próprios complexos ou pressupostos (por exemplo, uma pessoa desconhecida, gritando obscenidades na rua, raramente deixa os transeuntes indignados. Eles a evitam ou riem, porque essa pessoa não "engancha" em nada de emocional neles). Nós, em absoluto, não somos indiferentes às emoções alheias, nós simplesmente criamos em nós um contexto para experimentar os estímulos provenientes dos outros.

Aprender comunicação empática dos sentimentos (diferenciar as próprias reações do ambiente interpessoal) é geralmente muito útil para esclarecer comunicações confusas. Usar o videoteipe proporciona um veículo natural para o aprendizado de novos modos de reagir.

Imitar o casal terapeuta é um outro veículo para o novo aprendizado. Assim, temos *entrevistas com os terapeutas* várias vezes durante cada sessão. Em geral, realizamos uma dessas entrevistas logo após o iní-

133

cio da sessão, depois que levamos o casal a se envolver com alguma atividade, e voltamos a repeti-la no final da sessão (esse procedimento foi descrito brevemente, como parte da avaliação inicial).

Entrevista com o terapeuta: Os co-terapeutas sentam-se nas cadeira dos clientes ou simplesmente se encaram, bloqueando os clientes de seu campo de visão. Os terapeutas avaliam suas observações sobre os padrões de comunicação, sobre os complexos, expressões não-racionais e comportamento individual do cliente. Emprega-se a linguagem descritiva de todos os dias (não se recorre a um jargão especial) e são dados exemplos que ilustram aquilo que está sendo descrito. Os terapeutas recorrem a reações empáticas, manifestam-se sobre os sentimentos e conferem entre si a precisão de suas observações. Estão dando forma à comunicação "dramatizar". Os terapeutas também poderão "dramatizar" o casal de clientes.

Quando a entrevista chegar ao fim (em geral dura de três a cinco minutos), os terapeutas colocam as cadeiras em círculo, juntamente com os clientes, e empregam os mesmos modos de comunicação para conversar com o casal sobre a experiência que ambos presenciaram e as palavras que acabaram de ouvir.

Essa forma de avaliação é informativa, tanto no nível simbólico quanto no nível racional. O conteúdo da entrevista com o terapeuta visa diferenciar entre arquetípico e pessoal. A forma da entrevista envolve mostrar aos clientes como eles podem colaborar apesar de suas diferenças. Em geral, verificamos que essa forma de intervenção é facilmente aceita pelos clientes e proporciona humor e alívio à nossa sessão, sobretudo quando "dramatizamos" os clientes.

Portanto, a estratégia básica do novo aprendizado na terapia de casal supõe que terapeutas e pacientes trabalharem juntos para desenvolver novas capacidades, novos modos de ação e novas perspectivas no relacionamento interpessoal.

Expansão do vocabulário para a construção do significado

Essa estratégia, à semelhança do novo aprendizado, é desenvolvida na maioria das experiências na terapia. De modo bem simples, essa estratégia envolve expandir o vocabulário do cliente e usar a linguagem de tal forma que ele possa desenvolver maior clareza e imaginação na expressão verbal. Facilitar o uso de novas palavras e frases para explicar a motivação, a responsabilidade, a iniciativa pessoal e sentimentos humanos vívidos é a base deste método.

Técnicas como *interpretação* e *reenquadramento* são meios normais para se expandir o vocabulário do significado pessoal de clientes em terapia. A interpretação envolve atribuir um novo significado a uma antiga experiência ou revestir um velho significado com um significado novo. Reenquadramento é a técnica de dar um significado contextual diferente para um evento relatado por um paciente — por exemplo, falar sobre o comportamento impulsivo de uma criança na sala de aula como expressão de uma preocupação com os conflitos da família. Interpretação ou reenquadramento proporcionam um *insight* ou uma compreensão de uma experiência ou estado antes inacessíveis para o cliente. Quando este aprende como interpretar suas próprias experiências, então nenhuma experiência terá apenas um único significado; na verdade, são criadas diferentes maneiras de descrever e encontrar um significado. Assim, a pessoa fica "livre" para compreender um evento tanto do ponto de vista pessoal quanto do ponto de vista arquetípico.

Há duas técnicas que usamos com casais e que contribuem para aumentar o vocabulário para a construção do significado e permitem que os parceiros tenham uma nova perspectiva dos eventos. São a *inversão de papéis*, derivada do psicodrama, e sua variação, *troca de lugares*.

Inversão de papéis: O casal é orientado a trocar de papéis, ao discutir um tópico carregado. Cada parceiro é instruído a "ver como, sentir como e falar como" o outro parceiro. Dá-se um tempo a cada um para que arrume a postura e a roupa, de modo que experimente tão amplamente quanto possível a perspectiva do outro. Também deve expressar-se como o parceiro.

Nesses papéis invertidos, os parceiros fazem uma entrevista de dez a quinze minutos de duração. Os co-terapeutas podem fazer o duplo dos parceiros durante a entrevista com inversão de papéis. Depois que a entrevista acabar, os co-terapeutas avançam suas cadeiras, formando um círculo com os paciente e falam sobre a experiência.

Ao relembrar os pensamentos e sentimentos experimentados no papel do outro, os clientes devem ser ajudados a enfatizar a diferença de perspectiva ou de estrutura que foi gerada quando recorreram à linguagem e à postura do outro.

As entrevistas com inversão de papéis também podem ser dramatizadas pelos terapeutas, que então representam um ao outro.

A troca de perspectivas possibilita o *insight* sobre níveis nãoracionais de expressão e sobre a influência da linguagem sobre as reações emocionais. Além disso, os co-terapeutas têm uma boa oportunidade para avaliar o quanto cada parceiro observou e compreendeu o outro. Verificamos que a mulher é, em geral, uma boa imitadora do homem, mas o contrário raramente é verdade. Saber que um parceiro tem uma falha em sua capacidade de observar e compreender o outro com perspicácia é uma informação importante.

Nos últimos estágios da terapia, algumas vezes, recorremos à *troca de lugares*. Nessa técnica o casal cliente torna-se o casal terapeuta, enquanto este assume o papel de cliente. Esse exercício é encarado como uma dramatização, em que os clientes imitam os terapeutas e os terapeutas imitam os clientes.

Troca de lugares: Os co-terapeutas vão para as cadeiras dos clientes e assumem as posturas típicas destes últimos. Cada terapeuta interpreta o cliente do mesmo sexo. Os clientes vão para as cadeiras dos terapeutas e assumem suas posturas típicas. Os co-terapeutas discutem um tópico carregado, como se fossem o casal de clientes, empregando os gestos típicos e a linguagem de cada cliente. Os clientes tentam fazer o duplo dos terapeutas ou fazer perguntas e interpretações. Os clientes são instruídos a se comportarem exatamente como viram os terapeutas se comportarem.

Em geral, esse tipo de entrevista nem chega a durar cinco minutos, por causa da ansiedade que provoca no casal cliente, que é forçado a ver muitos lados diferentes de seu campo interpessoal. Quando os clientes parecerem prestes a "desistir", a entrevista deve ser interrompida e as cadeiras colocadas em círculo, para que cada pessoa possa discutir o que aconteceu. Nessa inversão de papéis, os pacientes são estimulados em muitos níveis novos de significado.

Um formato mais simples é quando os terapeutas dramatizam o casal de clientes, enquanto estes observam.

Boa parte do material relacionado aos complexos e à percepção pessoal é gerado tanto na inversão de papéis quanto na troca de lugares. Modificar a perspectiva, no universo do significado, proporciona uma via para maior compreensão de todas as três realidades: o arquétipo como tal (gestual), o complexo arquetípico (simbólica implícita) e o pessoal (narrativa).

Expandir a perspectiva e o vocabulário na construção do significado freqüentemente resulta em um novo "relativismo" no próprio ponto de vista sobre o campo interpessoal. Após assumir o ponto de vista do outro, há menos probabilidade de que as pessoas culpem as demais por suas próprias insatisfações. Quando essas técnicas atuam no sentido de expandir o significado, os clientes adquirem maior compreensão de como a linguagem, a postura e o gesto afetam o significado para os indivíduos.

Algumas vezes, essa intervenção não funciona bem e é confusa para os pacientes. Se eles ficaram confusos ou demasiadamente ansiosos ao ouvirem explicações sobre essas atividades, é melhor que os co-terapeutas primeiramente as demonstrem. Após a demonstração, os clientes deverão mostrar disposição ou sensação de alívio. Se isso não acontecer, então provavelmente será melhor que apenas os co-terapeutas usem as técnicas. A inversão de papéis e a dramatização são atividades difíceis, que requerem elevado nível de integração e reações empáticas. Quando as pessoas estão em crise, ou especialmente ansiosas, naturalmente essas técnicas são contra-indicadas.

A expansão das atitudes e do vocabulário, tendo em vista um novo significado, é uma estratégia que influi diretamente na atitude consciente do cliente. Com atividades que envolvam novas perspectivas, os clientes são incentivados a modificar seus referenciais ou paradigmas para construir um significado a partir da experiência.

FORMATO DAS SESSÕES

Para esclarecer ainda mais exatamente o que queremos fazer, reverei rapidamente a estrutura típica de uma sessão de duas horas com um casal. É claro que nenhuma estrutura é realmente "típica", pois improvisamos a cada sessão e, freqüentemente, encontramos um material que não estava previsto. Ainda assim é possível estabelecer certas regras.
Nos primeiros dez ou quinze minutos, costumamos fazer o casal interagir enquanto observamos. Em parte, estamos fazendo "aquecimento", ao mesmo tempo em que estamos sobrecarregando um pouco o casal com a ansiedade resultante do fato de ele se encontrar no centro das atenções. O casal falará sobre algo que o preocupa no momento ou se referirá às tarefas a serem feitas em casa. Às vezes, se percebemos um tema da avaliação final da sessão anterior, orientamos o casal para falar sobre algo que não recebeu atenção adequada — por exemplo: "Fale sobre sua vida sexual nestes últimos tempos".
Em geral, fazemos uma breve entrevista terapêutica, logo em seguida, e passamos ao duplo ou a uma entrevista por empatia. Se as emoções forem intensas, especialmente a raiva ou a mágoa, verificaremos que a entrevista por empatia é a melhor maneira de trabalhar. Na entrevista, focalizar apenas um único cliente e observar o casal serve para "conter" parte da carga emocional. No início de uma sessão na qual são expressos sentimentos intensos, a contenção é o primeiro passo. Dramatizar os complexos pode ser bastante destrutivo em uma sessão com um casal, se os terapeutas não forem capazes de lidar com a situação. Agressão e hostilidade poderão provocar uma quebra da confiança básica na sessão, assim como pode ocorrer no relacionamento do casal.
Após nossa primeira intervenção e discussão com os clientes, costumamos fazer uma breve pausa para planejar o resto da sessão. Escolheremos algum tema ou tópico que tenha surgido na primeira parte da sessão e veremos como ele se ajusta à compreensão geral que temos do complexo da mãe negativa, a partir da história de Gawain e Ragnell. Podemos deixar que a história nos conduza à nossa próxima intervenção. Se a bruxa precisar dar sua resposta, então trabalharemos com a mulher, para que ela passe a palavra à bruxa. Se o herói estiver coletando fatos e dados, poderemos relacioná-los às nossas perspectivas ou poderemos fazer com que a bruxa confronte o herói. Imagens específicas da história — como, por exemplo, o herói "perder a cabeça" e a bruxa "viver na floresta" — são recorrentes em todas nossas discussões sobre o casal. Não tomamos a história com um guia literal para conduzir a terapia, mas a usamos como um pano de fundo para nossa imaginação. Frases como "morar na floresta" ou "soberania, o direito de determinar sua própria vida" tornaram-se valiosas para nós e, com freqüência, as citamos literalmente em nossas sessões. Temas da história, como a importância da propriedade para o bem-estar do homem, e da aparên-

cia física, para o bem-estar da mulher, estão sempre presentes como um lembrete, em tudo que planejamos e fazemos. Nossa pausa para discussão durante as sessões nos dá oportunidades de ouvir a história e elaborar nossos planos.

Preferimos que os últimos quarenta minutos da sessão sejam emocionalmente muito intensos. Assim, é nesse momento que lidaremos com os tópicos mais "quentes". Nosso raciocínio é que o casal partirá da sessão com grande motivação para ir trabalhar, quando está emocionalmente estimulado. Além disso, o casal descobrirá que, em conjunto, poderá liberar e conter as emoções que foram tocadas na terapia. Ao escolher um tópico "quente" para concluir nossas intervenções, tocamos naquelas questões que o casal parece estar escondendo ou se negando a falar. Pode ser o problema de um amante, uma dívida financeira, enteados ou quaisquer outras questões de discórdia entre os casais. Em parte, queremos mostrar-lhes como podem expor seus segredos, e assim, intensificar a experiência da confiança entre eles. As técnicas que empregamos com mais freqüência durante os quarenta minutos incluem o duplo, a inversão de papéis e algum tipo de dramatização. Essas intervenções despertam sentimentos e envolvem representação e atividade.

Dedicamos pelo menos dez minutos (quinze é melhor) ao encerramento da sessão. Sentados em círculo com o casal, perguntamos aos parceiros o que aprenderam individualmente na sessão. Conversamos sobre o que aprendemos e passamos tarefas para casa baseadas nesse aprendizado. Ao sumarizar nossas observações, consideramos especialmente útil falar em termos de: "Você é o tipo de pessoa que...". Desse modo eliminamos preocupações quanto à identidade em cada pessoa. Esse modo de nos exprimir permite-nos confrontar as atitudes conscientes em cada personalidade.

Enfim, somos ativos em nossas sessões. Raramente os terapeutas permanecem sentados nas mesmas cadeiras por mais de dez minutos. Ao praticar o duplo, nos movimentamos e usamos diferentes formatos de entrevistas, algo semelhante a uma "dança entre terapeutas". Os movimentos físicos dos diferentes papéis ou sugerindo significados diferentes tornam as sessões excitantes. Sempre que possível, introduzimos humor para aumentar tanto nossa capacidade quanto a dos clientes para ter uma nova perspectiva do que está acontecendo.

ESTÁGIOS NA TERAPIA DE CASAL

Repassando cada um dos estágios revistos no último capítulo, falarei brevemente sobre os tipos de intervenções que usamos com mais freqüência, bem como sobre nossas estratégias habituais subjacentes.

O desejo de dominar

A maior-parte dos casais procura a terapia nesse estágio, às voltas com problemas de dominação-submissão. Inicialmente, nossa principal tarefa é avaliar a capacidade e a disposição do casal de continuar junto. Se a confiança básica parece estar completamente perdida, e um ou ambos os parceiros manifestou um forte desejo de separar, então trabalhamos com o tema da separação em uma ou duas sessões. Os planos de separação envolvem mediação das diferenças, para estabelecer acordos quanto aos bens materiais e à guarda dos filhos. Usamos entrevistas de empatia e o duplo quando trabalhamos com acordos de separação. Se ambos estiverem interessados em continuar o relacionamento, então trabalhamos com os dois, em uma situação de confronto, durante as duas primeiras sessões.

Enfrentar a perda, ouvir a realidade do parceiro e enfrentar os próprios complexos são os temas das duas primeiras entrevistas desse estágio. Usamos com maior freqüência as técnicas do duplo, da entrevista com o terapeuta e de entrevistas de empatia. Nossa estratégia subjacente é o manejo do *rapport* do relacionamento do casal para que cada indivíduo sinta o aguilhão de reconhecer a necessidade da mudança. Sentimentos de desesperança e de frustração às vezes provocam emoções tão intensas que entrevistamos separadamente cada um dos parceiros em salas diferentes. Cada terapeuta despende cerca de dez minutos com o parceiro do mesmo sexo, para chegar a estabelecer uma clara compreensão das necessidades do cliente e dos medos concernentes a algum aspecto do seu relacionamento. Entrevistas separadas também são realizadas durante uma das duas primeiras sessões, para captar a história sexual de cada parceiro (ver o Anexo B).

Nossas metas nessa fase, conforme descrevemos no último capítulo, são motivar cada parceiro a confrontar a bruxa em si mesmo e a abrir canais de comunicação para desenvolver uma empatia objetiva entre eles. Podemos usar algumas técnicas para aprender a ouvir, ensinando os parceiros como falar e como responder mais abertamente durante essa fase.

O que as mulheres querem realmente?

Alguns casais começam a terapia neste estágio. O casal "liberado" ou "feminista" se apresentará como Gawain e Ragnell no banquete de núpcias. Ela é a bruxa que aguilhoa e provoca cenas emocionais, e sente uma certa autoridade agindo assim. Ela "sabe" que o contato emocional e que o verdadeiro compartilhar da vida cotidiana são questões essenciais para seu relacionamento. Mas parece amargurada, deprimida ou enraivecida, tanto por suas percepções quanto pelo sentimento de que algo está morrendo no relacionamento do casal. O homem é paciente, aparentemente receptivo às necessidades e idéias da mulher, e extremamente racional. Ele é o herói de boa vontade mas tolo. Ambos "não sabem o que está errado", porque parecem ter tentado todas as soluções coletivas para resolver seus problemas, tais como "dividir as tarefas do lar" e o marido "dar liberdade" à mulher para que ela se desenvolva do modo como exigiu.

Nossa tarefa com os parceiros, nesse estágio, é aumentar a empatia mútua e convencê-los do valor do feminino em suas vidas. Decerto essa tarefa supõe recolher as projeções da bruxa e do herói. A idéia de soberania, em termos de permitir que cada pessoa possa desenvolver sua própria maneira de atuar o feminino, enquanto continua sua individuação, é a idéia-guia. Nossas estratégias incluem o manejo do *rapport*, a reconstrução do significado e novo aprendizado. Usamos técnicas de entrevistas baseadas na empatia, do duplo, videoteipe e dramatização como meios auxiliares. Tentamos manter nosso enfoque no segredo ou questões ocultas subentendidas no comportamento do casal. Elas envolvem o contrato marital que foi quebrado antes e os resultados do dano provocado na confiança básica entre eles.

São nossas metas aumentar a intimidade entre os parceiros, estimular seus sentimentos sexuais e seu desejo de contato, e remover barreiras à confiança básica. Em geral, não conseguimos alcançar diretamente essa meta, pois a resistência é grande. Ao recolher suas projeções, aprendendo sobre expressão não-racional e "ouvindo os complexos falarem", cada pessoa enfrenta antigos desejos e impulsos.

Do lado do homem, isso envolve geralmente seu medo de ser dominado por uma mãe negativa. Quando suas projeções da bruxa são recolhidas, ele descobre que seus próprios estados de ânimo e seus medos foram destrutivos, não apenas para sua família, mas também para os outros. Sente-se culpado e com raiva da perda de possibilidades de relacionamento e envolvimento com outros. Pode entregar-se temporariamente à depressão ou pode refugiar-se na postura do valentão, de raiva e de mau-humor. De qualquer modo, deverá ser convencido, repetidas vezes, por meio da experiência e da explicação racional, que sua regressão não o levará a lugar algum. Esse "lugar algum" é interpretado geralmente como perda, morte e estagnação.

Do lado da mulher, seus medos envolvem abandono. Ela ficará aterrorizada com seu próprio valentão interior, que a domina e abandona. Ela terá grande dificuldade com a idéia de que seu desenvolvimento é problema dela; é sua própria escolha e depende de sua iniciativa. A idéia de submissão (não subserviência) tem primazia para ela, pois precisa aprender a submeter-se às suas próprias necessidades criativas e à ternura e ao cuidado de seu parceiro. Será uma surpresa descobrir que precisa *confiar* nele, no sentido de que ele proporcionará atenção, no campo do sexo e do cuidar da casa. Ela *gostaria* que ele cuidasse dela, e do jeito dela e só do seu jeito, e teme não ser "suficientemente boa" para ser tratada com ternura. Pode refugiar-se, por causa do ódio por si mesma, em um ego confuso e fragmentado. Em vez de assumir a tarefa de se tornar uma mulher vital e entusiasta (às vezes chamada por nós de "bela" ou "sensual"), ela se queixará de sua falta de recursos (está gorda, enrugada, envelhecida, indisposta; não tem uma instrução satisfatória, não se exprime com clareza etc.). Precisará receber estímulos e reforços, como mãe e como mulher experiente. Precisará também enfrentar a perda e a depressão decorrentes, no caso de recusar essa tarefa. Nesse estágio, concentramos boa parte de nossa conceituação em questões feministas práticas. A opressão da mulher, a ignorância sobre sua vida emocional e sexual, a falta de apoio às atividades envolvidas no cuidar e atender, a falta de oportunidades para o heroísmo feminino, são tópicos que abordamos freqüentemente no duplo ou nas entrevistas de empatia.

Empatia, autoridade e confiança

Quando chegamos a esse estágio, as pessoas voltam a ser "elas mesmas". Cada qual adquiriu uma voz individual autêntica e idéias para restabelecer intimidade e confiança. Deixamos que elas nos conduzam à sua resolução final, em termos de como querem reordenar sua vida doméstica e profissional, para incorporar uma nova intimidade a seu relacionamento. Esperamos ver evidências de empatia e autoridade no relacionamento do casal, dentro e fora das sessões.

Usamos todas as estratégias que descrevemos até aqui, mas damos ênfase ao novo aprendizado e ao aumento do vocabulário para construir significado. Os parceiros levarão a terapia consigo para suas vidas cotidianas e precisam saber como procurar maiores recursos e como continuar a usar aqueles que fornecemos. Poderão se beneficiar com leituras, audição de material gravado e comparecimento a palestras sobre individuação através do relacionamento conjugal. Podem também se beneficiar de gravações em vídeo, da inversão de papéis e da dramatização nas sessões. O enfoque é internalizar aquilo que foi aprendido na terapia, de modo que o casal possa continuar, ele mesmo, a fazer terapia em seu próprio relacionamento. Usar a interpretação dos sonhos, sugerir a terapia individual para um dos parceiros ou ambos (quando for apropriado) e pesquisar os recursos da comunidade em redes de apoio (educação dos filhos, contato com casais em situação semelhante etc.), são meios de ajudar os parceiros a internalizar sua terapia.

A sessão final, no plano ideal, tem um elemento de celebração. Isso não significa oferecer uma festa para o casal, embora a atmosfera de festa seja adequada quando autêntica. O casal terapeuta proporciona meios de juntar-se ao casal paciente, para estabelecer um sentimento de aprendizado mútuo e reciprocidade baseado na confiança entre os dois casais. Em geral, conversamos sobre o que aprendemos com o casal cliente e como ele enriqueceu nossas vidas. Nós nos despedimos deles desejando-lhe tudo de bom e lembrando que, dentro de seis meses, nos encontraremos para o acompanhamento.

Acompanhamento

Se a terapia funcionou bem, a sessão de acompanhamento deverá ser um pouco tediosa. Nós a conduzimos como uma avaliação inicial e fazemos o casal começar conversando sobre o que espera obter da sessão de terapia. Se ele internalizou o trabalho da terapia, nós ouviremos algo do tipo: "Bem, estamos aqui porque tínhamos de vir, mas não há realmente nada de errado conosco que nós mesmos não possamos resolver". Como o médico de família, nós "cutucamos" um pouco o complexo e vemos se podemos ativar algo que parece oculto. Se não conseguimos, declararemos isso imediatamente e daremos a eles um "atestado de saúde". O resto da sessão pode ser usado conforme o desejo do casal.

Se o casal voltou a uma fase mais antiga em seu trabalho, então direcionamos a terapia para esse estágio. Planejamos sessões adicionais, dependendo do que constatarmos, para reparar o que foi danificado no período de seis meses. Ouvimos atentamente o que os clientes nos dizem "por que a terapia não funcionou", para podermos avaliar como nossas próprias falhas como terapeutas contribuíram. Nossos complexos interferiram na terapia? Fracassamos por não dar atenção suficiente às pressões do meio ambiente, à resistência e à vulnerabilidade de um dos parceiros? É o momento para um sério auto-exame dos terapeutas. Depois os terapeutas se consultam sobre a avaliação, e os resultados devem ser comunicados diretamente ao casal de clientes, incluindo aquilo que os terapeutas consideram como suas próprias falhas ou responsabilidade por aquilo que foi perdido.

Empenhamo-nos em limitar nosso trabalho com casais a seis sessões, com um acompanhamento após seis meses. É um bom limite para nossos desejos e temores. Acredito que co-terapeutas (e como nos incluímos nessa crença!) tendem a "viver" certos aspectos do casal de clientes. Sem limitação para seu contato com o casal, os co-terapeutas correrão o risco de se tornar o casal cliente em seus esforços para "curar" ou por inveja dos recursos financeiros e intelectuais dos clientes, ou outros recursos. Limitar a terapia ajuda a impedir que o casal terapeuta fique por demais envolvido com o casal cliente. Conceituar o relacionamento do casal como um *enquadramento* para a terapia também ajuda a enfatizar que o trabalho essencial é realizado naquele relacionamento e não entre os dois casais.

FORMAÇÃO DO TERAPEUTA

Uma formação contínua mediante seminários e leituras é essencial para fazer terapia de casais; nunca aprenderemos o bastante. Participamos de demonstrações de terapia de família, lemos a literatura sobre terapia do relacionamento e empenhamo-nos em desenvolver nosso próprio modelo de integrar a interpretação simbólica à terapia ativa com casais. Nossa própria bagagem inclui muitas orientações psicoterápicas. Aquelas que consideramos essenciais para fazer uma adequada terapia de casais são: comportamentalista, psicodinâmica (especialmente junguiana), cognitiva e alguma forma de intervenção ativa com família ou grupos, tal como psicodrama, terapia estrutural da família ou terapia familiar estratégica. Sem pelo menos essa amplitude na própria capacidade usar técnicas, os terapeutas poderão se tornar facilmente bloqueados ou dominados pelos casais de clientes. A técnica de interpretação, provavelmente, é a que empregamos com maior freqüência, mas costuma ser acompanhada por algo mais ativo, como a técnica do duplo ou da dramatização. Naturalmente, nossa própria terapia, sobretudo a terapia do relacionamento, é também essencial para fazer esse tipo de trabalho.

Trabalhar com casais tornou-se aquilo que mais nos empolga em nossa prática psicoterápica. Meu co-terapeuta e eu sentimos que adquirimos uma formação mais profunda, que nos desenvolvemos graças às nossas experiências com pessoas que lutam, como nós mesmos, para manter a vitalidade do contato humano no centro de suas vidas.

7
Identificação com um complexo *versus* atuação

Para tomar decisões sobre a estratégia e a técnica, quando realizamos a psicoterapia, precisamos primeiramente preocupar-nos com a *pessoa* do cliente. Embora o problema que se apresenta constitua, sem dúvida, uma questão que merece séria consideração, não poderá ser compreendido adequadamente enquanto não soubermos algo sobre a realidade pessoal do cliente. Que quadro de referência ele traz para a situação de tratamento e o quão disponível está ele para a influência de determinados métodos e estilos do terapeuta?

O processo de avaliação da pessoa para o tratamento psicoterapêutico é complexo e multifacetado. Nossa avaliação inicial, tendo em vista a terapia de casal, leva em consideração como os parceiros se comportam quanto a seu desenvolvimento e sua disposição para se abrirem para nossas técnicas auto-reflexivas, orientadas para a percepção (no anexo, podem ser encontradas indicações que permitem realizar uma avaliação completa do desenvolvimento e do contexto). Neste capítulo examinaremos apenas um aspecto: a distinção entre *identificação* com um complexo inconsciente e uma ocasional *atuação* dos complexos inconscientes de modo habitual.

Para esclarecer essa importante distinção, vamos rever o processo inicial de individuação. A identidade pessoal (o "complexo do eu", de Jung) emerge gradualmente por meio da des-integração e da re-integração dos complexos psicológicos. A experiência da unidade eu-outro, descrita na imagem do círculo ou da Grande Roda nas mitologias da criação, se des-integra inicialmente ou se rompe em esquemas afetivos organizados em torno de imagens arquetípicas. Fiz referência a esses complexos arquetípicos para indicar que são inconscientes e impregnados de energia emocional-instintiva. Os complexos comuns na vida diária e na primeira parte da vida são mãe, pai, deus (ou mundo), eu e não-eu. O complexo que se organiza em torno da experiência da subjetividade, da vida corporal e da capacidade de ação é arquetípico, em termos de organização padronizada da personalidade humana tendo em vista coerência e continuidade, mas torna-se pessoal quando o complexo de identidade se refere à experiência de ser uma pessoa entre outras pessoas. Essa experiência de ser uma pessoa tem várias marcas próprias, que nos diferenciam do animal ou da divindade: auto-reflexão, responsabilidade pessoal, reconhecimento da própria capacidade de prever conseqüências e dirigir o próprio comportamento, conhecimento da finitude da própria vida. A aquisição desses traços da identidade pessoal ocorre gradualmente, em geral durante um período que vai dos nove meses de idade aos dezoito ou dezenove anos. Outras características da identidade pessoal (tais como atribuições relativas ao gênero) são também importantes para a compreensão da personalidade, mas os traços aqui enumerados são suficientes para nossa discussão.

Assim como um indivíduo diferencia uma identidade pessoal, ele integra os complexos da mãe ou do pai à percepção pessoal, em termos de tornar-se um pai ou uma mãe potencial e em termos de distinguir os complexos arquetípicos das pessoas que criaram alguém como filho. Recuperar e integrar os complexos psicológicos projetados na mãe, no pai, na irmã e no irmão formam um espaço para realizar uma identidade pessoal na vida adulta.

Até que os complexos materno e paterno sejam pelo menos parcialmente integrados à identidade pessoal o indivíduo não será capaz de se comportar como uma pessoa responsável e auto-reflexiva. Em vez disso, estará sujeito a ser dominado por complexos inconscientes e a atuar seus significados arquetípicos. Os papéis da bruxa e do valentão, no complexo da mãe negativa, são representações daqueles esquemas habituais, emocionalmente carregados, do arquétipo da Mãe Terrível. A bruxa identifica-se com a Mãe Terrível e o valentão reage como se ela fosse o dragão que deve ser combatido e morto.

Quando esses papéis arquetípicos são ativados repetidamente no campo interpessoal do casal, eles se tornam habituais e estimulantes e passam a substituir a excitação sexual e os interesses que o casal compartilha. Se o problema, no relacionamento do casal, estiver de fato no campo interpessoal de seu relacionamento, os indivíduos estarão livres para agir de outra maneira quando estiverem afastados ou interpessoalmente ligados a outra pessoa que não seja o parceiro. Se o problema do casal incluir problemas de desenvolvimento de um ou de ambos os parceiros, não haverá evidências desse tipo de liberação do complexo. Quando um ou ambos os parceiros estiverem totalmente identificados com a bruxa ou com o valentão, e não possuírem uma identidade pessoal, o indivíduo ou os indivíduos, de modo muito consistente, parecerão ter as mesmas dificuldades de comunicação que se evidenciam no relacionamento do casal. Em vez de restringir as manifestações de raiva e medo ao relacionamento do casal, o indivíduo ou os indivíduos se entregarão a elas em diferentes contextos e com diferentes pessoas.

Nosso método de avaliação na entrevista inicial possibilita-nos dialogar com empatia e com cada indivíduo em separado, se esta for nossa escolha. Durante a entrevista de empatia, o terapeuta será capaz de avaliar a capacidade do indivíduo de libertar-se do complexo e de reagir pessoalmente, isto é, com auto-reflexão e responsabilidade, às questões do tratamento.

SER E FAZER O PAPEL DE BRUXA

Quando a mulher está inteiramente identificada com o papel de bruxa no complexo da mãe negativa, se comporta de acordo com o primeiro estágio do desenvolvimento do *animus*. Sua reação aos homens é de desconfiança básica, e não será capaz de refletir sobre si mesma de maneira objetiva e sólida; rapidamente se des-integrará, tornando-se ansiosa. Quando estiver em um estado de des-integração, reagirá motivada por complexos inconscientes, diferentes e às vezes conflitantes, e parecerá não preocupada com a incoerência de seu comportamento. Por exemplo, a mulher poderá dizer que quer que o marido a ajude um pouco mais nas tarefas caseiras; no entanto, quando questionada a respeito, poderá declarar que deseja "que ele não meta o nariz onde não é chamado". Embora a mulher que representa o papel da bruxa num estágio posterior de desenvolvimento também possa se expressar de maneira tão incoerente, ela reconhecerá as incongruências na entrevista com o terapeuta. Quando a mulher identificada com a bruxa for questionada pelo terapeuta, poderá apresentar frágeis racionalizações para sua incongruência, ou poderá não ver qualquer descontinuidade em suas declarações contrastantes.

A mulher identificada com a bruxa não será capaz de distinguir a realidade metafórica da realidade literal: isso constitui uma preocupação básica para nossa forma de tratamento. Uma distinção comum, que uma mulher assim achará impossível fazer, é, por exemplo, a distinção entre ouvir e escutar. Quando lhe é perguntado se o marido prestou atenção ao que ela disse, afirmará algo como: "Ah, sim, ele me *ouviu*". Quando essa distinção for explorada mais a fundo, ela não será capaz de reconhecer qualquer diferença entre ser ouvida e ser compreendida. As expressões metafóricas de estados sentimentais escaparão à sua atenção ou a deixarão confusa. Na verdade ela poderá ficar extremamente frustrada, ansiosa e des-integrada, se o terapeuta se expressar em termos metafóricos quando ela está se expressando em termos literais e concretos.

Em seu próprio desenvolvimento, uma mulher tão identificada com a bruxa não adquiriu uma "constância do objeto emocional" ou uma capacidade consistente e confiável para distinguir seus próprios pensamentos e sentimentos dos de outra pessoa, principalmente de uma pessoa significativa. Com muita freqüência ela se "funde" com a mãe e irmãs e relata que seus valores e comportamentos são perfeitamente consistentes com os delas. Vivencia seus pensamentos e sentimentos de modo um tanto indiferenciado: seus sentimentos "a preocupam" e seus pensamentos "acontecem". Comporta-se constantemente cheia de desejos e temores, através da realização desses desejos e de dependência passiva. Embora possa exteriorizar seus sentimentos agressivos, negará seu significado e verá suas ações como algo apenas reativo ou "controlado" por outra pessoa. Por exemplo, poderá bater nos filhos "porque eles me fazem perder a cabeça".

Surgirão evidências de suas defesas típicas contra a des-integração da ansiedade, até mesmo na primeira entrevista, que pode muito bem provocar ansiedade. O terapeuta verá muitas ocorrências de "cisão", de avaliações baseadas na oposição bom-mau, certo-errado, generoso-mesquinho. Do mesmo modo, o terapeuta enfrentará a "identificação projetiva" dessa mulher, na medida em que ela atribui seus próprios sentimentos a uma outra pessoa — o terapeuta, freqüentemente — e então reagirá contra eles. A idealização concreta e a imitação das figuras de autoridade, em geral femininas, se tornarão evidentes, pois terão substituído a decisão pessoal e a responsabilidade nas ações da mulher. Ela poderá executar ações complexas, simplesmente porque sua mãe age assim e, para ela, a mãe é uma "boa mulher". A negação dos sentimentos e até mesmo da realidade física que a cerca será óbvia. A negação funciona para eliminar extensas áreas de percepção, ao passo que a repressão (uma defesa mais diferenciada) é seletiva, ao eliminar apenas certos aspectos ameaçadores da realidade interpessoal. Uma mulher consistentemente identificada com *ser* a Grande Mãe ou a Mãe Terrível não demonstra ter um repertório de ações pessoais, até mesmo quando estiver fora do campo interpessoal do relacionamento do casal.

A mulher que temporária e conflitantemente *faz* o papel da bruxa se identificará com ele apenas no campo interpessoal em que esse papel é representado. Portanto, quando estiver dialogando com o terapeuta, poderá funcionar auto-reflexivamente e com responsabilidade, até mesmo em relação à sua identificação com o papel da bruxa. Ao conversar com o terapeuta, ela parecerá mais flexível, mais capaz de transitar entre realidade metafórica e realidade literal e mais objetiva em relação ao próprio comportamento. Em geral, ela indicará seu próprio desejo de desidentificar-se com a bruxa e se libertar dos comportamentos habituais deste complexo no relacionamento com seu parceiro. O papel da bruxa lhe parecerá "uma distonia do ego", pois não faz parte de sua identidade pessoal.

SER E FAZER O PAPEL DE VALENTÃO

O papel do valentão é descrito consistentemente em termos de certos pressupostos e comportamentos. Como estado de identidade, o valentão é uma postura defensiva, que envolve comportamentos agressivos e dominadores *contra* uma força (em geral uma força "feminina") que parece caoticamente avassaladora. O valentão reage contra a Mãe Terrível, que é, ao mesmo tempo, sua própria vida sentimental inconsciente *e* o poder do outro feminino — a mãe original. Os abusos físicos e emocionais ocorrem devido à ameaça que a Mãe Terrível representa, pois ela dominará e des-integrará o valentão se ele não lutar contra ela.

Como estado duradouro de identidade, o papel do valentão compelirá o homem a adotar um comportamento agressivo e impulsivo em situações diferentes. Ele não será capaz de distinguir entre autoridade e agressão, preocupação amorosa e dominação, sentimentos e ações. O homem que se habituou à identidade do valentão é dominado por seus impulsos e pelo medo desses impulsos. Como a maior parte dos impulsos são agressivos e destrutivos, eles lhe trazem problemas. Ele não consegue entender por que é constantemente considerado alguém que cria problemas, porque não sabe antecipar as conseqüências das próprias ações e acredita que elas são sempre justificadas. Esse tipo de homem só aprende com recompensas e castigos do meio: não é motivado por aprovação, nem por amor. Como não consegue confiar nos outros, sobretudo nas mulheres, tem que se defender constantemente de seus sentimentos de ternura e amor. Em vez de experimentar sentimentos de ternura, ele se sente impelido por necessidades e impulsos que têm que ser gratificados, para que ele funcione. Como essas necessidades parecem insaciáveis, ele poderá se referir a uma constante frustração e até mesmo a um medo de seus próprios sentimentos.

À semelhança da mulher que adaptou-se ao estágio do *animus* como um outro estranho, o homem identificado com o valentão tem um vocabulário pobre para articular uma vida interior. Ele está "legal", "de saco cheio" ou "chateado" em vez de estar zangado, temeroso, contente ou alegre. Também à semelhança da mulher identificada com a bruxa, ele usa mais as defesas de negação, identificação projetiva e cisão que outras defesas contra a ansiedade. Como pode ter reforçada sua imagem e comportamento de macho por uma cultura que valoriza a agressão masculina, talvez ache que suas violentas exteriorizações e reações contra a dominação podem ser socialmente compensadoras. Nesses contextos compensatórios, ele poderá tornar-se fisicamente perigoso, sem abrigar qualquer sentimento de vergonha ou de receio por seu comportamento.

Nas sessões de terapia, o homem identificado com o valentão é potencialmente perigoso, caso seja provocado à des-integração. Por meio de uma entrevista baseada na empatia, o terapeuta poderá avaliar as reações pessoais desse homem a seu comportamento de valentão. Toda vez que uma violência física ou sexual contra a parceira ou os filhos for relatada, essa avaliação se torna essencial. Até mesmo quando o comportamento do valentão se limita ao relacionamento do casal, quando provocado pelos terapeutas, ele poderá tornar-se perigoso para sua parceira, durante a terapia. O grau em que os comportamentos violentos e abusivos são "distônicos" para o homem deverá orientar a decisão do terapeuta quanto à sua adequação para nossa forma de terapia de casal.

Em geral, verificamos que um homem que praticou abusos repetidamente e sem conseqüências, fora do relacionamento do casal, precisa ser avisado imediatamente de que deve parar. Se ele tem uma identidade pessoal, aliar-se-á imediatamente a essa orientação terapêutica. Entretanto, se estiver identificado com o valentão, se retrairá e parecerá "esconder-se" das injunções do terapeuta. Nossa forma de terapia será contra-indicada se o homem não concordar em parar de dar vazão a seus impulsos agressivos.

O homem que, temporária e conflitantemente, *desempenha* o papel do valentão no relacionamento do casal experimentará necessariamente uma ansiosa redução de sua auto-estima ao se ver confrontado, pelos terapeutas, com seu comportamento destrutivo. No momento do confronto inicial, ele deve ser apoiado, sem excessivas admoestações, na direção da mudança. Se ele parecer auto-reflexivo, se fizer suas demonstrações de valentia apenas no contexto do relacionamento do casal, se desejar manter controle sobre seu comportamento, então ele será aceitável para o tipo de trabalho que descrevemos.

O outro lado da exteriorização impulsiva do papel do valentão é uma impulsiva introjeção ou agressão contra si. Esse tipo de comportamento em geral envolve drogas, álcool ou ameaças de suicídio. Tais comportamentos impulsivos também precisam ser avaliados inicialmente e monitorados durante o tratamento.

O homem identificado com o valentão e que não desenvolveu uma identidade pessoal sólida deve ser tratado individualmente e afastado da terapia de casal. O homem que desempenha o papel de valentão pode ser tratado em nosso esquema, mas é muito mais vulnerável a seus impulsos do que o homem identificado com o herói, que pode atuar como um valentão ocasionalmente.

FORMAS ALTERNATIVAS DE TRATAMENTO

Quando um ou ambos os parceiros não diferenciaram uma identidade pessoal, eles poderão ser encaminhados a outras formas de tratamento, que podem acompanhar ou substituir a terapia de casal. Em geral, tratamos individualmente a mulher identificada com a bruxa ou o homem identificado com o valentão. Se ambas as pessoas têm defesas um tanto primitivas e se des-integram facilmente, devido à ansiedade, então não prosseguiremos de modo algum com a terapia de casal. Se apenas uma pessoa apresenta dificuldades quanto ao desenvolvimento, poderá ser tratada individualmente, ao mesmo tempo em que ambos os parceiros participam da terapia de casal. Muitos fatores, tais como os financeiros, além de outras circunstâncias de vida, pesarão na decisão final a ser tomada quanto ao fato dos dois parceiros não estarem prontos para iniciar o tratamento juntos.

Quando um indivíduo se habituou, pela identificação, com um complexo parental ou reage contra ele, inúmeras abordagens terapêuticas poderão ser empregadas para desenvolver a identidade pessoal. A maior parte dessas abordagens são mais "psicoeducativas" ou "manipulativas" do que orientadas para a conscientização. O diretor da terapia é o terapeuta, e todo um campo simbólico de colaboração não é acionado abertamente na terapia. O terapeuta poderá monitorar e avaliar o campo simbólico, mas não comunicará isso verbalmente ao paciente. O homem identificado com o valentão apresenta todas as probabilidades de mudar com recompensas e punições do meio que o cerca. Assim sendo, métodos comportamentalistas de intervenção (manipulações dos terapeutas, mais do que um programa de autocontrole) serão mais eficazes. As tarefas apropriadas da terapia incluem aumento das capacidades verbais para descrever acontecimentos e ações de modo pessoal. Isso envolveria ensinar e recompensar a linguagem usada para identificar estados afetivos, em vez de exteriorizações diretas ou "introjeção" dos impulsos. Habilidades sociais e a gratificação protelada freqüentemente podem ser ensinadas com maior eficácia em um grupo estruturado de terapia do que na terapia individual. O treinamento eficaz dos pais tem sido útil, por exemplo, para ensinar homens abusivos a lidar com os filhos sem reagir agressivamente a seu mau comportamento. Outras habilidades, tais como tomar conta de uma casa e cozinhar, também podem ser ensinadas e recompensadas. Talvez o mais importante de tudo seja o ensino da confiança pessoal, dando ao cliente a oportunidade de falar e ouvir os outros, em um ambiente protegido, em geral em um grupo.

Formas semelhantes de tratamento podem ser usadas com a mulher identificada com a bruxa, mas ela também pode ser exposta a alguns outros métodos. Como ela, habitualmente, não tem o problema da exteriorização impulsiva, perturbadora (embora possa apresentar esse problema), estará disponível para intervenções mais sofisticadas, tais como a Terapia da Realidade, na qual são ensinados procedimentos racionais e delineadas as conseqüências do comportamento. Ela pode aprender como procurar suas próprias recompensas e evitar a punição antecipando as reações interpessoais dos outros. O terapeuta poderá recompensar seus comportamentos adaptativos, que indicam confiança por meio da aprovação. Pode ser ensinada a confiar através de recompensas interpessoais, em vez de recompensas materiais (o homem habituado ao papel de valentão poderá reagir melhor a recompensas concretas ou materiais). Em geral, esse tipo de mulher poderá aprender a diferença entre metas a longo e a curto prazo e pode estabelecer metas comportamentais para si mesma à medida em que aprende a desenvolver maior independência. Identificar-se com seus pares, mais do que com figuras de autoridade, é algo que deve ser encorajado e a mulher deve ser apoiada no sentido de fazer amizades, sobretudo para desenvolver um relacionamento de confiança com alguém que lhe for íntimo, fora da família de origem.

Os indivíduos tratados com essas formas mais educacionais de terapia, que lhes dão apoio, podem voltar à terapia de casal em certo momento. Uma outra forma de terapia de casal é preferível à forma mais metafórica e imaginativa que descrevemos. Concordância em relação às metas específicas para mudar o comportamento e ajudar a bruxa e o valentão a se tornarem parceiros mais iguais na assistência aos filhos e outras incumbências, encorajará os indivíduos a verem um ao outro como pessoas. À medida que os clientes mudam com a ajuda terapêutica, eles devem ser reavaliados quanto a seu potencial de funcionar basicamente com uma identidade pessoal. Trabalhamos ocasionalmente com pessoas de meia-idade que pareciam propensas à mudança e que reagiam muito rapidamente ao tipo de tratamento que descrevi. No entanto, quando as pessoas, em geral, se identificaram com os papéis da bruxa e do valentão no complexo da mãe negativa durante um período substancial de suas vidas adultas, elas necessitarão de tempo e paciência para reconhecer e integrar esses papéis em sua identidade pessoal.

Há muito mais coisas envolvidas na avaliação do desenvolvimento do que delineei neste capítulo. Para avaliar o funcionamento cognitivo, interpessoal e moral de um indivíduo, o terapeuta tem de examinar uma grande variedade de pensamentos, atividades e comportamentos (inclusive os sonhos) no contexto de vida de uma pessoa.

De modo geral, os indivíduos se adequam a nosso tipo de terapia de casal se não estiverem inteiramente identificados com os papéis da bruxa ou do valentão. Desempenhos temporários desses papéis ocorrem em todos os estágios do desenvolvimento, até mesmo entre as pessoas mais individuadas e integradas. Ao distinguir uma identidade duradoura de um desempenho temporário, o terapeuta terá avaliado apenas uma área do funcionamento interpessoal, ou seja, a reação do cliente ao complexo da mãe arquetípica. A partir de nossa experiência, afirmamos que essa avaliação é suficiente para julgar quanto à adequação do paciente à terapia de casal. Fica claro que, em outras formas de tratamento, e até mesmo nesta forma, o terapeuta poderá querer avaliar outras áreas de funcionamento para tomar decisões relativas à estratégia e à técnica.

8
Conclusão: Vitalidade por meio da conexão

Estamos em um tempo de dúvidas sobre as formas de continuidade e de conexão... A percepção de nossa situação histórica — as ameaças das armas nucleares, da destruição do meio ambiente, da pressão exercida pelo crescimento populacional sobre recursos limitados — criou uma ampla imagética de extinção. Essas ameaças ocorrem em um momento em que... a desarticulação psico-histórica já solapou símbolos consagrados, ligados às instituições da família, da Igreja, do governo e da educação.[1]

Deparamo-nos diariamente com imagens de dissolução e desintegração, não apenas nas notícias veiculadas pela mídia, mas também em nossa vizinhança e entre os membros da família. Ameaças à estabilidade, continuidade e integridade surgem de fatores sociais como o armamento maciço e de experiências pessoais como a identidade de gênero. Muito pouco de nossa vida pessoal ou interpessoal parece estar confiavelmente conectada à tradição, a um futuro previsível ou até a um sólido contexto simbólico de significado humano. O desenvolvimento do indivíduo ao longo do ciclo de vida, freqüentemente, parece ser imprevisível ao extremo, afligido por transformações sociais e históricas imprevistas e imprevisíveis.

Um casal que lute para restabelecer a confiança básica, o sentimento de vitalidade e de continuidade da vida, se vê diante de obstáculos, nele mesmo e na sociedade, que muitas vezes parecem insuperáveis. Os membros do casal carregam um fardo diário de alienação, ressentimento, mágoa e desespero em um contexto social que pouco orienta no sentido de que um "renascimento" do sentido pode advir da dor causada pela quebra da confiança. Ver outros casais se separarem, constatar os conflitos óbvios e a infelicidade de casais que estão juntos há muito tempo, além do aparente descaso das "gerações jovens" perante as sérias questões sociais com que se defrontam são apenas algumas das tensões que exacerbam o desespero.

Em nosso trabalho com casais, sentimos a inspiração de que a história de Gawain e Ragnell contraria a tendência coletiva à desintegração. Repetidas vezes ficamos surpreendidos com os recursos emocionais trazidos pelos casais para o trabalho de revitalizar o relacionamento, *após* perceberem a esperança e o significado que ele encerra. Antes de estabelecer um contexto significativo em que as pessoas possam perceber com clareza alguns dos motivos para modificar seu comportamento, os membros de um casal cuja confiança mútua foi abalada tenderão a subverter o trabalho reconstrutivo da intervenção terapêutica.

Nosso método básico para introduzir um contexto simbólico é o confronto com a perda. Descobrimos que o tema perda-separação, de alguém ou algo com que a pessoa se identificou, permite o acesso a um novo sistema de significados. Quando as pessoas negam e ignoram a perda potencial daquilo que é apreciado em seu relacionamento (tal como amizade, prazer sexual, trabalho compartilhado e criação dos filhos), elas continuam a alimentar desejos impossíveis da infância. O confronto com a perda é um choque para as rotinas estagnantes e alienantes do complexo da mãe negativa, que são representadas diariamente nos papéis da bruxa, do herói e do valentão. O despertar emocional arquetípico desses papéis sobrepujará, gradualmente, o estímulo para uma vida pessoal verdadeiramente compartilhada. O reconhecimento da perda restaura o significado pessoal para a experiência do casal e esse significado tem a ver com empatia humana, responsabilidade e mortalidade.

Depois que o choque da perda despertou um novo desejo de aceitar o relacionamento, os parceiros devem lutar com muito empenho para não deixar escapar o significado simbólico, isto é, o quadro mais amplo de sua vida em comum. Em um meio social que se afirma no individualismo, na separação e na ruptura, e até certo ponto no real isolamento de uma conexão com o planeta e o universo, a luta em prol da confiança permanente é, de fato, heróica.

Como indiquei anteriormente, a confiança em um vínculo adulto baseia-se na reciprocidade e na igualdade. O relacionamento entre pares, a imagem arquetípica do par irmão-irmã, é o modelo para um vínculo adulto, e não o relacionamento de apego entre pai e filho. No recente e amplo estudo realizado por Blumstein e Schwartz sobre os casais americanos, eles descobriram que um tema predominante, entre as razões pelas quais os casais sobrevivem ou se desfazem, é o desejo de igualdade da mulher.[2] Nas áreas do dinheiro, do trabalho e do sexo estudadas pelos autores, eles descobriram que as mulheres, em casais heterossexuais e lésbicos, valorizam o ideal da igualdade acima de muitos outros fatores do relacionamento. Os homens, em relacionamentos homossexuais, assumem a igualdade mútua muito mais do que as pessoas em outros tipos de relacionamento de casal.

A luta das mulheres por igualdade na relação com o parceiro é freqüentemente interpretada como a "ruína" do casamento, como a falha básica em nosso atual sistema familiar. Contrariando essa interpretação (freqüentemente baseada em um modelo de casamento apoiado na dominação-submissão, réplica dos laços entre pais a filhos), acredito que a luta atual por igualdadee é fonte de uma nova vitalidade no relacionamento. À medida em que mulheres e homens se tornarem mais capazes de configurar seu relacionamento por meio da confiança recíproca e do respeito mútuo, eles se tornarão aptos a desenvolver uma relação rejuvenescedora, de *communitas* ou de significado compartilhado.

A força da mudança, nos relacionamentos conjugais, é talvez mais patente nas crescentes responsabilidades financeiras assumidas pelas mulheres, na família ou no casal. Dessa responsabilidade decorre uma espécie de autoridade pessoal e um novo tipo de compartilhamento. Blumenstein e Schwartz sugerem que a instituição do casamento já se modificou, devido a uma alteração no sistema de salários familiar (e um único provedor) na sociedade contemporânea:

> O conceito de casamento tem passado por certas revisões que podem ser algo perturbadoras. A sociedade agora questiona se os maridos devem ter uma autoridade absoluta. Em breve poderá ser dado como certo o fato de que a esposa que trabalha será uma parceira no campo financeiro, compartilhando com o marido até mesmo o papel de provedor. Isso dá à mulher mais poder, pois muitas das justificativas para a divisão de trabalho do casal eram um atributo de uma pessoa, o homem, que dirigia o relacionamento porque seu trabalho possibilitava a sobrevivência. Se ele já não for mais o provedor, poderá perder sua legitimidade como aquele que tem a última palavra em uma decisão... Mudanças como essa não modificam simplesmente a instituição... Elas alteram o próprio significado do casamento, e de modo tão drástico que ele poderá deixar de ser uma instituição como sempre conhecemos. Não estamos contestando que essas modificações não devam ocorrer. Estamos apenas dizendo que, se e quando elas acontecerem, a instituição poderá falir e deverá ser reconstruída de acordo com um modelo diferente.[3]

O vínculo adulto fundamentado na igualdade e na confiança mútuas é um novo modelo de casamento. Igualdade alicerçada na confiança e no significado compartilhado implica em um modo inteiramente diverso de se relacionar do que o de dominação, baseado nos direitos de propriedade e nos privilégios sociais da supremacia do homem.

Enquanto a igualdade parece promissora como um novo modo de relação no vínculo adulto, as modificações que isso implica para a vida conjugal e familiar parecem extremamente importantes. Um casal não pode forjar um modo próprio, um novo modelo para a vida cotidiana. A ruptura e a ausência dos apoios tradicionais são naturalmente acompanhadas de receios de desintegração. Por isso os casais precisam aprender como estabelecer uma nova conexão simbólica com um sistema de significados mais amplo, para além da instituição legal ou social do casamento como ela agora existe. Estabelecer uma conexão simbólica consigo e com a comunidade humana é essencial para resolver problemas relacionados à confiança básica.

Os casais em uma situação de aflição não podem tornar-se imediatamente responsáveis por suas imagens ideais de confiança e companheirismo. Precisam ser ligados à sua própria realidade simbólica (sonhos, ritual, arte, trabalho e lazer) e a uma comunidade de pessoas que tenham a mesma mentalidade. No plano ideal, essa comunidade possuirá um sistema de significados mais amplo, um contexto espiritual para o desenvolvimento humano e apoio emocional constante, necessário à mudança.

Ajudar o casal a recordar os sonhos e registrá-los, aumentar seu respeito pelo pensamento imaginativo e sua capacidade para agir espontaneamente (intuitivamente) e a expandir seu conhecimento dos símbolos míticos, são atividades essenciais para uma terapia bem sucedida. Essas atividades são intensificadas quando se recomenda leituras fora das sessões, atenção aos sonhos e participação em grupos que estão aprendendo ou reaprendendo modos simbólicos. Desenvolver uma conexão simbólica com o *Self* e com a humanidade leva a um maior conhecimento sobre o ciclo da vida humana e a uma maior esperança de "trabalhar com" os conflitos no processo de um relacionamento.

Outra maneira de compreender a importância do contexto simbólico para a vitalidade do relacionamento humano é considerá-lo como fundamento da atividade psicológica que está na raiz da vida. Robert Jay Lifton refere-se ao desenvolvimento de uma "imaginação fundamentada" como algo essencial para uma vida saudável, nesses tempos de ruptura cultural.[4] Baseado em seu trabalho com sobreviventes do holocausto e com radicais sociais contemporâneos, Lifton insiste em que o sentimento de vitalidade e de saúde (ou totalidade) está em nossa capacidade de vivenciar as imagens temporais, espaciais e emocionais do eu como intacto. A "fundamentação" de nossas imagens do eu depende, por sua vez, de nossa capacidade de conectar essas imagens à história pessoal e coletiva, biológica e social. Lifton ainda sugere que a mentalização consciente é uma forma relativamente conservadora ou limitada de pensar, em comparação com a mentalização inconsciente. Para ligar a imaginação inconsciente ao pensamento consciente, a pessoa precisa desenvolver laços ou conexões entre as poderosas sugestões formativas dos sonhos ou da intuição e as atividades cotidianas da realidade social e biológica. Lifton acredita que esquecer os sonhos é um produto da repressão da imaginação ou uma espécie de "amortecimento" ou "falta de sintonia" com nossos processos mais amplos de pensamento.

Se os sonhos são nossos pensamentos mais radicais e complexos, então nossa capacidade de usá-los depende de nossa habilidade para integrar imagens simbólicas à experiência cotidiana no mundo interpessoal. A relutância de muitas pessoas em "acreditar" em seus sonhos e imaginar-se além dos limites imediatos do tempo e do espaço, pode ser enfrentada por meio de um processo terapêutico e instrutivo. Lifton refere-se a um projeto de pesquisa em que ensinou as pessoas a estabelecerem conexões entre um problema quando estavam acordadas e uma resposta dada nos sonhos:

> Consiste em se concentrar, nos momentos que precedem o sono, em uma dificuldade imediata da vida ligada a um conflito pessoal e "desejar" um sonho relativo a essa dificuldade. No caso das pessoas pesquisadas, as imagens a serem focalizadas referiam-se a um tema dominante de uma entrevista que está sendo completada. É claro que os sonhos variam enormemente. No entanto, por suas associações, deparamo-nos, de maneira con-

sistente, com padrões bastante esperados. Embora as imagens oníricas fossem distantes, quanto ao conteúdo, do conceito do sonhador sobre seu impasse, elas podiam levar, através de associações, a perspectivas alteradas, formas que vão além desse impasse.[5]

Os casais precisam desenvolver a capacidade de integrar seus sonhos e pensamentos imaginários (como as inspirações intuitivas) nas tarefas cotidianas da vida. Para isso, precisarão desenvolver um contexto simbólico que possibilite compreender o pensamento inconsciente. Um contexto imediatamente acessível é o das religiões universais e o dos sistemas míticos, tais como se expressam em vários rituais ou outras formas culturais. Desenvolver um contexto que permita usar um pensamento imaginativo ou simbólico resulta em um aumento de vitalidade pela experiência de um eu intacto — e em um aumento da esperança de confiar que os processos de comunicação e de imaginação gerem soluções para o conflito. Eis o que escreve Lifton:

> Em meu trabalho, comecei a fazer distinções entre um imaginário relativamente desconectado e aquilo que denomino "imaginação fundamentada". Especialmente vigorosa no que se refere a inovações, a imaginação fundamentada tem raízes nas formas vivas da uma pessoa, e essas raízes permitem um certo importe de liberdade, para que se possa imaginar "além", por assim dizer, para novas imagens (ou novas combinações) e formas originais. O pressuposto é que nenhuma forma pode ser inteiramente nova, mas deve ter uma base imaginativa em outras, mais antigas.[6]

Integrar a imaginação na vida cotidiana e na história pessoal é um esforço especialmente estimulante para a constituição de uma nova conexão no relacionamento de um casal. Os membros do casal poderão sentir-se conectados com eles mesmos, com o outro e com a comunidade humana, ao unificarem o imaginário inconsciente e a experiência cotidiana consciente. O contexto simbólico ou a conexão simbólica, por meio de um sistema de significados compartilhado pelo casal e por outros casais que estejam vinculados em igualdade, dá uma base ao sentimento de continuidade em uma sociedade em desintegração. Além disso, essa espécie de continuidade simbólica, baseada em uma realidade social, leva a novas formas de realidade social e de conexão humana, para além do casal.

Nosso sistema de revitalização e de reconexão no relacionamento de um casal começa pelo enfrentamento da perda. O choque da separação, vivenciado como perda pessoal, espacial, temporal e emocional, leva os membros do casal a uma reavaliação, de si e do outro. Nesse processo de reavaliação, enfatizamos as atividades e formas de pensamento que gerem maior igualdade e reciprocidade. Elas se fundamentam na imagem arquetípica do par irmão-irmã, e nos modos e rituais de relacionamento entre pares, bem como na intuição da voz da bruxa. Integrar a imaginação em novas formas simbólicas, tendo em vista o compartilhar, a confiança recíproca e a igualdade ampliam-se, então, para uma experiência de um contexto simbólico mais amplo.

A capacidade de viver em um relacionamento vital e próximo de amor adulto parece depender da tessitura de conexões simbólicas para além do casal e dos indivíduos. Mediante essas conexões com uma comunidade mais ampla e com um sistema simbólico compartilhado, os indivíduos poderão promover um processo contínuo de ampliação da imaginação, de superação pessoal. Finalmente, esse processo parece resultar no estabelecimento da confiança em algo "além" de nós, que ampara o indivíduo nas perdas pessoais, nas rupturas e na desintegração.

Em termos práticos, isso significa que a vida cotidiana inclui uma fé nos pequenos renascimentos do significado, que ocorrem com a perda temporária e o restabelecimento da confiança. O ambiente de confiança interpessoal se expande, da experiência pessoal, para uma continuidade comunitária e simbólica. É esse o objetivo maior e o ideal que fundamenta nosso trabalho, no microcosmo da terapia de casal.

Anexo A

GAWAIN E LADY RAGNELL

(Extraído de *A Donzela do Norte e Outras Heroínas de Contos Populares*)

Há muito tempo, no tempo do rei Artur, o mais valoroso cavalheiro de toda a Bretanha era o sobrinho do monarca, Gawain. Tinha reputação de ser o mais corajoso nos campos de batalha, o mais sábio, o mais cortês, o mais compassivo e o mais leal a seu rei.

Certo dia, no final do verão, Gawain estava com Artur e os cavaleiros da corte, em Carlisle, no norte. O rei voltava de uma caçada e estava tão pálido e abalado que Gawain seguiu-o imediatamente até seus aposentos.

"O que aconteceu, meu senhor?", perguntou Gawain, preocupado.

Artur sentou-se, prostrado. "Tive um encontro muito estranho na floresta de Inglewood... mal sei como interpretá-lo." E o rei contou a Gawain o que se passou.

"Eu hoje estava caçando um grande veado branco", disse Artur. "Finalmente ele me escapou e eu me vi sozinho, a certa distância de meus homens. De repente, um homem alto e vigoroso surgiu diante de mim, brandindo sua espada."

"E Vossa Majestade estava desarmado?"

"Sim. Tinha apenas o arco e uma adaga em meu cinto. Ele ameaçou matar-me", prosseguiu Artur. "Brandiu a espada, como se pretendesse liquidar-me naquele mesmo lugar! Em seguida riu, de um modo horrível, e disse que me daria uma única oportunidade de salvar minha vida."

"E quem era esse homem?", indagou Gawain. "Por que queria matar-vos?"

"Disse chamar-se sir Gromer e procurava vingar-se da perda de suas terras, situadas ao norte."

'Um chefe do norte!", exclamou Gawain. "E que oportunidade era essa a que ele se referia?"

"Dei-lhe minha palavra de que o encontraria dentro de um ano, a partir de hoje, desarmado, no mesmo lugar, com uma resposta a uma pergunta!", disse Artur.

Gawain começou a rir, mas parou imediatamente, ao notar a expressão do rei. "Uma pergunta! Acaso é uma charada? E um ano para encontrar a resposta? Não deve ser difícil!"

"Sim, se eu lhe der a verdadeira resposta à pergunta, que é a seguinte: 'O que as mulheres mais desejam, acima de todas as coisas?'. Então minha vida será poupada." Artur franziu o cenho. "Ele tem certeza de que eu fracassarei. Deve ser uma charada tola, que ninguém consegue decifrar."

"Meu senhor, dispomos de um ano e procuraremos a resposta em todo o reino", afirmou Gawain, cheio de confiança. "Eu vos ajudarei. Certamente, uma das respostas será a certa."

"Sem dúvida, tens razão. Alguém deve saber a resposta." Artur pareceu mais animado. "O homem é louco, mas um chefe saberá manter sua palavra."

Durante o ano que se seguiu, Artur e Gawain fizeram a pergunta, pelos quatro cantos do reino. Finalmente, o dia designado se aproximava. Embora tivessem muitas respostas, Artur estava preocupado.

"Com tantas respostas para escolher, como saberemos qual é a verdadeira?", perguntou, desesperado. "Nenhuma delas soa verdadeira."

Poucos dias antes do encontro com sir Gromer, Artur cavalgou sozinho entre os campos semeados de tojos dourados e urzes cor de púrpura. A trilha conduziu-o a um bosque de imponentes carvalhos. Artur, entregue a seus pensamentos, não levantou os olhos até chegar aos limites do bosque. Assim que ergueu a cabeça deteve-se, atônito.

Diante dele estava uma mulher grotesca. Era quase tão corpulenta quanto alta, sua pele tinha manchas esverdeadas e tufos de cabelos, que pareciam ervas daninhas, lhe cobriam a cabeça. Seu semblante parecia mais animal do que humano.

Seu olhar destemido cruzou com o de Artur. "Sois Artur, o rei", declarou em um tom de voz áspero e lúgubre. "Dentro de dois dias tereis de encontrar-vos com sir Gromer, levando a resposta à pergunta que ele fez."

Artur gelou de medo e gaguejou: "Sim... sim... é verdade. Quem és tu? Como sabias de tudo isso?"

"Sou lady Ragnell, e sir Gromer é meu meio-irmão. Não descobristes a verdadeira resposta, não é mesmo?"

"Tenho muitas respostas", declarou Artur bruscamente. "Não vejo em que meus assuntos possam interessar-te." O rei puxou as rédeas do cavalo, ansioso por ir embora.

"Não tendes a resposta correta." A certeza com que ela se expressava levou o rei a sentir-se condenado. A voz áspera prosseguiu. "Sei, porém, qual é a resposta à indagação de sir Gromer."

Artur voltou-se, cheio de esperança, mal acreditando no que acabara de ouvir. "É mesmo? Pois diz-me qual é a verdadeira resposta à pergunta e eu te darei uma bolsa repleta de ouro."

"Não tenho o que fazer com ouro", ela respondeu com frieza.

"Que absurdo, minha boa mulher. Com ouro poderás comprar o que bem quiseres!" O rei hesitou por alguns instantes, pois aquele rosto grotesco, pesado, aquele olhar frio, imperturbável, desconcertava-o. Prosseguiu, nervoso. "O que queres? Jóias? Terras? Darei o que quiseres, se souberes realmente a verdadeira resposta."

"Garanto que sei a resposta!" Ela fez uma pausa. "Em retribuição, peço que o cavalheiro Gawain se torne meu esposo."

Houve um momento de silêncio e o rei estava visivelmente chocado. "É impossível! O que pedes é impossível, mulher!", ele disse finalmente.

Ela deu de ombros e voltou-se, fazendo menção de retirar-se.

"Espera, espera um momento!" A raiva e o pânico dominavam o rei, mas ele tentou exprimir-se com moderação.

"Ofereço-te ouro, terras, jóias. Não posso dar-te meu sobrinho. Ele é dono de si. Não me pertence para que eu possa dar-te!"

"Não vos pedi que me désseis o cavalheiro Gawain", ela contestou. "Se Gawain concordar em desposar-me, eu vos darei a resposta. Meus termos são estes."

"Impossível!", explodiu o rei. "Não posso levar-lhe semelhante proposta." "Se mudardes de idéia, estarei aqui amanhã", disse ela, desaparecendo no bosque de carvalhos.

Abalado com aquele estranho encontro, Artur dirigiu-se para o castelo em marcha lenta. "Salvar minha própria vida às custas de Gawain? Jamais!", pensava. "Mulher desprezível! Sequer poderia mencionar esse assunto a Gawain."

No entanto, o ar vespertino era leve, os cantos dos pássaros soavam e o fatídico encontro com sir Gromer era um peso para o rei. Ele estava dilacerado diante da terrível escolha que lhe era imposta.

Gawain deixou o castelo e partiu ao encontro do rei. Ao ver a palidez de Artur e sua fisionomia transtornada, exclamou: "Meu senhor! Estais doente? O que aconteceu?".

"Nada... absolutamente nada." Artur, entretanto, não conseguiu manter o silêncio durante muito tempo. "Que atrevimento daquela mulher! Um monstro, eis o que ela é! Aquela criatura ousou me obrigar a aceitar suas condições!"

"Acalmai-vos, meu tio", disse Gawain, paciente. "Que mulher e que condições são estas?"

Artur suspirou. "Ela sabe a resposta à pergunta. Não tinha a intenção de dizer-te."

"Por que não? Isso é, sem dúvida, uma boa notícia! Qual é a resposta?"

"Ela não me dirá enquanto suas condições não forem aceitas", disse o rei, compungido. "Mas garanto-te que recuso-me a levar sua proposta em consideração!"

Gawain sorriu. "Meu tio, agora quem se exprime através de enigmas sois vós. Quem é esta mulher que alega saber a resposta? O que ela propõe?"

Ao notar o rosto sorridente de Gawain, cheio de expectativa, Artur inicialmente não conseguiu falar. Então, com uma expressão pesarosa, o rei contou toda a história a Gawain, não omitindo detalhe algum.

"Lady Ragnell é meia-irmã de sir Gromer? Sim, acho que ela sabe qual é a resposta correta", disse Gawain, pensativo. "Que sorte eu poder ser capaz de salvar vossa vida!"

"Não! Não permitirei que te sacrifiques!", protestou Artur.

"É minha escolha e minha decisão", respondeu Gawain. "Acompanhar-vos-ei amanhã e concordarei em casar-me, sob a condição de que a resposta que ela der seja a resposta correta, que salvará vossa vida."

Bem cedo, no dia seguinte, Gawain cavalgou ao lado do rei Artur, mas nem mesmo a visão daquele rosto desprezível conseguiu abalar sua decisão. A proposta de Ragnell foi aceita.

Gawain inclinou-se com cortesia. "Se vossa resposta salvar a vida do rei, nós nos casaremos."

Na manhã fatal Gawain observou que o rei guardava um pergaminho na bolsa que pendia da sela. "Primeiro tentarei todas estas respostas", disse Artur.

Cavalgaram juntos até a metade do caminho e então Artur, desarmado conforme fora combinado, prosseguiu sozinho até Inglewood, ao encontro de sir Gromer.

O alto e vigoroso chefe o aguardava e a lâmina de sua espada cintilava ao sol.

Artur leu uma das respostas, em seguida a próxima e mais uma outra. Sir Gromer sacudia a cabeça, com ar de contentamento.

"Não, não tendes a resposta certa!", disse ele, erguendo a espada bem alto. "Fracassastes e agora..."

161

"Espera!", gritou Artur. "Tenho mais uma resposta. O que uma mulher deseja acima de tudo é o poder da soberania, o direito de ser dona da própria vontade."

Praguejando, sir Gromer abaixou a espada.

"Não descobristes a resposta sozinho!", gritou. "Ragnell, minha maldita meia-irmã, foi quem vos contou. Leviana, atrevida, intrometida! Eu a passarei pelo fio de minha espada... Cortarei sua cabeça..." Sir Gromer deu as costas e desapareceu na floresta, onde suas horríveis maldições ecoaram por algum tempo.

Artur voltou para o lugar em que Gawain o aguardava, ao lado da monstruosa Ragnell. Regressaram ao castelo em silêncio. Apenas a grotesca lady Ragnell parecia estar de bom-humor.

As notícias se espalharam rapidamente por todo o reino. Gawain, o mais perfeito cavalheiro de toda a terra, deveria casar-se com aquela monstruosa criatura! Alguns riam disfarçada ou abertamente ao imaginarem o espetáculo; outros comentavam que lady Ragnell devia ser dona de muitas terras e propriedades; a maioria permanecia atônita, em silêncio.

Artur, nervoso, chamou seu sobrinho de lado. "Deves prosseguir imediatamente com esta história? Quem sabe não poderias adiá-la..."

Gawain encarou-o com firmeza. "Dei minha palavra, meu senhor. A resposta de lady Ragnell salvou vossa vida. Quem sabe preferíeis que eu..."

"Tua lealdade deixa-me envergonhado! É claro que não podes faltar com tua palavra." Artur, dizendo isto, afastou-se.

O casamento foi celebrado na abadia. Em seguida, começaram os festejos em honra àquela estranha boda. Gawain e sua dama sentaram-se à mesa principal, ao lado do rei e da rainha.

"Ela ocupa o espaço de duas mulheres na cadeira", murmurou o cavalheiro Gareth. "Pobre Gawain!"

"Não desposaria semelhante criatura nem que me dessem toda a terra da cristandade!", comentou seu companheiro.

Um silêncio incômodo pairou no ambiente. Apenas a monstruosa lady Ragnell mostrava bom-humor e apetite. Ao longo de todo aquele dia e aquela noite, tão compridos, Gawain permaneceu cortês e agradável. Seus modos para com a estranha noiva demonstravam atenção e gentileza.

Os festejos aproximavam-se do fim. Gawain e sua noiva foram conduzidos ao aposento e, finalmente, ficaram a sós.

Lady Ragnell contemplou seu esposo com ar pensativo.

"Mantivestes vossa promessa com toda fidelidade", observou.

Gawain inclinou a cabeça. "Não podia fazer por menos, minha senhora."

"Não demonstrastes asco ou pena", disse ela. Fez uma pausa e prosseguiu: "Vamos, estamos casados! Espero um beijo".

Gawain aproximou-se imediatamente e beijou-a. Ao dar um passo atrás viu diante de si uma jovem esbelta, de olhos azuis, que sorria com serenidade. Ele levou um grande susto.

"Mas que espécie de feitiçaria é esta?", exclamou.

"Vós me preferis sob esta forma?", ela indagou, girando lentamente.

Gawain recuou, atordoado. "Eu... sim... é claro... mas... não compreendo..." Aquela súbita manifestação de feitiçaria, revestida de poderes desconhecidos, deixou-o confuso e inseguro.

"Meu meio-irmão, sir Gromer, sempre me odiou", disse lady Ragnell. "Infelizmente, graças à mãe dele, adquiriu o conhecimento da feitiçaria, e transformou-me em uma criatura monstruosa. Disse-me que eu deveria viver sob essa forma até conseguir convencer o maior de todos os cavalheiros da Bretanha a escolher-me como esposa, e isso por sua própria vontade. Disse também que era uma condição impossível de ser cumprida!"

"E por que ele vos odiava tão cruelmente?"

Ela franziu os lábios, com ar divertido. "Ele me achava atrevida e pouco feminina porque eu o desafiava. Recusei-me a obedecer suas ordens, tanto no que dizia respeito às minhas propriedades quanto à minha pessoa."

Gawain declarou, admirado: "Vós cumpristes aquela impossível condição e agora o feitiço chegou ao fim!".

"Somente em parte." Seus olhos claros não se desviaram dos dele. "Meu caro Gawain, cabe a vós a escolha. Aceitais que eu tenha essa forma à noite e minha forma anterior, horrenda, durante o dia? Ou preferis que eu seja grotesca à noite, em vossos aposentos, e assuma minha própria forma no castelo, durante o dia? Refleti cuidadosamente, antes de fazer vossa escolha."

Gawain permaneceu em silêncio apenas durante um momento. Ajoelhou-se diante dela e tocou em sua mão.

"É uma escolha que não posso fazer, minha querida Ragnell. Ela diz respeito a vós. O que quiserdes escolher — bela durante o dia ou bela à noite — eu aceitarei de bom grado."

Ragnell suspirou profundamente. A expressão de seu rosto tornou-se radiante.

"Respondestes bem, meu querido Gawain, pois vossa resposta afastou por completo o feitiço de Gromer. A última condição que ele impôs acaba de ser cumprida! Ele disse que se, após meu casamento com o maior dos cavalheiros do reino, meu esposo me desse a liberdade de escolha, o poder de ser dona de minha vontade, o feitiço seria quebrado para todo o sempre."

Foi assim que, em clima de alegria e encantamento, se iniciaram as bodas de Gawain e de lady Ragnell.

ANEXO B
AVALIAÇÃO PSICOSSEXUAL

Esta avaliação poderá ser realizada junto com o casal ou com os indivíduos separadamente. Pode-se adotar o processo de encontrar-se inicialmente com os pacientes ou a avaliação pode ser realizada explicitamente, em um encontro em separado. Quando as dificuldades sexuais forem apontadas como o problema que se impõe, uma sessão especial, dedicada unicamente à avaliação psicossexual, costuma ser proveitosa.

Se as dificuldades sexuais são ou parecem ser preponderantes na história de um casal, é preciso dedicar algum tempo a cada membro do casal individualmente, de modo que cada pessoa possa expor, com privacidade, quaisquer receios ou medos que talvez seja por demais difícil trazer para uma sessão de co-terapia. Lembre-se, porém, que se você estiver trabalhando com o casal em caráter permanente, deverá encorajar a exposição de segredos por ocasião da sessão de co-terapia. Não deverá ocorrer, de modo algum, a sensação de que houve um acordo particular entre um dos terapeutas e um dos membros do casal.

Os seguintes procedimentos podem ser dispostos em qualquer ordem e de qualquer maneira, seja como parte de uma sessão geral de entrevistas ou então explicitamente, como uma preocupação em separado. Na medida do possível, insistir mais em descrições comportamentais do que em juízos de valor. Por exemplo, uma "boa vida sexual" pode significar qualquer coisa, desde a prática freqüente do sexo até um acordo mútuo, no sentido de restringir o relacionamento sexual a apenas certos tipos de envolvimento sexual. Descubra explicitamente o que as pessoas querem dizer, quando indicam preferências ou dificuldades. Se você está se encontrando com o casal em uma sessão de co-terapia, para avaliar o funcionamento sexual, é preferível recorrer à entrevista de empatia, com cada indivíduo, para obter detalhes descritivos completos.

Antes de abordar uma história sexual, crie uma atmosfera favorável à franqueza e à redução da ansiedade. Pode chegar a isso apresentando a avaliação como uma "experiência estruturada" e fazendo perguntas de maneira clínica. Indicar que a maioria das pessoas sente-se um tanto ansiosa e constrangida, quando fala diretamente sobre sua vida sexual, em geral diminuirá as tensões. De modo geral, é muito difícil discutir uma disfunção sexual que foi percebida. Se você detectar a possibilidade de uma disfunção sexual, como a impotência básica, talvez tenha de realizar uma entrevista em separado com o marido. Reconhecer a ansiedade em torno da auto-estima e propiciar um contexto bem definido sem recriminações aumentará a possibilidade de explorar o problema de maneira descritiva e de ir adiante, em direção a um maior desenvolvimento. Como terapeuta, você deve transmitir empatia objetiva e uma sensação de segurança ou de competência.

1) *Problema sexual*

O que cada membro do casal percebe como sendo o problema sexual existente entre eles? Cada pessoa deveria descrever o problema em termo de comportamentos, isto é, exatamente aquilo que é dito e feito. Até mesmo relatos sobre a freqüência com que um casal tem contato sexual pode variar, para cada membro do casal. Um deles poderá afirmar, por exemplo, que eles fazem sexo duas ou três vezes por semana e o outro dirá que, no total, eles fazem sexo duas vezes por mês. Cada pessoa tem um contexto pessoal para vivenciar o problema e a história sexual do relacionamento. Este contexto pessoal dará forma e colorido ao relato que é feito durante a sessão.

2) *Contrato sexual*

Que acordo estabeleceram os parceiros quanto à freqüência e às circunstâncias em que eles farão sexo? Onde esse contato costuma ocorrer? Quem o inicia? Como é comunicado o desejo do contato? Cada pessoa compreende a receptividade ou falta de receptividade da outra? Como a recusa é comunicada? Qual é a rotina típica do contato sexual? Em que circunstâncias tal rotina varia? Às vezes há um contrato oculto, no sentido de que apena um dos membros do casal deve ter prazer sexual — em geral o homem — pois o prazer é "trocado" implicitamente por algo mais, tal como sustento financeiro.

Os casais têm tipos muito diferentes de contratos, no que diz respeito à intimidade sexual. Às vezes houve um "acordo" (consciente ou inconsciente) no sentido de que o contato sexual pode ser realizado fora do casamento, sob certas circunstâncias, por exemplo quando um dos membros do casal estiver fora da cidade. O sexo pode ser usado para a dominação (controle) ou como uma troca, tendo em vista a variedade de outras permissões (por exemplo, em troca de aquisição de bens materiais caros). Durante a avaliação, não se deve fazer julgamento algum sobre o atual contrato. Ele deve ser examinado e compreendido tão claramente quanto possível. Por exemplo, um dos terapeutas poderá fazer uma colocação explícita, do tipo: "Você e seu marido parecem concordar no sentido de que ele poderá ser promíscuo em troca de você ter a liberdade de exercer seus interesses no campo da criatividade e de maneira independente".

Lembre-se de ter em mente as preferências por fetiches e a masturbação, como parte do contrato sexual de um casal. Em determinados momentos, esses tipos de preferência são omitidos por terapeutas que têm em mente seus próprios padrões de relacionamento sexual.

3) *Atração*

Descubra o quanto cada um dos membros do casal se sente atraído pelo outro. Você deverá agir formulando questões explícitas ou observando com discreção. Você poderá ou não querer compartilhar suas observações com o casal.

Quando avaliar a atração, procure uma congruência entre a personalidade e a aparência de cada pessoa. Procure também uma congruência quanto ao "poder da aparência", nas duas pessoas. Ambas são fortes, na aparência, ou apenas uma delas?

Fale sobre romance. O que é estimulante e romântico para cada pessoa? Como o romance é evocado? Que situações e/ou dispositivos o acompanham, isto é, filmes, livros sobre sexo, roupas, vibradores, contextos etc.?

Qual é o "estado de identidade" típico no que se refere à atração sexual, para cada parceiro? A pessoa identifica-se com o papel heróico, de comportar-se como criança, ser maternal, companheiro etc., durante os momentos de atração sexual?

Algumas vezes é proveitoso olhar fotografias do casal no início de seu relacionamento, quando os parceiros se sentiam presumivelmente muitos atraídos um pelo outro. Você poderá explorar as mudanças que ocorreram com eles, em termos do que cada parceiro via naquele momento e o que vê agora.

4) *Família de origem*

Quais foram as comunicações entre pais e filhos, relativas ao sexo e ao amor? Como é que elas se expressavam na família de origem? Como o sexo era discutido? Como é que uma pessoa de fora poderia saber o que estava acontecendo com os pais sexualmente, isto é, o que os pais *faziam* para demonstrar seus sentimentos sexuais? Qual era o clima geral na família de origem: aberto, estimulante, fechado, suprimido, íntimo, alegre, deprimido etc.?

Quem era a principal fonte de informação sexual durante a infância: companheiros, professores, pais? Que imagens foram usadas para transmitir significados sexuais na família, na escola, na igreja, na vizinhança?

Qual é o conhecimento atual de cada parceiro, no que se refere ao relacionamento sexual? Qual é o estado do conhecimento de cada parceiro sobre fisiologia, anti-concepcionais, psicologia, anatomia e relações interpessoais? A quem a pessoa se dirige para obter informações sobre o funcionamento sexual, em situações corriqueiras de vida (freqüentemente, as mulheres são desinformadas sobre a sexualidade feminina *per se*, embora possam conhecer muita coisa sobre a sensibilidade dos homens)?

5) *História sexual*

Esta constitui, habitualmente, a parte mais importante da entrevista, do ponto de vista da psicodinâmica. Determine as recordações de cada pessoa relacionadas aos fatos marcantes da sexualidade:

primeiro beijo
brincar de médico
carícias mútuas
emissão noturna
masturbação
menstruação
modificações hormonais na aparência
namoro
primeira intimidade sexual
primeira relação (em que circunstâncias ocorreu?)
primeiro amor
carícias íntimas
sexo secreto

Leve sobretudo em consideração os níveis implícitos ou não racionais de comunicação. O quanto a pessoa se percebe como "normal" e "comum" em comparação com seus conhecidos? Se o homem não teve relações sexuais até a idade de vinte e um anos, por exemplo, você deve examinar os motivos e a situação dele, já que isto se coloca fora das normas culturais para os homens. Para a mulher não há uma norma cultural comparável, relativa à primeira relação. A mulher, entretanto, pode ter-se imposto uma norma, que partiu do grupo de suas companheiras (os) e/ou de seus pais. O primeiro amor romântico e o primeiro encontro sexual criarão habitualmente um contexto para o significado daquilo que se seguirá.

6) *Atual relacionamento do casal*

Peça a cada parceiro para relatar novamente a história de seu relacionamento, do ponto de vista do romance e da intimidade sexual. Devem ser focalizadas as seguintes áreas relevantes:

encontro inicial
história do namoro
expectativas de cada um, no plano sexual
primeira relação
sexo secreto
anticoncepcionais
diferenças quanto ao sexo, antes e depois do casamento
lua de mel ou primeira noite de casados
outros casamentos
filhos em relação à intimidade sexual
história da gravidez e da sexualidade após o parto
metas para o futuro
fidelidade, homossexualidade, masturbação
comunicação de sentimentos íntimos
comunicação com casais amigos
quantidade e situações (hora do dia etc.) de intimidade atualmente existentes na vida do casal

7) *Constrangimentos especiais*

Certos fatores situacionais constrangem o comportamento sexual. Explore com os pacientes suas próprias avaliações de como os seguintes fatores podem causar constrangimentos a seu relacionamento sexual, se é que isto ocorre:

doença física
responsabilidades com as crianças e com os pais que estão envelhecendo
responsabilidades com o trabalho
injunções ou crenças religiosas
problemas com anticoncepcionais
alcoolismo
uso de drogas

8) *Disfunções sexuais*

Se você não está familiarizado com as disfunções sexuais típicas, de modo que possa identificá-las a partir das descrições, releia a seção intitulada "Distúrbios psicossexuais" na terceira edição do *Diagnostic and Statistical Manual of Mental Disorders*, da Associação Psiquiátrica Americana. O manual incorporou categorias descritivas, a partir de pesquisas sobre disfunção sexual, como as realizadas por Masters and Johnson. Essas categorias revêem os importantes problemas ligados aos distúrbios sexuais. Você pode fazer perguntas relevantes para poder examinar uma disfunção, caso a detecte, a partir da avaliação psicossexual. A disfunção é um tema difícil de ser revelado pelo paciente e é necessário lidar com ele da maneira mais objetiva, empática e profissional possível.

Anexo C
A AVALIAÇÃO DO DESENVOLVIMENTO VISTA NO CONTEXTO

Dois tipos de atividade reflexiva estão envolvidos na avaliação do desenvolvimento: a descrição e a análise. A descrição diz respeito aos fatos, dados, impressões (visuais e outras) e à história narrativa da pessoa no contexto de vida. A análise concerne o emprego de quadros teóricos de referência para reunir os fatos em categorias de significado que sejam relevantes para o trabalho da psicoterapia. A análise tenta reunir os fatos em alguma espécie de "verdade" mais duradoura, de tal modo que o terapeuta possa estabelecer um contexto simbólico para o tratamento.

As seguintes sugestões para analisar os fatos derivam de nossos pressupostos sobre o trabalho com casais. Minha inclinação é pelo uso da teoria desenvolvimentista de estágios e um misto de categorias psicodinâmicas, que permitam compreender o funcionamento da personalidade. As sugestões que se seguem não passam de meras sugestões e a análise pode ser organizada do modo que melhor convenha ao terapeuta, a fim de que ele possa estabeler a ligação entre a avaliação e o tratamento.

A linha de raciocínio obedece a seguinte seqüência:

O problema que se apresenta (descrição) — Dados pessoais (descrição) — Avaliação da pessoa (análise) — Avaliação do problema (análise) — Objetivos iniciais do tratamento — Método de tratamento — Reavaliação do problema (análise) — Reavaliação da pessoa — etc.

Os dados pessoais e as impressões são colhidos no contexto do problema que se apresenta. São analisados em um quadro de referência (em geral, desenvolvimento e personalidade), no que diz respeito à história de vida e ao contexto da pessoa. A partir disso, o terapeuta concebe o "problema" como um projeto psicoterapêutico. Os objetivos são então formulados e, com freqüência, desenvolve-se um cronograma de atividades. São tomadas decisões sobre o método de tratamento, levando-se em conta o problema e a personalidades dos clientes, bem como as metas desejáveis. Elas poderão ser modificadas ou aceitas conforme foram percebidas originalmente. Em essência, o processo de avaliação é circular e permanente. No entanto, deve ocorrer inicialmente, com a maior profundidade possível, para que a psicoterapia seja um processo compartilhado. É só através da especificação de uma avaliação que o paciente e os terapeutas poderão concordar sobre os motivos de seu encontro e poderão se entregar ao trabalho da terapia.

As seguintes categorias de avaliação proporcionam algumas orientações para realizar esse processo, por meio do formato de entrevista. O emprego de testes psicológicos não está incluído, pois não usamos esses testes, ainda que sejam de tipologia junguiana, ao avaliar as pessoas tendo em vista a terapia de casais. Se uma avaliação individual extensa se tornar necessária, nós, em geral, já teremos encaminhado as pessoas para uma terapia individual. As categorias que se seguem podem ser compreendidas como conceitos orientadores, que permitam avaliar o funcionamento individual no contexto do casal.

Informações sobre a identidade: idade, origem étnica, classe social, trabalho ou carreira, nível educacional, fonte de encaminhamento e atual situação de vida (ambiente e outras pessoas que vivem nesse ambiente).

Aparência: saúde geral, altura, peso, modo de se vestir, atenção com a aparência etc., impressões transmitidas pela aparência (como, por exemplo, a de "estudante universitário"), impressões da pessoa através dos movimentos corporais, fala, gestos (por exemplo, enérgico, cansado, fraco, esperançoso etc.).

Problema que se apresenta: resumir, de acordo com o que diz o paciente, as queixas e/ou preocupações apresentadas como motivos para a procura de tratamento psicoterapêutico. Usar as palavras e imagens do paciente para descrever os problemas atuais. Não enfeitar a situação com termos psicológicos, a menos que o paciente assim o deseje.

Família de origem e história do desenvolvimento: até um ponto que seja julgado apropriado, repasse mentalmente os fatos relativos à história familiar (isto é, lugar do nascimento e onde o paciente foi criado, perdas e mudanças principais etc.), a partir do relato do paciente. Reveja os principais acontecimentos que se deram nos anos escolares e os relacionamentos com os irmãos.

Histórica médica e psiquiátrica: datas e causas de hospitalizações, tratamentos psiquiátrico e relatos de abuso de drogas e de álcool (esta informação deve ser obtida no contexto de perguntas gerais sobre o passado).

Vida relacional atual: fatos sobre a família e o trabalho: filhos, parentes vivos, amigos, colegas; estabelecer qual é a rede interpessoal da vida cotidiana do cliente.

Avaliação da personalidade e do desenvolvimento do cliente: analisar os típicos mecanismos de defesa como indicadores do atual desenvolvimento, usando, por exemplo, a hierarquia de Vaillant, no que se refere aos mecanismos de defesa, por ele exposta no livro *Adaptation to Life*; analisar padrões cognitivos característicos, como indicadores do desenvolvimento cognitivo, recorrendo às formas de operações de pensamento de Piaget, aos estágios de desenvolvimento de Loevinger ou às formas de raciocínio intelectual de Perry; analisar o raciocínio ético e moral característico, recorrendo, por exemplo, a Loevinger, Kohlberg ou Carol Gilligan, para avaliar o tipo de motivação que o cliente traz, tendo em vista a mudança, isto é, o que motiva naturalmente essa pessoa a mudar: recompensas materiais, aprovação social, auto-realização?

Avaliar a integração total da personalidade à luz do funcionamento típico, quando submetida a condições que provoquem ansiedade. Como é que esta pessoa se defende contra a ansiedade que surge na situação terapêutica? Quão vulnerável é a pessoa à desintegração, quando ela está sob pressão? Qual é o "estilo" de personalidade que se expressa ao lidar com a ansiedade — histérico, obsessivo, compulsivo, depressivo etc. O estilo de personalidade também pode ser caracterizado por imagens provenientes de complexos, isto é, a bruxa ou o valentão. Essas imagens podem ser transitórias ou duradouras. A personalidade consciente pode contrastar com o estilo inconsciente.

Avaliação do problema: à luz de todos os dados levantados, da avaliação da personalidade e do desenvolvimento do paciente, qual é sua avaliação do problema a ser tratado na psicoterapia? Formule suas idéias em termos que levem diretamente às intervenções terapêuticas — em termos de significado, motivação e empatia. A avaliação do problema deve ser colocada com clareza, em poucas frases. O problema que requer intervenção terapêutica é delineado a partir de um universo mais amplo de problemas apresentados pelo paciente no contexto de sua vida. Nem todos esses problemas serão tratados em uma única intervenção terapêutica ou até mesmo por meio de uma ampla análise, que se estenda por muitos anos.

Objetivos do tratamento: à luz dos dados, da avaliação do cliente e da avaliação do problema, quais são os objetivos ou o desfecho que se espera de sua intervenção terapêutica? Ofereça objetivos a curto e a longo prazo, nos limites do tempo. Essa estipulação de metas pode incluir intervenções, por exemplo, reestruturação da personalidade, que não farão parte da psicoterapia imediata.

Acordos quanto ao tratamento: os objetivos do tratamento são transpostos para a linguagem do cliente e para o contexto do problema que se apresenta. Tais objetivos serão então verbalizados para o cliente em termos claros, que transmitam empatia com a situação vivida por esse cliente. Deve-se chegar a um acordo entre o cliente e o terapeuta, no que diz respeito ao propósito de seus encontros.

Avaliação do tratamento: recapitulação circular do processo de avaliação tendo em vista a contínua reavaliação do problema, da pessoa e dos objetivos.

Notas

CW — Collected Works, C. G. Jung

1 O uso de histórias na psicoterapia

1. Helen Swick Perry. *Psychiatrist of America: The Life of Harry Stack Sullivan*, p. 334.
2. Thomas S. Kuhn. *The Structure of Scientific Revolutions*.
3. Para uma discussão do conceito de "continuidade do ser", elaborado por Winnicott, ver Mary Davis & David Walbridge. *Boundary and Space: An Introduction to the Work of D. W. Winnicott.*
4. John Bowlby. *Attachment and Loss*, vol. 1.
5. Pggy Sandy. *Female Power and Male Dominance: On the Origins of Sexual Inequality*, p. 5.
6. Nancy Chodorow. "Being and Doing: A Cross-cultural Examination of the Socialization of Males and Females", in V. Gornick & B. K. Moran (org.). *Woman in Sexist Society: Studies in Power and Powerlessness*, pp. 290-291.
7. Há várias versões da história de sir Gawain e de lady Ragnell. A mais famosa delas é uma variante narrada pela Esposa de Bath, em *Canterbury Tales*, de Chaucer, escrita por volta de 1478. A versão de Chaucer é bastante diferente da balada popular, aparentemente original, "The Weddynge of sir Gawain", registrada por volta de 1450 e preservada no manuscrito do Bispo Percy, datado de meados do século XVII. Outra versão se encontra em *Confessio amantis*, de Gower e intitulada "O conto de Florent".
A versão que uso se baseia em parte em minha experiência de trabalhar com casais, porém o principal provém de uma coletânea organizada por Ethel Johnston Phelps, intitulada *The Maid of the North and Other Folktale Heroines* (reproduzida integralmente no anexo). Uma diferença notável entre a versão de Phelps e o original (que consta de Donald Sands (org.), *Middle English Verse Romances*), é a declaração de Ragnell, segundo a qual Gawain deve se dispor a casar com ela. Na balada medieval, Ragnell simplesmente pede que Gawain lhe seja dado em casamento. Ela diz: "Vós deveis conceder-me um cavalheiro para que o despose/ Seu nome é sir Gawen/ Tal pacto convosco celebrarei/ Através de minhas respostas vossa vida será salva" (p. 333). Ela não menciona que a escolha de desposá-la deve partir de Gawain. É a única diferença significativa entre as duas versões, no que se refere à interpretação dada por mim.
8. C. S. Lewis. *The Allegory of Love.*
9. David Gutmann. "The Crosscultural Perspective: Notes Towards a Comparative Psychology of Aging", in J. Birren & K. W. Schaie (org.). *Handbook of the Psychology of Aging.*

2 O feminismo e a psicologia de C. G. Jung

1. Dois exemplos das críticas feministas à psicologia de Jung são os escritos de Carol Christ, "Some Comments on Jung, Jungian and the Study of Women", pp. 68-9 e de Naomi Goldenberg, "Jung and Feminism", pp. 443-9.
2. Jung. "Mind and Earth". *Civilization in Transition*, CW 10, par. 81.
3. Ver, por exemplo, Tony Wolff, "Structural Forms of the Feminine Psyche" (monografia em inglês, não se encontra facilmente disponível fora das bibliotecas do Instituto Jung, porém um bom resumo está em Donald Lee Williams, Border Crossings: *A Psychological Perspective on Carlos Castaneda's Path of Knowledge*, pp. 119-22).
4. Jung. *Aion*, CW 9II, par. 27.
5. Jung. "Mind and Earth". *Civilization in Transition*, CW 10, par. 81.
6. Jung. "Concerning Rebirth", *The Archetypes and the Collective Unconscious*, CW 9I, par. 223.
7. Gostaria de agradecer a Demaris Wehr por suas percepções e contribuições à análise do conceito junguiano de *animus*. Ela proporcionou as idéias centrais e as citações do trabalho de Jung sobre o conceito de *animus*, porém sou responsável pela discussão aqui apresentada e são de minha responsabilidade quaisquer falhas que aí se encontrem.
8. Para uma discussão do campo e dos conceitos da terapia feminista, ver A. M. Brodsky & R. Hare-Mustin (org.). *Women and Psychotherapy: An Assessment of Research and Practice*.
9. I. K. Broverman, S. R. Vogel, D. M. Broverman, R. E. Clarkson e P. S. Rosenkrantz. "Sex-role Stereotypes: A Current Appraisal", pp. 59-78.
10. I. K. Broverman, D. M. Broverman, R. E. Clarkson, P. S. Rosenkrantz e S. R. Vogel. "Sex-role Stereotypes and Clinical Judgments of Mental Health", pp. 1-7.
11. Ver, por exemplo, Alice Eagly. "Gender and Social Influences: A Social Psychological Analysis", pp. 971-81.
12. Ver a discussão sobre feminismo e psicologia junguiana em Polly Young-Eisendrath & Florence Wiedemann, *Female Authority*.
13. Anthony Stevens. *Archetypes: A Natural Histry of the Self*, pp. 174-209.
14. R. T. Hare-Mustin, J. Maracek, A. G. Kaplan e N. Liss-Levinson. "The Rights of Clients, the Responsabilities of Therapists", pp. 3-16.
15. Jung. "Some Aspects of Modern Psychotherapy". *The Practice of Psychotherapy*, CW 16, par. 5.
16. Bowlby. *Attachment and Loss*, vol.1.
17. Jung. "Medicine and Psychotherapy". *The Practice of Psychotherapy*, CW 16, par. 208.
18. Stevens. *Archetypes*, p. 89.
19. O próprio Jung a eles se refere como complexos e arquétipos. Achei mais útil pensar nessas subpersonalidades como complexos. Para se falar em termos dos arquétipos do *animus* ou da *anima* é necessário pressupor que uma determinada imagem arquetípica está associada a cada uma dessas subpersonalidades. As imagens arquetípicas dos princípios masculino e feminino não podem ser ligadas ao *animus* e à *anima*, pois as diferenciações de gênero variam de acordo com a cultura e com os grupos sociais. Conceituar o *animus* e a *anima* como aspectos excluídos da identidade de gênero de um indivíduo nos permite encarar diferencialmente tais aspectos, à medida em

que eles evoluem quanto ao desenvolvimento e através de influências socioculturais.
20. Carolyn W. Sherif. "Needed Concepts in the Study of Gender Identity", p. 376.
21. Ver os capítulos sobre o desenvolvimento do *animus* in Young-Eisendrath & Wiedemann, *Female Authority*.
22. Jane Lovinger. *Ego Development*.
23. O desenvolvimento do *animus* em termos da psicopatologia é discutido com detalhes in Young-Eisendrath & Wiedemann, *Female Authority*.
24. Ver Loevinger. *Ego Development*. O estágio impulsivo de desenvolvimento do ego é caracterizado por uma "exteriorização" impulsiva. Há pouca diferenciação de sentimento, pensamento e ação e o *self* é compreendido basicamente em termos de ações. As conseqüências das ações não podem ser previstas e a orientação básica, no sentido da recompensa-castigo, não foi internalizada. O estágio de proteção do *self* é caracterizado por um pensamento concreto, estereotipado e por desejo e temor. A responsabilidade e a culpa são exteriorizadas, mas entende-se que haja uma seqüência básica de recompensa-castigo. As motivações se organizam em torno de evitar a dor e os problemas e de procurar o prazer. O relacionamento interpessoal é caracterizado pela ambivalência e pelo oportunismo. A hostilidade e a agressão são expressas e projetadas como ocorrências freqüentes em um relacionamento íntimo. O *self* é vivenciado em termos de ação, previsão e antecipação das conseqüências.

3 C. G. Jung e Harry Stack Sullivan

1. Harold Searles. "Phases of Patient-Therapist Interaction in the Psychotherapy of Schizophrenia", pp. 538-9.

4 Representando o complexo: bruxa, herói e valentão

1. Geneen Roth. *Feeding the Hungry Heart*, p. 3.
2. Ver Carolyn W. Sherif. "Needed Concepts in the Study of Gender Identity", pp. 375-98. Sherif diz o seguinte: "Análises comparativas recentes sobre as categorias de gênero e sobre as normas, realizadas por antropólogos (Quinn 1977; Whyte 1978) deixam claro que a base sociocultural do gênero não é uma percepção "unitária" ou simples, ingênua. Citando Rosaldo (1980), o gênero é um "produto complexo de uma variedade de forças sociais", que varia em diferentes sociedades e períodos históricos. Whyte (1978) coloca que não existe uma categoria social universal ("as mulheres"), desligada de um determinado contexto histórico-cultural" (p. 377).
3. Bolwlby. *Attachment and Loss*, vol. 1.
4. Albert Alvarez. *Life After Marriage: Love in an Age of Divorce*, pp. 117-8.
5. Stevens. *Archetypes*, pp. 174-209.
6. Ibid., p. 187.
7. Ibid., p. 189.
8. Ibid.
9. Ibid., p. 191.

5 Aceitando a bruxa na meia-idade

1. S. H. Budman, M. J. Bennett e M. J. Wisneski. "An Adult Developmental Model of Short-term Group Psychotherapy", in Simon Budmann (org.). *Forms of Brief Therapy*, pp. 305-42.
2. E. Jaques. "Death and the Mid-life Crisis", pp. 502-14.
3. D. G.Gutmann, "Parenthood: A Key to the Comparative Study of the Life Cycle", in N. Datan & L.Ginsberg (org.). *Developmental Psychology*.
4. Jessie Bernard. *The Future of Marriage*.
5. Jean Piaget. *The Moral Judgment of the Child*.
6. Arthur Coleman & Libby Coleman. *Earth Father, Sky Father: The Changing Conception of Fathering*, p. 73.
7. John Money. "Differenciation of Gender Identity", p. 20.
8. Ibid., p. 13.
9. H. F. Harlow & M. K. Harlow. "Learning to Love", pp. 244-72.
10. Margaret Mead. *Growing up in New Guinea, The South Seas: Studies of Adolescence and Sex in Three Primitive Societies*, vol. 2.
11. Coleman & Coleman. *Earth Father, Sky Father*, p. 170.

6 Metodologia da terapia de casais

1. Thomas Allen é professor de Psicologia do Aconselhamento, Instituto Superior de Educação, Universidade Washington, St. Louis.
2. Carl J. Sager. *Marriage Contracts and Couple Therapy*.
3. William Goodheart. "Theory of Analytic Interaction", pp. 2-39.

8 Conclusão: Vitalidade por meio da conexão

1. Robert Jay Lifton. *The Life of the Self: Toward a New Pychology*, p. 35.
2. Philip Blumstein & Pepper Schwartz. *American Couples*.
3. Ibid., p. 20.
4. Lifton. *The Life of the Self*, p. 101.
5. Ibid., p. 103.
6. Ibid., p. 101.

Bibliografia

Leituras selecionadas de Jung e Sullivan

Jung, C. G. "Definições". *Psychological Types*, CW 6 (ver adiante, Referências Gerais, relativas aos detalhes da publicação dos Collected Works, de Jung, a partir de agora citadas como CW)
_____. "On the Psychology of the Unconscious". *Two Essays on Analytical Psychology*, CW7.
_____. "On Psychic Energy". "On the Nature of the Psyche" e "The Transcendent Function". *The Structure and Dynamics of the Psyche*, CW8.
_____. "Conscious, Unconscious and Individuation". *The Archetypes and the Collective Unconscious*, CW9I.
_____. "Problems of Modern Psychotherapy", "Medicine and Psychotherapy" e "The Aims of Psychotherapy", *The Practice of Psychotherapy*, CW 16.
Sullivan H. S. *Conceptions of Modern Psychiatry*. Nova York. W. W. Norton. 1953.
_____. *The Interpersonal Theory of Psychiatry*. Nova York. W. W. Norton. 1953.
_____. *The Psychiatric Interview*. Nova York. W. W. Norton. 1954.
_____. *The Fusion of Psychiatry and Social Science*. Nova York. W. W. Norton. 1964.

Biografias recomendadas de Jung e Sullivan

Brome, Vincent. *C. G. Jung: Man and Myth*. Nova York. Atheneum. 1978.
Perry, Helen, S. *Psychiatrist of America: The Life of Harry Stack Sullivan*. Cambridge. Harvard University Press. 1982.
Von Franz, Marie-Louise. *C. G. Jung: His Myth in Our Time*. Nova York. G. P. Putnam's Sons. 1975.

Leituras selecionadas de técnicas de psicodrama

Blatner, H. A. *Acting-in: Practical Applications of Psychodramatic Methods*. Nova York. Springer. 1973.
Haskell, M. R. *Socionalysis: Self Direction via Sociometry and Psychodrama*. Los Angeles. Anderson, Richtie and Simon. 1975.
Moreno, J. L. *Psychodrama*, vol. 1. Nova York, Beacon House, 1972.
Moreno, J. T. "A Survey of Psychodrama Techniques". *Group Psychotherapy and Psychodrama*, vol. 12 (1959).

Referências gerais

Alvarez, Albert. *Life After Marriage*. Nova York. Simon and Schuster. 1981.
Bernard, Jessie. *The Future of Marriage*. Nova York. World. 1972.
Birren, J. & Schaie, K. W. (org.). *Handbook of the Psychology of Aging*. Nova York. Van Nostrand Reinhold. 1977.
Blumstein, Philip & Schwartz, Pepper. *American Couple*. Nova York. William Morrow and Co. 1983.
Bowlby, John. *Attachment and Loss*, vol. 1. Londres, Hogarth Press. 1969.
Broodsky. A. M. & Hare-Mustin, R. (org.). *Women and Psychotherapy: An Assesment of Research and Practice*. Nova York. Guilford Press. 1980.
Broverman, I. K., Vogel, S. R., Broverman, D. M., Clarkson, R. E. & Rosenkrantz, P. S. "Sex-role Stereotypes: A Current Appraisal." *Journal of Social Issues*, vol. 28 (1972).
_____. Broverman, D. M., Clarkson, F. E., Rosenkrantz, P.S. & Vogel, S. R. "Sex-role Stereotype and Clinical Judgements of Mental Health." *Journal of Consulting and Clinical Psychology*, vol. 34 (1970).
Budman, Simon (org.). *Forms of Brief Therapy*. Nova York, Guilford Press, 1981.
Christ, Carol. "Some Comments on Jung, Jungians and the Study of Women." *Anima*, vol. 3 (1977), n. 2.
Coleman, A. & Coleman, L. *Earth Father, Sky Father: The Changing Concept of Fathering*. Englewood Cliffs. N. J. Prentice Hall. 1981.
Datan, N. & Ginsberg, L. (org.). *Development Psychology*. Nova York, Academic Press, 1975.
Davis, Mary & Wallbridge, David. *Boundary and Space: An Introduction to the Work of D. W. Winnicott*. Nova York. Brunner/Mazel. 1981.
Eagly, Alice. "Gender and Social Influences: A Social Psychological Analysis". *American Psychologist*, vol. 38 (1983).
Giligan, Carol. *In a Different Voice: Psychological Theory and Women's Development*. Cambridge. Harvard University Press. 192.
Goldenberg, Naomi. "Jung and Feminism". *Sign: A Journal of Women in Culture and Society*, vol. 2, n. 2, (1976).
Goodheart, W. "Theory of Analytic Interaction." *The San Francisco Jung Institute Library Journal*, vol. 1 (1980).
Gornick, V. & Moran, B. K. (org.). *Woman in Sexist Society: Studies in Power and Powerlessness*. Nova York. Mentor Books. 1971.
Harding, Esther. *The I and the Not-I*. Princenton. Princeton University Press. 1965 (Bollingen Series LXXIX).
Hare-Mustin,R. TG., Maracek, J., Kaplan, A. G. & Liss-Levinson, N. "The Rights of Clients, the Responsabilities of Therapists." *American Psychologist*, vol. 34 (1979).
Harlow, H. F. & Harlow, M. K. "Learning to Love". *Scientific American*, vol. 54 (1966).
Jaques, E. "Death and the Mid-life Crisis". *International Journal of Psychoanalysis*, vol. 46 (1965).
Jung, C. G. *The Collected Works* (Bollingen Series XX), 20 vols. Trad. R. F. C. Hull, Ed. H. Read, M. Fordham, G. Adler, Wim McGuire. Princeton, Princeton University Press, 1953-1979.

Kohlberg, I. "Development of Moral Character and Moral Ideology". In M. L. Hoffman & L. W. Hoffman (org.). *Review of Child Development Research*, vol. 1. Russell Sage Foundation, Nova York, 1964.

Kuhn, T. S. *The Structure of Scientific Revolutions* (2 ed.). Chicago. University of Chicago Press. 1970.

Lewis, C. S. *The Allegory of Love*. Oxford. Oxford Uuniversity Press. 1936.

Lifton, Robert Jay. *The Life of the Self: Toward a New Psychology*. Nova York. Basic Books. 1983.

Loevinger, Jane. *Ego Development*. São Francisco. Jossey-Bass. 1976.

Mead, Margaret. *Growing up in New Guinea, The South Seas; Studies of Adolescence and Sex in Three Primitive Societies*, vol. 2. Nova York. Morrow. 1939.

Money, John. "Differentiation of Gender Identity". *JSAS: Catalogue of Selected Documents in Psychology*, vol. 6 (1976), n. 4.

Perera, Sylvia Brinton. *Descent to the Goddess: A Way of Initiation for Women*. Toronto. Inner City Books. 1981.

Phelps, Ethel J. *The Maid of the North and Other Folktale Heroines*. Nova York. Holt, Rinehart and Winston. 1981.

Piaget, Jean. *The Moral Judgment of the Child*. Nova York. Free Press. 1932.

Roth, G. *Feeding the Hungry Heart*. Nova York, New American Library. 1982.

Sager, C. J. *Marriage Contracts and Couple Therapy*. Brunner/Mazel, Nova York. 1976.

Sanday, Peggy. *Female Power and Male Dominance: On the Origins of Sexual Inequality*. Cambridge. Cambridge University Press. 1981.

Sands, Donald (org.). *Middle English Verse Romances*. Nova York, Holt, Rinehart and Winston. 1966.

Searles, Harold. "Phases of Patient-Therapist Interaction in the Psychotherapy of Schizophrenia". In *Collected Papers on Schizophrenia and Related Subjects*. Nova York. International University Press. 1965.

Sherif, Carolyn W. "Needed Concepts in the Study of Gender Identity". *Psychology of Women Quarterly*, vol. 6 (1982).

Stevens, Anthony. *Archetypes: A Natural History of the Self*. Nova York. William Morrow. 1982.

Vaillant, George. *Adaptation to Life*. Boston. Little Brown. 1977.

Williams, Donald Lee. *Border Crossings; A Psychological Perspective on Carlos Castaneda's Path of Knowledge*. Toronto. Inner City Books. 1981.

Wolff, Toni. "Structural Forms of the Feminine Psyche." Bern, Herausgeer G. H. Graber, 1956.

Woodman, Marion. *The Owl Was a Baker's Daughter: Obesity, Anorexia Nervosa and the Repressed Feminine*. Toronto. Inner City Books. 1980.

_____. *Addiction to Perfection: The Still Unravished Bride*. Toronto. Inner City Books. 1982.

Young-Eisendrath, P. & Wiedemann, F. *Female Authority*. No prelo.

Impresso na
**press grafic
editora e gráfica ltda**
Rua Barra do Tibagi, 444 - Bom Retiro
Cep 01128 - Telefone: 221-8317